Lo mejor de

200 km.

ALREDEDOR DE MADRID

JOSÉ MARÍA FERRER

Edición Revisada y Actualizada

EDICIONES LA LIBRERÍA

Índice General

Presentación

En estos tiempos, actualizar una guía de turismo, aunque sea a los pocos años de su lanzamiento, es una dura tarea, aunque –desde luego– resulte apasionante. Los paisajes, las bellezas naturales, los edificios históricos, las piezas artísticas..., casi todo se mantiene y, podríamos aventurar que se cuida cada día más. Sin embargo un componente demandado por el viajero de nuestros días: la información sobre alojamientos, restaurantes, visitas y compras, cambia de día en día. Esta nueva edición de *Lo mejor de 200 km. alrededor de Madrid,* como no podía ocurrir de otro modo, se pone al día de arriba abajo.

ALOJAMIENTOS

Se ha producido en España una auténtica explosión de lo que se ha venido en llamar el **"turismo rural"**, basado en la elección de emplazamientos algo escondidos, ausentes hasta ahora de soporte hostelero, pero dotados del encanto de lo auténtico. En esta actualización prácticamente se duplica el número de referencias de establecimientos, en gran medida, como consecuencia de este fenómeno, con la enorme ventaja de poder ofrecer alojamientos integrados, básicamente **casas y hoteles rurales**, en muchas rutas que hasta hace pocos años exigían incrementar notablemente el kilometraje para encontrar un refugio adecuado. Tampoco ha faltado la creación de nuevos establecimientos que, en muchos casos, han incorporado **fincas rústicas** con su valor añadido de la inmersión del viajero en la vida campestre *(en la sierra de Gredos o en los pinares de Castilla,* por poner dos ejemplos significativos), en otros se ha recurrido a la completa recuperación de **edificios históricos** hasta entonces mal cuidados (como ocurre en el palacio ducal, hoy *Parador de Lerma),* sin privarnos de algún exotismo como el aprovechamiento de pintorescas **cuevas** *(Chinchilla).* Desde luego, nuestras sugerencias se siguen apartando, siempre que hay alternativas, de los relucientes y un poco fríos establecimientos hoteleros que ofrecen una aséptica funcionalidad. El grueso de la

Interior de la Posada de La Tejera de Fausto.
Requijada, Segovia

oferta va en la línea de **casonas antiguas** bien rehabilitadas o **nuevos edificios** que no son ajenos al encanto de lo rústico, aunque sin renunciar a las necesidades de comodidad del viajero de nuestro tiempo.

RESTAURANTES

También se ha incrementado, la oferta gastronómica, con nuevos restaurantes, además de los creados con la puesta en funcionamiento de los alojamiento rurales. En algunos de ellos se ofrecen al viajero platos de la **cocina creativa**, basados en productos de temporada, en otros, las recetas de toda la vida de la **cocina tradicional**, abundando la presentación de los típicos asados, los platos de la cocina cinegética, y las incontables variantes de elaboración de un plato de temporada de tanto éxito como las setas.

Restaurante Quiñoneros. ***Brihuega, Guadalajara***

VISITAS

En primer lugar hay que referirse al descubrimiento absoluto de nuevos recursos turísticos, en los que la labor de la investigación –o de la suerte– y de la **arqueología**, unidos a la concienciación de las administraciones públicas, han puesto a disposición de los viajeros nuevos objetivos. Pueden citarse como novedades las casas romanas de Alcalá de Henares (Madrid), Baños de Valdearados (Burgos), Carranque (Toledo) y Almenara-Puras (Valladolid). También hay que dar la bienvenida al nuevo *Museo Arqueológico* de la Comunidad de Madrid, inaugurado en la localidad de Alcalá de Henares.

Puente de acceso al Parque Arqueológico de ***Carranque, Toledo***

Caso especial, aún con el encanto de lo casi inaccesible, es el de las pinturas de Villar del Humo, que forman parte del *arte rupestre* levantino declarado Patrimonio de la Humanidad, en un paraje absolutamente mágico escondido en lo más intrincado de la sierra conquense.

Numerosos son los ejemplos de nuevas **colecciones y museos** abiertos al público: un nuevo museo de arte religioso en el templo románico de la Trinidad de Atienza, las distintas colecciones y recintos en torno a la muestra *Porticum Salutis* que ofrece el convento dominico de Ocaña en un viaje histórico-artístico muy sugerente de la mano de los religiosos misioneros de la orden. También se ha organizado la apertura al público de un museo de escultura medieval en un templo de Toro, así como colecciones de arte sacro que ahora son visitables con más facilidad: en Huete, en Peñafiel, en San Esteban de Gormaz, en la colegiata de Belmonte...

Iniciativas del mayor interés se presentan en Medina del Campo, con un interesante museo de las Ferias, que mantiene una instalación fija en la antigua iglesia de San Martín y organiza además magníficas exposiciones periódicas. En este empeño culto hay que incluir también el acondicionamiento del monasterio de Valbuena como sede permanente de la Fundación de las Edades del Hombre.

Otras novedades de recuperación para el viajero de piezas artísticas del pasado, podemos encontrarlas en las colecciones del castillo de Pedraza, en las dependencias hosteleras del convento del Carmen en Pastrana. También la reapertura de la casa de Victorio Macho, ahora gestionada por la Fundación Toledo es un acontecimiento que no hay que perderse. De ámbito más limitado es el rescate de piezas de gran mérito hasta ahora vedadas al público como el retablo renacentista de Santamera, restaurado y que ahora preside el templo parroquial de Trillo, o la pequeña joya que el artista Juan Correa de Vivar pintara para el convento de clarisas de Griñón que tras una limpieza por la Comunidad de Madrid puede verse en todo su esplendor en el templo de estas venerables monjitas.

El arte de nuestros días está presente en la obra viva que está concluyendo el pintor Jesús

El Obispo Barrientos (s. XV). Museo de las Ferias de ***Medina del Campo, Valladolid***

Mateo sobre los muros interiores de la iglesia de San Juan en Alarcón, obra patrocinada por la Unesco. También se han abierto nuevos museos de arte contemporáneo en las ciudades de Segovia, Soria y Valladolid.

Celebración aparte merecen la recuperación de **castillos** que se han incorporado a la visita pública como el de la Coracera en San Martín de Valdeiglesias o el de los Alburquerque en Cuéllar. También hay que celebrar que **templos y conventos** y algunas **casonas y fortalezas palaciegas**, hasta ahora difíciles de ver se abran con un cierto horario de visita cultural, aunque a veces la brecha abierta sea tan escasa que la apertura sea meramente testimonial.

También han abierto sus puertas algunas **muestras temáticas** como la del museo del Castillo en Burgos, mostrando un interesante recorrido de la ciudad a través de los siglos. A la aproximación pedagógica se acercan también el parque temático del Mudéjar de Olmedo y el centro de interpretación del mismo estilo abierto en Cuéllar. El ánimo de la promoción cultural también está presente en el museo de la música de Urueña, en el incipiente museo etnológico de Nuevo Baztán, en el museo del vino de Peñafiel...

Otras instalaciones que promocionan la **fiesta de los toros** son el museo "Aranjuez: una gran fiesta" y el centro de interpretación de los centenarios encierros de Cuéllar. Algún otro nos queda en el apartado de lo **inclasificable** como el museo de los Ángeles de Turégano.

COMPRAS

La promoción de la **artesanía** también está muy presente en algunas de las localidades que forman parte de las rutas, como el nuevo centro abierto en el castillo de Trujillo, el reabierto centro de la iglesia de Santa Cruz en Cuenca, o las salas dedicadas a esta actividad en las oficinas de turismo de Sigüenza o Huete.

INFORMACIÓN

También han aumentado, en forma considerable, las **oficinas de turismo**, y con ello, casi siempre, las facilidades consiguientes para visitar los lugares comprendidos en su ámbito. En muchos casos, las propias oficinas de turismo organizan **visitas guiadas** que abren puertas y añaden explicaciones a lo que se va viendo, como es el caso reciente de las organizadas por las de Alarcón, Trujillo, Torrelaguna, Arévalo, y muchas más.

En algún caso, la actividad local de alguna oficina de turismo se ve complementada con actuaciones concretas de los patronatos de turismo provinciales (muy activos los de Segovia y Zamora, por ejemplo) o de otro ámbito como el comarcal del Valle del Jerte, favoreciendo iniciativas y coordinando muchas veces la gestión de los alojamientos rurales o la promoción de fiestas y certámenes.

CARRETERAS

Se ajusta la nomenclatura de carreteras al catálogo de las autopistas y autovías de la Red de Carreteras del Estado, aprobado por el Real Decreto 1231/03 de 26 de septiembre de 2003, aunque los proyectos ya catalogados pero que no cuentan aún con la correspondiente infraestructura terminada, se dejan para incorporarlos en próximas actualizaciones.

Y en fin, sólo queda ponerse en marcha y descubrir todos los encantadores lugares aquí descritos, aprovechando las escapadas de un día, los viajes de fin de semana, puentes y/o vacaciones, en cualquiera de las cuatro estaciones del año, y de acuerdo con los gustos y preferencias de cada uno.

A pasarlo bien.

José María Ferrer

Rutas por Provincias

Provincias		Rutas por Provincias	Atractivos turísticos: Patrimonio monumental	Patrimonio artístico	Espacios naturales	Tradiciones populares	Restaurantes y hoteles
Albacete	1	La Mancha de Montearagón	**	*		**	*
	2	Albacete: un Alto en el Camino	*	**			*
	3	El Cañón del Júcar en la Manchuela	*		**		
Ávila	4	Las Cinco Villas	*		**	**	**
	5	El Valle del Tiétar	*		**	**	**
	6	Arte Mudéjar de la Moraña	**	*			**
	7	Ávila: la Ciudad Amurallada	***	**			**
	8	Cumbres y Fortalezas Abulenses	**	*	**	*	**
Burgos	9	Los Orígenes de Castilla	***	**	*	**	**
	10	Los Monasterios Milenarios	***	*	*		*
	11	Las Plazas Fuertes Burgalesas	**	*			**
	12	Burgos: una Ciudad Gótica	***	***			**
Cáceres	13	El Paraíso de la Vera	**		**	***	**
	14	A Guadalupe por Los Ibores	**	**	*	*	**
	15	A Trujillo por las Villuercas	**	*	*	*	**
	16	El Valle del Jerte	**	*	**	**	**
Ciudad Real	17	Los Molinos de Viento	*		*	**	*
	18	Las Lagunas de La Mancha	*		***		*
	19	Los Lugares Cervantinos	*		*	**	*
	20	Ciudad Real: la Capital de La Mancha	*	*	*		*
	21	Almagro: la Sede de los Caballeros	**			**	**
	22	Las Sorpresas de La Mancha	**	*		**	*
	23	Los Bosques Mediterráneos			**		*
	24	La Frontera de Sierra Morena	*		**	*	*
Cuenca	25	Historia y Arte de la Cuenca Manchega	**	**			**
	26	Templos Conquenses de La Alcarria	**				
	27	Villas y Hoces Singulares	**	*	**		**
	28	Cuenca: La Ciudad del Vértigo	**	***	***	**	***
	29	La Sierra Encantada (I)			***		*
	30	La Sierra Encantada (II)			***	*	*
	31	La Sierra Encantada (III)	*		***		*
Guadalajara	32	Guadalajara: la Ciudad de los Mendoza	**	*		*	**
	33	Los Dominios de los Mendoza	**	*	*	*	*
	34	Pueblos Negros del Ocejón	*		*	**	**
	35	Pueblos Negros del Alto Rey			**	***	**
	36	Castillos de Guadalajara	**	*	*	*	**
	37	La Villa y Tierra de Atienza	***	**	*	*	*
	38	Los Barrancos Perdidos	*		**	*	**
	39	Sigüenza: la Ciudad de los Obispos	***	**	*	*	***
	40	Pastrana, Corazón de La Alcarria	*	*	**	**	*
	41	Lagos y Pueblos de La Alcarria	*	*	**	**	**
	42	El Viaje a La Alcarria	**	*	*	**	**
	43	El Fin del Alto Tajo	**		**	*	*
	44	Cueva y Valle de Los Milagros	*		**	*	*
	45	El Señorío de Molina	**		**	*	**
	46	Los Barrancos del Alto Tajo	*		***	*	*
	47	Los Orígenes del Tajo			**	*	*
Madrid	48	El Real del Manzanares	**	*	*		*
	49	La Pedriza: Senderos y Riscos			***		
	50	Los Puertos: un Circuito de Altura	*		**		*

Rutas por Provincias

Provincias	Nº	Ruta	Patrimonio monumental	Patrimonio artístico	Espacios naturales	Tradiciones populares	Restaurantes y hoteles
			Atractivos turísticos				
Madrid	51	Romanos, Moros y Cristianos	**	*	*	**	*
	52	El Lozoya: Paraíso Terrenal	**	**	**		**
	53	Los Embalses del Canal			**		**
	54	La Cabrera: un Islote en la Meseta	*		**		**
	55	La Sierra Norte: Patrimonio Histórico	**	**	*	*	**
	56	La Sierra Norte: Espacios Naturales	*		**	*	*
	57	Alcalá de Henares: Ciudad Universitaria	***	**			*
	58	Sorpresas de Cercanías	*	**		*	*
	59	Plazas Mayores Madrileñas	*	*		**	**
	60	Aranjuez: Jardines y Palacios	**	**	***		**
	61	Villas y Tierras del Alberche	*	*	**	*	*
	62	El Real Sitio de El Pardo	**	**	**		*
	63	El Escorial: Refugio del Todopoderoso	***	***	**		**
	64	El Valle de los Caídos: Emulación Escurialense	**		**		*
	65	Guadarrama: de Madrid al Cielo			***		
	66	La Fuenfría: las Atalayas de los Poetas			***		**
	67	Navacerrada: Subir a la Sierra			**		**
	68	Peñalara: Parque Natural			***		
PA	69	Palencia: una Ciudad Ignorada	**	**			**
SA	70	La Rosa de los Vientos	*		**	**	**
	71	Salamanca: una Ciudad Plateresca	***	***			**
Segovia	72	El Silencio del Macizo de Ayllón	**	*	**	**	*
	73	Campos Góticos Segovianos	**		**	*	**
	74	El Románico Segoviano	***	*	*	*	**
	75	Villas y Templos Segovianos	**	*	*	*	
	76	Gargantas y Bosques Segovianos			***		
	77	Los Reales Sitios Segovianos	**	**	**		**
	78	Segovia: una Ciudad Tallada en Piedra	***	**	**	*	***
	79	Las Grandes Fortalezas Segovianas	**	*	*		*
Soria	80	La Frontera del Duero (I)	***	**	*	*	**
	81	La Frontera del Duero (II)	**	**	*	**	**
	82	Soria: la Ciudad de los Poetas	**	*	*	*	**
	83	La Laguna Negra de Soria			***	**	**
	84	Soria Histórica y Monumental	**	*	*	*	**
Toledo	85	Toledo: la Ciudad de las Tres Culturas	***	***	**	**	**
	86	Los Montes y la Mancha de Toledo	*	*	*	*	*
	87	Artesanía y Paisajes de los Montes de Toledo	*		*	**	*
	88	Grandes Galerías y Plazas Porticadas	**	*		**	*
	89	Arte Mudéjar Fronterizo	*	**			**
	90	Castillos Toledanos al Norte del Tajo	**			*	*
	91	Castillos Toledanos al Sur del Tajo	***		*		*
	92	La Sierra de San Vicente	*		**	*	*
	93	La Artesanía Toledana	**	**		**	*
	94	Arqueología Toledana	**		*	*	
Valladolid	95	La Ribera del Duero	**	*	*	*	*
	96	Valladolid: la Ciudad de la Escultura	***	***			**
	97	Arte Islámico en Tierras de Valladolid	**	**	*	*	*
	98	Las Fortalezas del Poder	**	**			**
ZA	99	Toro: una Ciudad Románica y Morisca	**	**		*	*
	100	Zamora: una Ciudad de Romancero	***	**		*	**

Alrededores de **Las Majadas** (Cuenca)

	Rutas	*Pr.*	*Km.*
1	La Mancha de Montearagón	AB	571
2	Albacete: un Alto en el Camino	AB	502
19	Los Lugares Cervantinos	CR	356
20	Ciudad Real: la Capital de la Mancha	CR	376
32	Gaudalajara: la Ciudad de los Mendoza	GU	112
40	Pastrana, Corazón de la Alcarria	GU	256
51	Romanos, Moros y Cristianos	M	127
52	El Lozoya: Paraíso Terrenal	M	187
53	Los Embalses del Canal	M	197
55	La Sierra Norte: Patrimonio Histórico	M	187
57	Alcalá de Henares: Ciudad Universitaria	M	64
58	Sorpresas de Cercanías	M	128
59	Plazas Mayores Madrileñas	M	124
62	El Real Sitio de El Pardo	M	30
63	El Escorial: Refugio del Todopoderoso	M	116
64	El Valle de los Caídos: Emulación Escurialense	M	100
67	Navacerrada: Subir a la Sierra	M	118
71	Salamanca: una Ciudad Plateresca	SA	420
75	Villas y Templos Segovianos	SG	312
78	Segovia: una Ciudad Tallada en Piedra	SG	182
85	Toledo: la Ciudad de las Tres Culturas	TO	142
87	Artesanía y Paisajes de los Montes de Toledo	TO	273
88	Grandes Galerías y Plazas Porticadas	TO	192
89	Arte Mudéjar Fronterizo	TO	200
93	La Artesanía Toledana	TO	316

El AlTo Tajo. **Zaorejas** (Guadalajara)

	Rutas	*Pr.*	*Km.*
5	El Valle del Tiétar	AV	394
8	Cumbres y Fortalezas Abulenses	AV	444
11	Las Plazas Fuertes Burgalesas	BU	543
14	A Guadalupe por los Ibores	CC	558
15	A Trujillo por las Villuercas	CC	584
17	Los Molinos de Viento	CR	349
18	Las Lagunas de La Mancha	CR	530
21	Almagro: la Sede de los Caballeros	CR	394
27	Villas y Hoces Singulares	CU	513
28	Cuenca: la Ciudad del Vértigo	CU	330
34	Pueblos Negros del Ocejón	GU	272
35	Pueblos Negros del Alto Rey	GU	278
38	Los Barrancos Perdidos	GU	320
41	Lagos y Pueblos de La Alcarria	GU	366
42	El Viaje a La Alcarria	GU	268
48	El Real del Manzanares	M	124
49	La Pedriza: Senderos y Riscos	M	100
61	Villas y Tierras del Alberche	M	157
72	El Silencio del Macizo de Ayllón	SG	378
79	Las Grandes Fortalezas Segovianas	SG	350
82	Soria: la Ciudad de los Poetas	SO	452
84	Soria Histórica y Monumental	SO	510
86	Los Montes y la Mancha de Toledo	TO	277
96	Valladolid: la Ciudad de la Escultura	VA	386
97	Tiempos Remotos en Tierras de Valladolid	VA	472

Girasoles de *Monteagudo de las Salinas* (Cuenca)

	Rutas	Pr.	Km.
4	Las Cinco Villas	AV	325
7	Ávila: la Ciudad Amurallada	AV	210
9	Los Orígenes de Castilla	BU	480
10	Los Monasterios Milenarios	BU	543
12	Burgos: una Ciudad Gótica	BU	474
24	La Frontera de Sierra Morena	CR	585
29	La Sierra Encantada (I)	CU	325
30	La Sierra Encantada (II)	CU	337
37	La Villa y Tierra de Atienza	GU	310
39	Sigüenza: la Ciudad de los Obispos	GU	300
43	El Fin del Alto Tajo	GU	444
44	Cueva y Valle de los Milagros	GU	315
45	El Señorío de Molina	GU	510
46	Los Barrancos del Alto Tajo	GU	482
47	Los Orígenes del Tajo	GU	600
50	Los Puertos: un Circuito de Altura	M	211
56	La Sierra Norte: Espacios Naturales	M	258
65	Guadarrama: de Madrid al Cielo	M	135
69	Palencia: una Ciudad Ignorada	PA	514
70	La Rosa de los Vientos	SA	512
76	Gargantas y Bosques Segovianos	SG	134
83	La Laguna Negra de Soria	SO	568
92	La Sierra de San Vicente	TO	254
99	Toro: una Ciudad Románica y Morisca	ZA	434
100	Zamora: una Ciudad de Romancero	ZA	500

Jardines de **La Granja** (Segovia)

	Rutas	Pr.	Km.
3	El Cañón del Júcar en la Manchuela	AB	622
6	Arte Mudéjar en la Moraña	AV	232
13	El Paraíso de la Vera	CC	474
16	El Valle del Jerte	CC	558
22	Las Sorpresas de La Mancha	CR	545
23	Los Bosques Mediterráneos	CR	375
25	Historia y Arte de la Cuenca Manchega	CU	342
26	Templos Conquenses de La Alcarria	CU	337
31	La Sierra Encantada (III)	CU	495
33	Los Dominios de los Mendoza	GU	252
36	Castillos de Guadalajara	GU	325
54	La Cabrera: un Islote en la Meseta	M	126
60	Aranjuez: Jardines y Palacios	M	100
66	La Fuenfría: las Atalayas de los Poetas	M	114
68	Peñalara: Parque Natural	M	184
73	Campos Góticos Segovianos	SG	300
74	El Románico Segoviano	SG	273
77	Los Reales Sitios Segovianos	SG	220
80	La Frontera del Duero (I)	SO	405
81	La Frontera del Duero (II)	SO	422
90	Castillos Toledanos al Norte del Tajo	TO	260
91	Castillos Toledanos al Sur del Tajo	TO	227
94	Arqueología Toledana	TO	357
95	La Ribera del Duero	VA	458
98	Las Fortalezas del Poder	VA	304

	Rutas	Pr.	Km.
62	El Real Sitio de El Pardo	M	30
57	Alcalá de Henares: Ciudad Universitaria	M	64
60	Aranjuez: Jardines y Palacios	M	100
64	El Valle de los Caídos: Emulación Escurialense	M	100
49	La Pedriza: Senderos y Riscos	M	100
32	Guadalajara: la Ciudad de los Mendoza	GU	112
66	La Fuenfría: las Atalayas de los Poetas	M	114
63	El Escorial: Refugio del Todopoderoso	M	116
67	Navacerrada: Subir a la Sierra	M	118
48	El Real del Manzanares	M	124
59	Plazas Mayores Madrileñas	M	124
54	La Cabrera: un Islote en la Meseta	M	126
51	Romanos, Moros y Cristianos	M	127
58	Sorpresas de Cercanías	M	128
76	Gargantas y Bosques Segovianos	SG	134
65	Guadarrama: de Madrid al Cielo	M	135
85	Toledo: la Ciudad de las Tres Culturas	TO	142
61	Villas y Tierras del Alberche	M	157
78	Segovia: una Ciudad Tallada en Piedra	SG	182
68	Peñalara: Parque Natural	M	184
52	El Lozoya: Paraíso Terrenal	M	187
55	La Sierra Norte: Patrimonio Histórico	M	187
88	Grandes Galerías y Plazas Porticadas	TO	192
53	Los Embalses del Canal	M	197
89	Arte Mudéjar Fronterizo	TO	200
7	Ávila: la Ciudad Amurallada	AV	210
50	Los Puertos: un Circuito de Altura	M	211
77	Los Reales Sitios Segovianos	SG	220
91	Castillos Toledanos al Sur del Tajo	TO	227
6	Arte Mudéjar de la Moraña	AV	232
33	Los Dominios de los Mendoza	GU	252
92	La Sierra de San Vicente	TO	254
40	Pastrana, Corazón de La Alcarria	GU	256
56	La Sierra Norte: Espacios Naturales	M	258
90	Castillos Toledanos al Norte del Tajo	TO	260
42	El Viaje a La Alcarria	GU	268
34	Pueblos Negros del Ocejón	GU	272
87	Artesanía y Paisajes de los Montes de Toledo	TO	273
74	El Románico Segoviano	SG	273
86	Los Montes y la Mancha de Toledo	TO	277
35	Pueblos Negros del Alto Rey	GU	278
39	Sigüenza: la Ciudad de los Obispos	GU	300
73	Campos Góticos Segovianos	SG	300
98	Las Fortalezas del Poder	VA	304
37	La Villa y la Tierra de Atienza	GU	310
75	Villas y Templos Segovianos	SG	312
44	Cueva y Valle de los Milagros	GU	315
93	La Artesanía Toledana	TO	316
38	Los Barrancos Perdidos	GU	320
4	Las Cinco Villas	AV	325

	Rutas	Pr.	Km.
36	Castillos de Guadalajara	GU	325
29	La Sierra Encantada (I)	CU	325
28	Cuenca: la Ciudad del Vértigo	CU	330
30	La Sierra Encantada (II)	CU	337
26	Templos Conquenses de La Alcarria	CU	337
25	Historia y Arte de la Cuenca Manchega	CU	342
17	Los Molinos de Viento	CR	349
79	Las Grandes Fortalezas Segovianas	SG	350
19	Los Lugares Cervantinos	CR	356
41	Lagos y Pueblos de La Alcarria	GU	366
20	Ciudad Real: la Capital de La Mancha	CR	368
23	Los Bosques Mediterráneos	CR	375
72	El Silencio del Macizo de Ayllón	SG	378
96	Valladolid: la Ciudad de la Escultura	VA	386
21	Almagro: la Sede de los Caballeros	CR	394
5	El Valle del Tiétar	AV	394
80	La Frontera del Duero (I)	SO	405
71	Salamanca: una Ciudad Plateresca	SA	420
94	Arqueología Toledana	TO	421
81	La Frontera del Duero (II)	SO	422
99	Toro: una Ciudad Románica y Morisca	ZA	434
8	Cumbres y Fortalezas Abulenses	AV	444
43	El Fin del Alto Tajo	GU	444
82	Soria: la Ciudad de los Poetas	SO	452
95	La Ribera del Duero	VA	458
97	Tiempos Remotos en Tierras de Valladolid	VA	472
13	El Paraíso de la Vera	CC	474
12	Burgos: una Ciudad Gótica	BU	474
9	Los Orígenes de Castilla	BU	480
46	Los Barrancos del Alto Tajo	GU	482
31	La Sierra Encantada (III)	CU	495
100	Zamora: una Ciudad de Romancero	ZA	500
2	Albacete: un Alto en el Camino	AB	502
45	El Señorío de Molina	GU	510
84	Soria Histórica y Monumental	SO	510
70	La Rosa de los Vientos	SA	512
27	Villas y Hoces Singulares	CU	513
69	Palencia: una Ciudad Ignorada	PA	514
18	Las Lagunas de La Mancha	CR	530
11	Las Plazas Fuertes Burgalesas	BU	543
10	Los Monasterios Milenarios	BU	543
22	Las Sorpresas de La Mancha	CR	545
14	A Guadalupe por los Ibores	CC	558
16	El Valle del Jerte	CC	558
83	La Laguna Negra de Soria	SO	568
1	La Mancha de Montearagón	AB	571
15	A Trujillo por las Villuercas	CC	584
24	La Frontera de Sierra Morena	CR	585
47	Los Orígenes del Tajo	GU	600
3	El Cañón del Júcar en la Manchuela	AB	622

Albacete

Almansa. Casa Grande de los Condes de Cirat
(hoy Ayuntamiento)

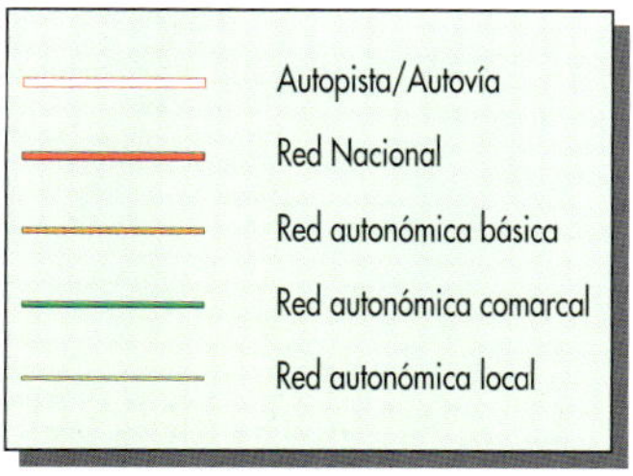

1. La Mancha de Montearagón
2. Albacete: un Alto en el Camino
3. El Cañón del Júcar en la Manchuela

1. La Mancha de Montearagón

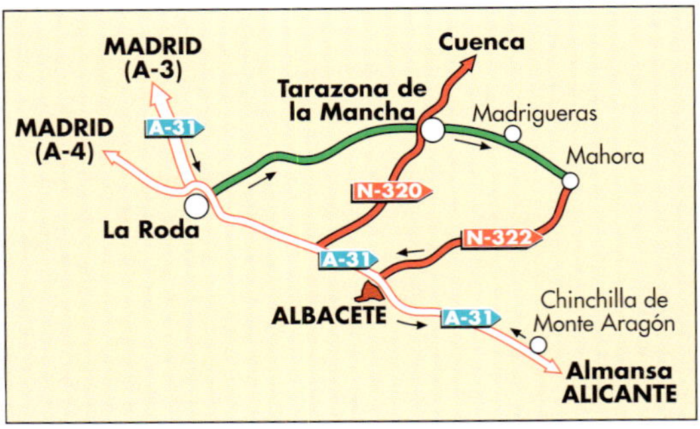

Cruzamos extensas llanuras moteadas por estratégicos relieves, junto a los que prosperaron poblaciones que hoy exhiben las grandes realizaciones de las tres arquitecturas: militar, religiosa y civil, junto a algunas construcciones populares que hoy nos resultan pintorescas.

La Roda. Villa señorial cuyo castillo dominante fue derribado por mandato real en el siglo XV para dar paso al actual templo, que no ha perdido cierto aire de fortaleza. Es una iglesia *columnaria*, básicamente del siglo XVI, soportada por gigantescas columnas, con una emblemática torre dominadora de la totalidad del caserío. En su interior y museo parroquial se custodian notables obras de arte: retablo plateresco labrado en piedra, relieve del Apocalipsis del círculo de Berruguete, y otras tallas y pinturas. La villa ofrece un numeroso repertorio de casonas palaciegas blasonadas de los siglos XVI al XVIII, destacando el llamado Lienzo de Dª Ana, a espaldas del templo, la casa de los Alcañabate, en la escalinata entre la plaza Mayor y la iglesia, y el palacio de los condes de Villaleal, en la ronda que atraviesa la ciudad.

Tarazona de La Mancha. También aquí una llamativa torre nos orienta al núcleo de la visita: la hermosa Plaza Mayor, conjunto del siglo XVII de traza racional y articulada, con edificios que combinan la piedra (soportales de las arcadas del Ayuntamiento) y la madera (edificios con balconajes volados, amplios aleros y pinturas populares). Cerrando uno de los ángulos de la plaza se encuentra la iglesia, edificio renacentista de tipo columna-

KILOMETRAJE:
Acceso (A-3, A-31) 216
Ruta 104
Retorno (A-31, A-3) 251
Total 571

ÉPOCA PROPICIA:
Días templados, no lluviosos.

DURACIÓN:
Fin de semana, combinable con 2ª y 3ª.

ALOJAMIENTOS Y COMIDAS:
La Roda: *Hotel Juanito*** *Mártires 15. 967 548 041. Confort, ajustado.*
Chinchilla: *Cuevas del Castillo. Cuevas de San Julián s/nº, 620 959 015. Sorpresa. Ver: www.cuevasdelcastillo.com*
Albacete *(ver ruta siguiente).*

RESTAURANTES:
La Roda: *Juanito (ver hotel). Mártires 15. 967 548 041. Especialidades manchegas y vascas. Buena repostería. No confundir con el inmenso local de la carretera.*
Chinchilla: *Dalia. Pl. Mancha 8. 967 260 436. Cocina manchega, sin más.*

COMPRAS:
La Roda: *Confitería La Moderna, Alfredo Atienza, 4. Los "miguelitos" de La Roda.*
Tarazona: *Confitería Gracia, pl. Mayor 13. Bizcochos "bañaos" y medias lunas.*

VISITAS:
La Roda: *Iglesia. Si no estuviera abierta gestionar la visita en el entorno parroquial.*
Chinchilla: *Iglesia. Si no estuviera abierta gestionar la visita en el entorno parroquial.*
Museo de Cerámica, Peñuela 3, 967 260 394. Amplia e interesante colección. Sábados 18-20 h, domingos y festivos 12-14 h. Fuera de estas horas, llamar.

INFORMACIÓN:
Chinchilla: *Oficina Turismo. Fdez. Núñez Robles 2. 967 260 001. Cierra los martes.*

rio, con tres naves y cinco tramos, portada de aire clásico en forma de gran arco de triunfo, realzado todo ello por una gran torre rematada en chapitel de pizarra. No debe abandonarse Tarazona sin buscar en su entramado urbano (calle de la Virgen nº 12) una noble **casona** de 1735 con preciosa portada y tres admirables rejas cubriendo los huecos de la fachada.

Madrigueras. Una esbelta torre anuncia otra villa con **templo** de grandes proporciones fruto de la época: el siglo XVIII. Lo más destacable es su exterior con una fachada rococó en cuyo alto remate puede verse un San Pedro inmune al vértigo.

Mahora. El marqués de Villena, gran señor y mecenas de estas tierras, apoyó la construcción del **templo** de esta villa levantado a principios del XVI en un acusado estilo gótico con capillas y torre del XVIII. En la villa, edificios señoriales y casas populares.

Chinchilla. Notable plaza fuerte de estratégico emplazamiento y glorioso pasado, llegando a ser cabecera de toda La Mancha de Montearagón. Urbanísticamente, Chinchilla ofrece todavía un complejo trazado medieval que se extiende a lo largo de la ladera de una montaña. En la visita a la ciudad hay que detenerse en la Plaza Mayor para admirar la fachada dieciochesca del **Ayuntamiento** y las construcciones populares colindantes. Otro lateral de la plaza lo ocupa el **templo** parroquial, de notable interés, con portada gótica, cabecera renacentista e interior barroco que conserva piezas destacadas como la reja gótica de la capilla mayor y el bello artesonado renacentista de la sacristía que cubre un pequeño museo que custodia admirables obras de arte. A partir de la plaza hay que recorrer su pintoresco **urbanismo** con calles escalonadas, en las que van apareciendo edificios señoriales y populares hasta llegar a lo más alto del cerro donde se encuentra el **castillo** del siglo XV (reformado en el XIX). A sus pies aparece un curioso conjunto de **cuevas** habilitadas como viviendas, pulcramente enjalbegadas y con sobresalientes chimeneas; construcciones que se repiten en las cuevas del Agujero, a la salida de la población, no lejos del interesante **museo** de cerámica.

Tarazona de la Mancha.
Iglesia junto a la plaza

2. Albacete: un Alto en el Camino

Albacete no debe ser un lugar de paso, de ignorados alrededores. Una escapada ex profeso o una oportuna parada en un viaje hacia las costas mediterráneas, permite visitar un soberbio museo arqueológico y descubrir unos alrededores sorprendentes.

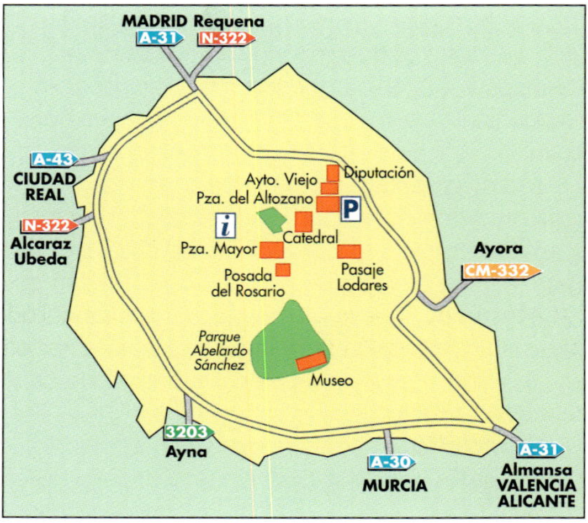

Albacete *(Paseo urbano)*. Hoy nos resulta difícil imaginarla como fruto de la unión de los caseríos formados en torno a tres fortalezas, compitiendo en preeminencia con la cercana Chinchilla. Su repertorio monumental es modesto: el **templo** catedralicio iniciado en el siglo XVI y terminado en nuestros días limita su interés artístico a las cuatro grandes columnas renacentistas, el retablo de la Virgen de Los Llanos y algunas tablas de mérito. La ciudad conserva algunos **edificios** de interés (Ayuntamiento Viejo, monasterio de la Encarnación, posada del Rosario, palacio de la Diputación y el modernista pasaje Lodares).

Albacete *(Museo Provincial)*. Un moderno edificio bien integrado en el principal parque de la ciudad, ofrece unas instalaciones funcionales para contemplar unos magníficos fondos de **arqueología**: reproducciones esquemática y fotográfica de las pinturas rupestres de los principales abrigos rocosos de la provincia, vasijas neolíticas, urnas y puñales del bronce, así como cerámica (encantadora la paloma pintada y estampillada), bronces y, sobre todo,

KILOMETRAJE:
Acceso (A-3, A-31) 251
Opciones (alrededores) ....variable
Retorno (A-31, A-3) 251

ÉPOCA PROPICIA:
Días templados, no lluviosos.

DURACIÓN:
En el día o fin de semana. Ruta combinable con la anterior y la siguiente.

ALOJAMIENTOS:
Albacete: ***Hotel Tryp Los Llanos******* *Av. de España 9 (frente al Parque). 967 223 750. De los mejores de la ciudad.* ***Parador de Albacete******. *N-301, km. 251. 967 509 343. Un lugar tranquilo de precio ajustado.* ***Hotel Albar***** *Isaac Peral 3. 967 216 861). Céntrico (junto al edificio de la Diputación). Buena relación calidad precio.*
Almansa: *(opcional).* ***Hotel Confortel Almansa******. *Av. de Madrid. 967 344 700. Funcional y acogedor, algo alejado de Almansa (pensado más para viajeros en ruta desde/hacia Levante).*

RESTAURANTES:
Albacete: ***Nuestro Bar***. *Alcalde Conangla 102, en la circunvalación que conduce a las salidas hacia Alicante y Murcia. 967 243 373. Buena cocina manchega y menús de degustación con "cosicas" típicas.* ***El Callejón***. *Guzmán el Bueno 18. 967 211 138. El restaurante taurino de la ciudad.* ***Casa Paco***. *La Roda 26. 967 500 618. La cocina manchega tradicional bien resuelta.*
Almansa: ***Mesón de Pincelín***. *Las Norias 10. 967 340 007. Uno de los mejores restaurantes de la región. Combina lo mejor de los*

platos tradicionales y los buenos productos de la costa levantina. ***Casa Valencia****. Vía de Circunvalación 20. 967 311 652. La buena cocina regional y mediterránea.*

VISITAS:

Albacete: ***Museo de Albacete****. Parque Abelardo Sánchez. 967 228 307. Horario: 10-14 y 16-19. Cierra lunes y festivos tarde. Gran riqueza arqueológica (iberos) y amplia colección de pintura de Benjamín Palencia.*
Almansa: ***Castillo****. 967 344 771. Abierto salvo lunes, horario mañana y tarde.* ***Palacio Condes de Cirat (Casa Grande)****. Sede municipal. Notable fachada. Visitar patio y salón de Plenos (laborables).* ***Parroquia****, mañanas y en horas de Misa.*

INFORMACIÓN:

Albacete: ***Oficina de Turismo****. Posada del Rosario. Tinte 2. 967 580 522. Abierta todos los días; horario de mañana y tarde.*
Almansa: *Oficina de Turismo. Av. Carlos III. 967 311 259. Mañana y tarde.*

una extraordinaria selección de escultura ibérica que incluye piezas tan destacables como el león de Bienservida, la cabeza de guerrero de Minateda, la esfinge de Haches, la cierva y toro de Caudete, el torso del caballo de La Losa, y el extraordinario jinete a caballo de Los Villares (pieza que remataba una tumba tumular hallada en los años 80, restaurada recientemente, que recuerda a los famosos guerreros de terracota de la tumba del emperador chino Qin Shi Huangdi). El mundo romano también está bien representado en el Museo con notables mosaicos y epigrafía romana destacando especialmente, por su rareza y encanto, unas muñecas articuladas realizadas en marfil y ámbar pertenecientes a un ajuar funerario del siglo IV hallado en Ontur. En el Museo pueden contemplarse otras piezas aisladas, así como la sección de **Bellas Artes**, en la que destacan las salas dedicadas a la variada pintura de Benjamín Palencia (nacido en estas tierras).

Albacete *(Alrededores)*. Además de los contenidos en las rutas 1 y 3, son muy recomendables, aunque superan los límites kilométricos marcados para esta colección, las visitas a la ciudad monumental de **Almansa** (castillo, palacio, iglesia, fogones), a la villa panorámica de **Ayna**, a la ciudad de **Alcaraz**, a la despoblada **Riópar** y al paraje de Los Chorros del Río Mundo, rutas incluidas en la obra: *Viajar por Castilla La Mancha,* del autor de esta guía.

Albacete *(Museo). "Tierras rojas" de Benjamín Palencia (1973)*

3. El Cañón del Júcar en La Manchuela

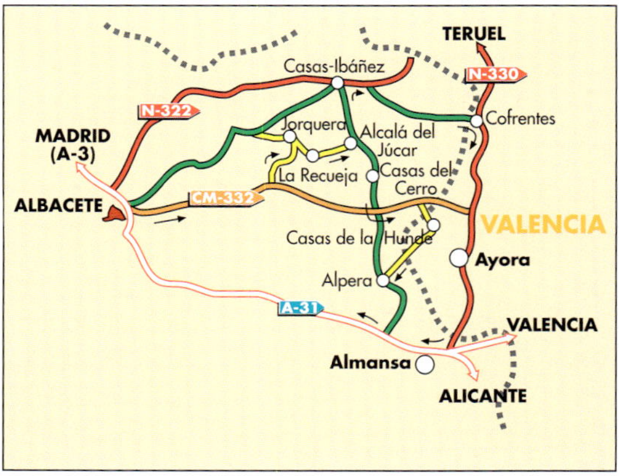

El Júcar, a pocos kilómetros de los llanos de Albacete, muestra su extraordinario poder erosivo en el trazado de profundos surcos, con paredes verticales de vértigo, en cuyos puntos más prominentes se han alzado estratégicas villas y puntos panorámicos que esta ruta recorre.

Albacete. Punto de partida que nos permite pasar de las parameras de la capital al sinuoso trazado del cañón del Júcar.

Casas de Juan Núñez. Se enfila el altiplano para girar a nuestro primer objetivo:

Jorquera. Antes de iniciar el descenso, debemos detenernos para contemplar una magnífica **vista** en perspectiva de la hoz del Júcar, así como de su confluencia con el arroyo Abengibre y del pintoresco pueblo, colgado en las paredes del valle labradas por uno de sus meandros. El primitivo núcleo de la **villa**, en la zona más abrupta, corresponde a tiempos medievales tal como nos recuerdan los lienzos almenados y torreones de su fortaleza almohade. Al siglo XV corresponde la **torre** de Doña Blanca y al XVI su imponente **templo**. También destacan ciertos edificios civiles, como la Casa del Corregidor, y algunas construcciones populares.

La Recueja. A unos 7 km., en dirección a Alcalá puede verse (en la margen contraria del río) un pequeño promontorio cuyo techo se alza por encima del cauce actual.

KILOMETRAJE:
Acceso (A-3, A-31) 251
Ruta y retorno a Albacete 120
Opción campestre (kms. adicionales) 60
Opción paisajística (kms. adicionales) ..120

ÉPOCA PROPICIA:
Evitar fechas "duras" de invierno y verano. Ideal, días templados, no lluviosos.

DURACIÓN:
Fin de semana. También combinable con las dos rutas anteriores.

ALOJAMIENTOS:
Alcalá del Júcar: ***Hostal Rte. Rambla***. *Pº de los Robles 2. 967 474 064. Alojamiento bien emplazado.* ***Cámping El Berrocal***. *967 473 212. Inmediaciones de Alcalá.*
Casas Ibáñez: ***Hotel Rte. Cañitas***. *Tomás Pérez Ubeda 6. 967 461 054. Instalaciones y prestaciones de calidad.*
Cofrentes: ***Hotel Balnerario de Cofrentes****** *A unos 4 km. de la población. 961 894 025. Casi un siglo de existencia, con instalaciones remozadas.*

RESTAURANTES:
Jorquera: ***La Muralla***. *Trapisondas 32. 967 471 284. En antigua casa-cueva enclavada bajo las murallas almohades. Cocina refinada y buena repostería.* **Casas Ibáñez:** ***Veramar***. *San Jorge 1. 967 460 405. Atractivo ambiente y buena cocina manchega. También* ***Rte. Cañitas*** *(ver datos en Alojamientos).*
Alcalá del Júcar: ***Pelayo***. *Constitución 4. 967 473 032. Cocina autóctona. También en el* ***Rte. Rambla*** *(ver en Alojamientos).*

INFORMACIÓN:
Alcalá de Júcar: ***Oficina de Información Turística***. *Av. de los Robles 1. 967 473 090. Abierta a diario de 10 a 14 horas.*

Se trata de un edificio de toba integrado por musgos y tallos vegetales petrificados.

Alcalá de Júcar. El camino discurre paralelo al río, con bloques rocosos desprendidos de las escarpadas laderas, cobijos trogloditicos y un amplio repertorio de curvas y contracurvas. El **emplazamiento** urbano concentra el vértigo en un aislado cerro coronado por el **castillo**, con el casco antiguo, colgado junto al meandro que describe el Júcar en este lugar. Hay que pasear por sus empinadas calles, con casas excavadas en la roca y balcones a ambos lados de la montaña separados por largos pasillos.

Casas del Cerro. Dirección recomendada para salir de la hoz y ascender a la parte culminante de la elevada llanura de La Manchuela, siguiendo el trazado de un valle, de cortas dimensiones pero también de abruptas paredes, labrado por una rambla. Una vez en el pueblo hay que detenerse a contemplar una espectacular panorámica de la hoz del Júcar y de Alcalá desde un pequeño **mirador** colgado sobre una profunda herida (120 metros de desnivel) abierta por el poder erosivo de las aguas en la llanura de La Manchuela. Desde este punto, se ofrecen dos alternativas: una campestre (sur) y otra paisajística (este).

Pinares de La Hunde *(opción campestre)*. Pasado **Carcelén** se toma un desvío a la derecha hasta los alrededores de **La Hunde**, bella zona de **pinares** muy apta para el descanso, la acampada y el asalto a las provisiones de la mochila.

La Frontera *(opción paisajística)*. Por **Casas de Ves** llegamos a **Villa de Ves**; hay que seguir la dirección del Santuario para alcanzar una **atalaya** que domina una bella panorámica de la hoz del Júcar con sus aguas represadas. Hay que retroceder para cruzar la frontera y ya en tierra valenciana alcanzar **Cofrentes**, transgresión que nos permitirá prolongar los agrestes **paisajes**, y admirar el emplazamiento de esta villa donde confluyen las aguas del Júcar y el Cabriel al pie de un acantilado que aloja las ruinas de un viejo castillo.

Retorno. Por **Alpera** *(opción campestre)* o siguiendo la línea fortificada que, desde **Cofrentes**, baja por **Jalance**, **Jarafuel** y **Ayora**, para tomar la autovía por **Almansa** en dirección a **Albacete** *(opción paisajística)*.

Alcalá sobre la hoz del Júcar desde Casas del Cerro

Ávila

La Parra. Casas populares

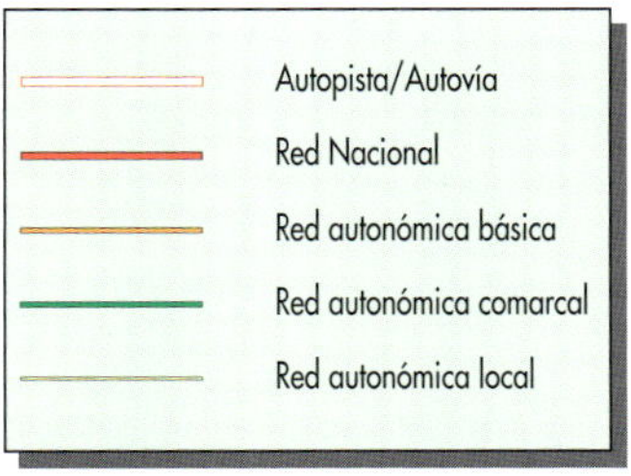

4. Las Cinco Villas
5. El Valle del Tiétar
6. Arte Mudéjar de la Moraña
7. Ávila: la Ciudad Amurallada
8. Cumbres y Fortalezas Abulenses

4. Las Cinco Villas

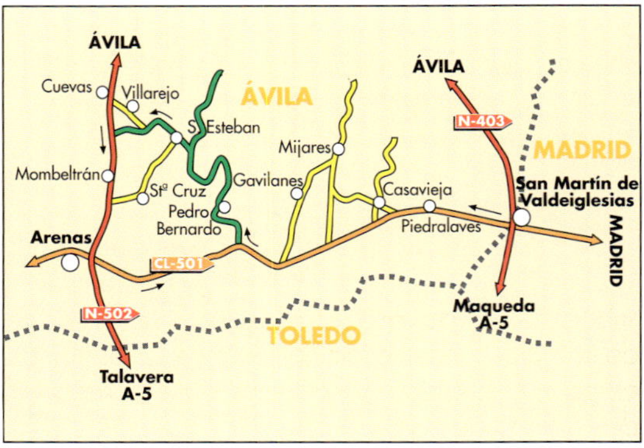

El Valle del Barranco constituye uno de los más espectaculares rincones de las estribaciones de Gredos, en el que se concentran algunas de las más hermosas villas cuya diversidad de estilos, tanto las construcciones "cultas" de época, como las populares (la arquitectura tradicional "sin arquitectos"), compiten sin estridencias.

Aproximación. El trayecto entre **Piedralaves** y nuestro objetivo principal: el barranco de las Cinco Villas, permite irnos introduciendo en las tierras altas de Gredos, disfrutando de sus perspectivas y comenzando a descubrir un primer grupo de encantadoras localidades serranas: **Casavieja**, **Mijares**, **Gavilanes** y **Pedro Bernardo**, todas ellas aupadas en las faldas de la sierra, entre abundante vegetación, frecuentes cascadas y panoramas inolvidables.

Santa Cruz del Valle. Primer pueblo del trayecto, colgado en la ladera de Cabeza Aguda, auténtico **mirador** desde el que se disfruta de bellísimas vistas panorámicas, con la singularidad de un buen conjunto de fachadas sorprendentemente iluminadas.

San Esteban del Valle. Aquí encontramos otra localidad pintoresca de movida orografía con una preciosa **plaza mayor**, resuelta en desnivel, con monumental fuente, así como soportales y balconadas que continúan a lo largo de su calle Mayor, una de las más pintorescas del valle. Además de esta sobresaliente conjunción de naturaleza y arquitectura popular, puede destacarse el **templo** gótico-renacentista situado en un altozano y el severo **rollo** jurisdiccional, en las afueras, junto a la carretera.

Villarejo del Valle. Esta nueva villa se asienta al pie de la sierra, ofreciendo excelentes **panorámicas** de las dos vertientes y un **caserío** con un buen número de soportales sobre columnas de piedra, floridas balconadas de madera y tejados volados. Tan armónica filigrana popular compite con la

KILOMETRAJE:
Aproximación (C-501) 130
Ruta (50) y Total 325

DURACIÓN Y ÉPOCA PROPICIA:
Fin de semana, de clima templado.

ALOJAMIENTOS:
Casavieja: *El Tejarejo. C-501, km. 99,5. 925 597 249. Un auténtico paraíso rural, con jardín, buena cocina y actividades.*
Gavilanes: *Hotel Mirador del Tiétar**. Risquillo 22. 920.384 867. Confortable.*
San Esteban del Valle: *Posada de los Esquiladores (www.esquiladores.com). Esquiladores 1. 920 383 498. Encanto.*
Mombeltrán: *Cámping Prados Abiertos. Bungalows. N-502, km. 72. 920 386 061. Todo el año. Emplazamiento y servicios. Posada el Rincón del Ángel. Mayor 42. 902 424 141. Con encanto, gastronomía.*

RESTAURANTES:
San Esteban: *Oliver. Ctra. Stª Cruz. 920 386 136. El Comercio (ver La Posada).*
Mombeltrán: *Esperanza. Travesía Palomar 1. 920 386 082. También en* **La Posada**.

perfección de las líneas y la nobleza de los materiales del **templo** parroquial con encantadora portada del gótico isabelino del siglo XV.

Cuevas de Valle. De nuevo un **caserío** popular y pintoresco en el que aún pueden verse ejemplos de sus singulares soluciones de barandillas de tablazón recortada en balcones y galerías, en las que el cerramiento domina poderosamente sobre el hueco. Tampoco hay que pasar por alto su encantadora **plaza**, el monumental **templo** gótico y el **rollo** jurisdiccional. Visita ineludible es el trazado de la **calzada** romana que desde este lugar sube al puerto del Pico, serpenteando las fuertes pendientes de su arriesgado trazado. Pueden examinarse de cerca los tramos más próximos a la villa, en muy buen estado, y contemplar una panorámica de su sinuoso trazado desde las rampas altas del Puerto.

Mombeltrán. Cabecera del valle y sede de sus poderosos señores (don Alvaro de Luna y don Beltrán de la Cueva). Este último levanta el **castillo** con tres torreones almenados y una gran torre inacabada con dos balcones, pórticos bien protegidos y foso con su puente levadizo. Básicamente éste es el castillo que hoy vemos, algo alterado a principios del XVI acentuando su aspecto palaciego. También en las afueras puede verse su espigado **rollo** jurisdiccional. Del recinto urbano hay que destacar un buen **templo** parroquial gótico enriquecido en los siglos siguientes y el viejo **hospital** del que se conserva una bella portada renacentista y hermoso patio. Pero el urbanismo y los modos constructivos de estas tierras no podían privarnos de una señorial **plaza mayor**, con su correspondiente fuente de piedra, y de un animado **caserío** con varias casonas hidalgas blasonadas y un buen repertorio de arquitectura popular.

Cuevas del Valle. El "rollo", símbolo de la autonomía concedida por Carlos II

5. El Valle del Tiétar

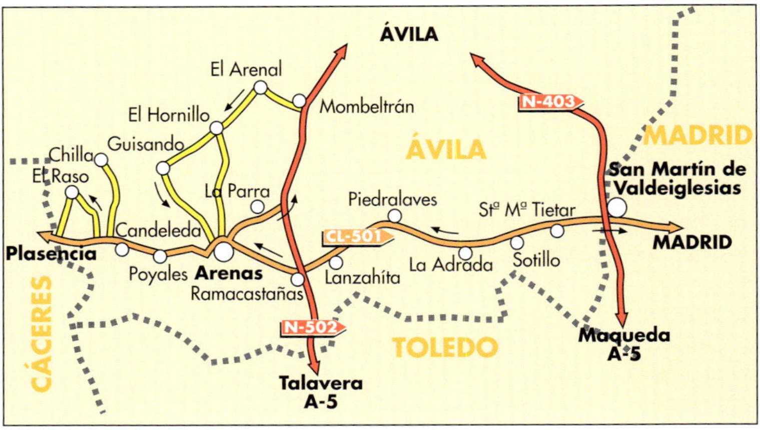

Conjunción hermosísima de un florido valle al que suele denominarse "la Andalucía de Ávila" situado bajo los altos picos y las nieves de Gredos. Con este atractivo panorama cuesta sumergirse en las profundidades de su cueva del Águila, una de las más bellas de la Península.

Acceso. La carretera del Valle va dejando atrás localidades de tanto éxito veraniego como **Santa María del Tiétar**, **Sotillo de la Adrada**, **La Adrada** y **Piedralaves**, todas ellas con un emplazamiento inmejorable en lugares del valle sabiamente elegidos por sus primeros moradores. Todas ellas, ofrecen un atractivo repertorio de arquitectura popular con entramados de madera, galerías, aleros sobresalientes, fachadas encaladas, ... Bien es cierto que la fuerte demanda de los veraneantes está haciendo perder parte de la homogeneidad y pintoresquismo que ahora hay que rastrear por los rincones más recónditos de estas preciosas villas.

Cueva del Águila. Pasado **Lanzahita** (y su puente romano sobre el arroyo Garganta Elisa) se llega a **Ramacastañas** (anexo de Arenas); a 4 km se encuentra la cueva, visita aconsejada por su grandiosidad y belleza, bien acondicionada e iluminada.

KILOMETRAJE:

Aproximación (C-501)	*133*
Ruta	*60*
Retorno (A-5)	*176*
Total	*394*

ÉPOCA PROPICIA:
Días templados sin alto riesgo de lluvias.

DURACIÓN:
De fin de semana o puente.

ALOJAMIENTOS:
Arenas: ***Hostería Los Galayos******. *Pl. Condestable Dávalos 2 (junto al castillo), 920 371 379. Céntrico y funcional.* **Posada de la Triste Condesa**. *Juan Torres 9. 920 372 567. Un lujo a su alcance.* **La Lobera de Gredos**. *Paraje de La Parrila, salida a Guisando. (www.laloberadegredos.com) 920 371 413. Paraje natural sobrecogedor.*

RESTAURANTES:
Arenas: ***El Bodegón***. *Pl. Conde Dávalos. 930 371 379. Platos y guisos tradicionales.*
Ramacastañas: ***Restaurante Cuevas del Águila***. *920 377 106. Cocina española.*

VISITAS:
Arenas: ***Monasterio***, *siempre abierto; museo: mañana y tarde, cierra lunes.*
Ramacastañas: ***Cuevas del Águila***. *A 5 km. de Arenas. A diario, mañana y tarde.*

INFORMACIÓN:
Arenas: ***Oficina de Turismo***. *Triste Condesa. 920 372 368. Mañana y tarde. Cierra sábados tarde y domingos.*

Arenas de San Pedro. Ciudad de cierta importancia y antigüedad que perdió gran parte de su caserío en un incendio provocado por las tropas napoleónicas. A pesar de este quebranto aún podemos admirar el perfil de su **fortaleza** del siglo XV, un **puente** próximo aún más antiguo, un bello **crucero** (La Cruz del Mentidero) y su **iglesia** gótica con torre renacentista. Fuera ya de Arenas puede visitarse el **palacio** del Infante don Luis de Borbón, alejado de la Corte por su hermano Carlos III, que aquí gozó de las visitas de Boccherini y Goya; del edificio puede destacarse la portada neoclásica y la monumental escalera. Otra visita de interés conduce al **monasterio** de San Pedro de Alcántara de idéntica época, fastuosamente decorado para dar cobijo a los restos del asceta franciscano en un frondoso y encantador paraje.

La Parra. Primera de las pintorescas aldeas del itinerario, con un llamativo y típico caserío en un deslumbrante entorno.

El Arenal. Hermoso lugar de construcciones de montaña que ocupa el fondo del valle en un frondoso paraje rodeado por pinos, castaños y cerezos, próximo al puerto del Pico.

El Hornillo. Disimulado entre extensos pinares y castaños se encuentra este idílico lugar, también típicamente serrano, con las tradicionales casas de piedra y entramados de madera.

Guisando. Uno de los pueblos más bellos y pintorescos de la comarca, situado bajo el pico del Cobacho. Sus casas de piedra encalada, con chimeneas de gran tamaño coronadas por tejadillo, sus empinadas calles, los floridos balcones y el verdor permanente del horizonte, dan a este lugar un encanto único que sólo apetece abandonar para dirigirse a recorrer la exuberante naturaleza que lo rodea; una de estas tentaciones es el **mirador** de Arbillas, balcón natural de extensas vistas.

Poyales del Hoyo. Otro de los encantadores parajes de estas tierras en cuyo caserío se encuentra abundante oferta artesana.

Candeleda. Bulliciosa villa que aún conserva en buen estado un casco antiguo muy pintoresco con casas de entramado de madera, floridas balconadas, sin que falte algún portón coronado por nobles blasones. También conserva un buen **templo** gótico y un orgulloso **rollo** jurisdiccional, símbolo de su autonomía. Todo ello lo solemnizan las imponentes paredes que cierran el Circo de Gredos.

Opciones. Recomendables son las visitas a dos lugares próximos muy atractivos: el **santuario** de la Virgen de la Chilla, en un paraje idílico, y el **poblado** celta de El Raso que aún conserva algunas viviendas en buen estado.

Guisando. *Casa popular*

6. Arte Mudéjar de la Moraña

En las tierras abulenses de la Moraña, su población de cristianos y musulmanes siembran el territorio, entre los siglos XII y XIII, de templos en los que las características básicas son el uso del ladrillo, las cubiertas de armadura de madera y los ábsides de arquillos ciegos y superpuestos.

Accesos. Dos interesantes templos que combinan románico y mudéjar, inmediatos a la carretera, dan la bienvenida al viajero: **Órbita** (galería y torre-ábside, felizmente rehecha) y **Espinosa de los Caballeros** (ábside y torre).

Arévalo. La plaza del Arrabal, a través de los arcos del Alcocer, nos pone en contacto con el casco viejo de la villa. Tras la plaza Real (ver fachada palaciega del Ayuntamiento), la calle Santa María (casa de los Sedeño) conduce al templo del mismo nombre y a la plaza de la Villa, una de las más bellas plazas castellanas formada por un notable conjunto de arquitectura popular, la casa de los Sexmos y dos soberbios templos mudéjares: San Martín con dos altas torres (la "torre vieja" o de "los ajedrezados" y la "torre nueva" de recios muros) y pórtico de piedra enteramente románico, así como Santa María La Mayor que cuenta con un soberbio ábside de tres arquerías de arcos doblados y torre a los pies que se eleva sobre un arco que salva el tránsito urbano. Traspasando el arco se llega a la explanada que permite admirar la soberbia silueta del castillo mudéjar dominado por una imponente torre del

KILOMETRAJE:
Acceso (A-6) 122
Ruta 65
Enlace con Ávila 45
Total 232

ÉPOCA PROPICIA:
Días templados sin alto riesgo de lluvias.

DURACIÓN:
Fin de semana, combinable con ruta 98.

ALOJAMIENTOS:
Pozal de Gallinas: *(a 6 km. de Medina del Campo).* ***La Posada del Pinar***. *983 481 004. Un lujo (www.laposadadelpinar.com)*
Arévalo: ***Hostal Las Fuentes*****. *Polígono Industrial. 920 303 799. Funcional, sin encanto, pero confortable.*

RESTAURANTES:
Arévalo: ***Asador Las Cubas***. *Figones 11. 920 300 125. Fantásticos asados.*

VISITAS:
Arévalo: *La* ***Oficina de Turismo*** *realiza visitas guiadas cuya duración aproximada es de hora y media, a diario (excepto lunes), sobre las 12,30 horas. Viernes y sábados también por las tardes.*
Madrigal: ***Monasterio-Palacio***. *920 320 054. Abierto a diario.* ***Iglesia San Nicolás***. *920 320 038. Ricos artesonados de reciente restauración, tallas de alabastro, pila bautismal de la Reina y otras piezas de museo.*

INFORMACIÓN:
Arévalo: ***Oficina de Turismo***. *Arco Alcocer. 920 301 380. Horario 12 a 14 (martes-domingos). Viernes y sábados también de 16,30 a 19 horas.*

homenaje. Otras obras de arraigo mudéjar son los **puentes** (magnífico el de Medina acotado por el arco del mismo nombre y la ermita de La Caminanta).

La Lugareja. En las afueras se alza la cabecera del templo de un **monasterio** cisterciense del siglo XIII, con tres ábsides y el cimborrio prismático (al interior, cúpula semiesférica ornamentada), muestra de la monumentalidad del mejor mudéjar castellano.

Arévalo. Plaza de la Villa

Madrigal de las Altas Torres. La **muralla** de Madrigal, un círculo perfecto de más de dos mil metros, constituye el triunfo del mudejarismo que combina procedimientos musulmanes con formas, ya del gótico primitivo, ya árabes, en armonioso maridaje, frente al sistema romano de Ávila, basado en la firmeza de los materiales. Desgraciadamente su conservación es peor, con una veintena de torres del casi centenar que tuvo. Dos iglesias de origen románico-mudéjar se conservan en Madrigal, **Santa María del Castillo**, que aún mantiene su primitiva torre, presbiterio y ábsides, y **San Nicolás de Bari**, magnífico templo-museo (rejas, enterramientos, retablos,...), de soberbia torre y valioso ábside de arquerías ciegas, obras a las que hay que añadir una rica techumbre mudéjar del XVI de original estructura. El **monasterio** de Nuestra Señora de Gracia ocupa el palacio en el que vivió Juan II y nació su hija Isabel; es visita obligada pues junto a la evocación de la poderosa Reina Católica, conserva interesantes estancias y notables artesonados, así como numerosas joyas museísticas. Otros edificios notables son el Real **Hospital**, el **convento** de San Agustín y la **casa** llamada del Arco de Piedra (la más interesante fachada plateresca de la comarca).

El modelo popular. Tras los ejemplares "de lujo" reseñados, no hay que olvidarse de algunos otros, de carácter más popular, especialmente si tienen el encanto de lo auténtico, con el valor añadido de su emplazamiento rústico, en una mínima aldea, prácticamente deshabitada. El ejemplo de **Villar de Matacabras**, inmediato a Madrigal, representa una interesante muestra de iglesita modesta pero que no se priva de sus tres ábsides semicirculares con arquerías dobladas que recorren el muro hasta el tejado decorando toda la cabecera. Un "descubrimiento" a su alcance. No se la pierda.

7. Ávila: la Ciudad Amurallada

La Ciudad de la Santa conserva "milagrosamente" la muralla medieval de los tiempos de la repoblación cuyo alzamiento patrocinan reyes, clérigos y caballeros que implican en la obra a los mejores canteros franceses y gallegos, con el apoyo de un auténtico ejército de obreros cristianos, moriscos y judíos.

Murallas. Recinto rectangular de más de 2.500 metros de perímetro, con numerosos torreones (cada 25 metros) y puertas (a destacar las del Alcázar y San Vicente) que constituye el ejemplo más bello y completo de fortificación medieval conservado en Europa. Parada obligada en los Cuatro Postes, junto a la carretera de Salamanca, para admirar su mejor perspectiva.

La Catedral. Comenzada a principios del XII como templo románico, se altera el proyecto años más tarde para edificar la primera Catedral gótica de Castilla. Del **exterior** destacan su cabecera de doble girola dentro de la muralla, el alterado pórtico principal, encuadrado por dos torres góticas (una inacabada), y la llamativa fachada de los Apóstoles donde a estas figuras acompañan otras muchas en arquivoltas y tímpano. El **interior** de tres naves se

KILOMETRAJE:

Acceso (A-6, AP-6/AP-51) 105
Total (acceso y retorno) 210

ÉPOCA PROPICIA Y DURACIÓN:

Días templados. Fin de semana.

ALOJAMIENTOS:

Palacio de Valderrábanos** *Pl. Catedral 9. 920 211 023. Un céntrico palacio del XIV.* ***Parador de Ávila*****. *Mq. Canales de Choza 2. 920 226 166. Un palacio del XVI en zona tranquila.* ***Arco de San Vicente*** ** *López Núñez 6. 920 222 498. Sin alejarse de la historia, asequible.*

RESTAURANTES:

El Almacén. *Ctra. Salamanca 6. 920 254 455. El mejor restaurante de Ávila.* ***Hostería de Bracamonte***. *Bracamonte 6. 920 251 280. Figones 11. 920 300 125. Cocina y repostería recomendable.* ***Alcaravea***. *Pl. Catedral 15. 920 226 600. Casa de comidas honesta y asequible.*

VISITAS:

Catedral, conventos, basílica de San Vicente, monasterio de Santo Tomás, museo provincial y subida a la muralla, *en general abiertos en jornada de mañana y tarde, los dos últimos cierran los lunes.*

INFORMACIÓN Y COMPRAS:

Oficina de Turismo. *Pl. Catedral 4. 920 211 387. Abierta a diario, 9-14 y 17-20 h.* ***Marisol***. *Duque Alba 11 y Sta Teresa 4. Las mejores pastas. Yemas y pastelería.*

cubre con bóvedas góticas; entre sus obras ornamentales destacan el célebre sepulcro de "el Tostado" de Vasco de la Zarza, autor también del retablo mayor (con pinturas de Berruguete y Borgoña), así como la sillería,púlpitos, trascoro y capillas. Claustro y museo.

San Vicente. Soberbio templo construido entre los siglos XII y XIV de estilo románico pero con bóvedas góticas.Dos extraordinarias portadas y magníficos ábsides. Del interior destaca el cimborrio y asombra el sepulcro románico de los santos titulares con escenas de su vida, martirio y muerte, y otros motivos ornamentales, todo ello bajo baldaquino gótico con cubierta en forma de pagoda.

Monasterio de Santo Tomás. Construido a fines del siglo XV fue residencia veraniega de los Reyes Católicos y Universidad. El templo tiene solemne portada e impactante interior centrado por el bellísimo sepulcro de alabastro del infante Juan, obra de Doménico Fancelli, con elevado retablo mayor, de Pedro Berruguete, y coro alto de notable sillería gótica. Sorprenden los tres claustros góticos que nos transportan de la austeridad y el silencio a las galas reales. En las galerías: un curioso museo de Arte Oriental.

Otros templos. Destacan los de origen románico de San Pedro, Santiago, San Andrés, San Nicolás y ermita de San Segundo, así como la capilla gótico-renacentista de Mosén Rubí de Bracamonte.

Palacios. Destacan los de Valderrábanos (hotel), Polentinos (Academia), Núñez Vela (Justicia) y de los Deanes (Museo), así como los de Velada (hotel), Benavites (Parador) y Guzmanes (con fuertes torres).

Conventos. Lugares para la evocación teresiana: los conventos de Santa Teresa (casa natal, templo y reliquias), de la Encarnación (toma de hábitos) y San José (primera fundación de la Santa).

Ávila. Vista desde Los Cuatro Postes

8. Cumbres y Fortalezas Abulenses

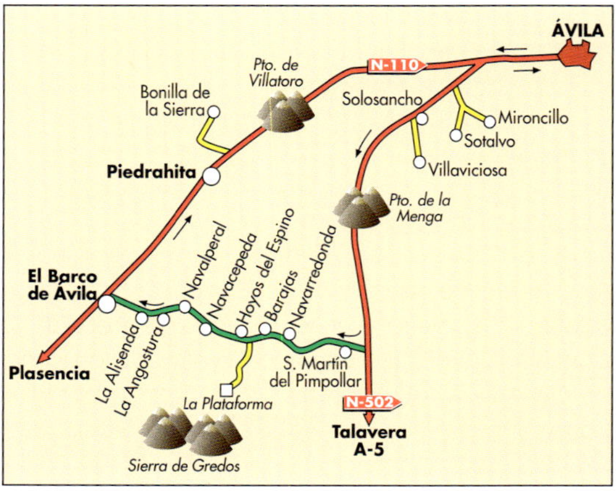

Itinerario de altura que se acerca hasta el límite de lo permitido al viajero no equipado para mayores hazañas, combinando la naturaleza más escarpada, con lugares serranos pintorescos, estratégicas fortalezas poco conocidas y villas de brillante pasado hoy un poco olvidadas.

Fortalezas del Adaja. Penetrando por el valle del Amblés, hay que desviarse a **Mironcillo**, primer objetivo de la ruta, si ésta se inicia en **Ávila**, para visitar el **castillo** de *Aunque os pese* situado en el término vecino de **Sotalvo** (a unos 2,5 km.), cuyas consolidadas ruinas ofrecen algo más que leyendas. Un nuevo desvío en **Solosancho** sirve para acercarnos a Villaviciosa y visitar su **castillo**, pequeña fortaleza señorial del siglo XV, hoy encantador hotel, que combina fuertes muros y torreones almenados con delicadas labores (p. ej. una bella ventana plateresca blasonada), y también para iniciar una caminata a la emoción del pasado cuyo objetivo sea el **castro** de *Ulaca*, la mayor ciudad celtibérica peninsular con notable pira funeraria o altar de los sacrificios construido en escalera sobre una roca.

Aproximación a Gredos. La carretera que enlaza Ávila con Talavera ofrece algunos excelentes **miradores** como el del puerto de Menga y relieves abruptos como la cueva del Maragato, poco antes de llegar a Venta del Obispo.

KILOMETRAJE:

Acceso (A-6, AP-6/AP-51)	*105*
Ruta	*184*
Retorno (N-110, AP-51, AP-6, A-6)	*155*
Total	*444*

ÉPOCA PROPICIA:
Días templados sin alto riesgo de lluvias.

DURACIÓN:
Fin de semana. Combinable con Ruta 7.

ALOJAMIENTOS:
Navalonguilla: *El Remanso de Gredos. (www.elremansodegredos.com). 920 243 898. Un paraíso en plena sierra.*
Hoyos del Espino: *El Milano Real. 902 200 190. En pleno Gredos. Encantador.*
Navarredonda de Gredos: *Parador de Gredos*** 920 348 048. El pionero.*
Barco de Ávila: *Hotel rural Manila. N-110, km. 337. 920 340 844. El estilo de los Paradores. Junto al Tormes. Actividades.*

RESTAURANTES:
Hoyos del Espino: *El Milano Real. Ver alojamiento. Sin duda, el mejor de Gredos.*
Barco de Ávila: *El Casino. Pl. España. 920 341 086. Excelentes carnes, las contundentes alubias del Barco y el rico chocolate de Navatejares con sus migas.*

VISITAS:
Barco de Ávila: *Iglesia Asunción. 920 340 077. Visita recomendada. Reja plateresca restaurada, retablo barroco...*

INFORMACIÓN:
Navarredonda de Gredos: *Ver web: www.navarredondadegredos.net*
Plataforma de Gredos: *Senderismo. www.iespana.es/trotamontes/gredos.htm*
Barco de Ávila: *Oficina de Turismo. Plaza de España. 920 340 888.*

Parador de Gredos. Dejando atrás el encantador caserío de **San Martín del Pimpollar** y coronando las rampas del puerto del Risquillo, en la divisoria Tormes-Alberche, se localiza el más antiguo de nuestros Paradores.

Pueblos de altura. Junto a la carretera se van sucediendo empinados caseríos, todos ellos por encima de los 1500 metros, como **Navarredonda** (torre-atalaya parroquial y crucero), **Barajas** (pequeño núcleo urbano) y **Hoyos del Espino** (puerta de Gredos).

El corazón de Gredos. Una carretera asfaltada, de unos 13 km, sube desde **Hoyos** a los 1755 metros de **La Plataforma**, inmejorable observatorio de la Sierra y principal base para ganar, ya a pie, metas tan preciadas como el Circo de Gredos y su Laguna Grande.

Caseríos del Tormes. Perdiendo algo de altura atravesamos pueblos tan pintorescos como **Navacepeda**, de escalonado caserío del que sobresale su poderosa torre parroquial, **Navalperal**, frente a la desembocadura de las gargantas de Gredos y del Pinar, **Angostura** y **La Aliseda** (excelente retablo parroquial), cerrando así un circuito periférico en torno al Macizo Central, acotado por lugares propicios para emprender caminatas y excursiones hacia el interior de Gredos.

El Barco de Ávila. Capital de la comarca y enclave importante desde tiempos medievales, época que nos recuerdan sus **murallas** (de las que se conservan restos como la puerta del Ahorcado flanqueada por dos fuertes torreones) o el **castillo** de Valdecorneja (de privilegiada posición e intacta estructura). Pareja a la militar, también destacan la arquitectura religiosa con un amplio **templo** gótico del XIII que custodia piezas de mérito artístico, y la civil, con un **puente** gótico y un castizo **caserío** (calle y plaza Mayor).

Piedrahita. Otra notable **plaza Mayor**, de las más hermosas de Castilla, nos espera en esta notable ciudad de origen remoto, con un gran **templo** que antes fue castillo, un **convento** caído de puro viejo, y otro que logró mantenerse a pesar de rechazar la reforma de La Santa. Un sencillo **palacio** recuerda las visitas de los Alba y de Goya.

Bonilla de la Sierra. Último desvío antes de retornar a **Ávila** para admirar una pequeña **villa medieval** que aún conserva buena parte de sus encantos monumentales: el fuerte **castillo** residencial de los obispos, los restos de su **muralla**, un notable **templo** gótico y un pintoresco **caserío** con bella plaza Mayor soportalada y un buen conjunto de nobles casonas entre las que destaca la llamada de los Canónigos.

Barco de Ávila. Castillo

Burgos

Burgos. Escudo real de la portada de la antigua Alhóndiga, y escudo de los Velasco en el exterior de la capilla de los Condestables en la Catedral.

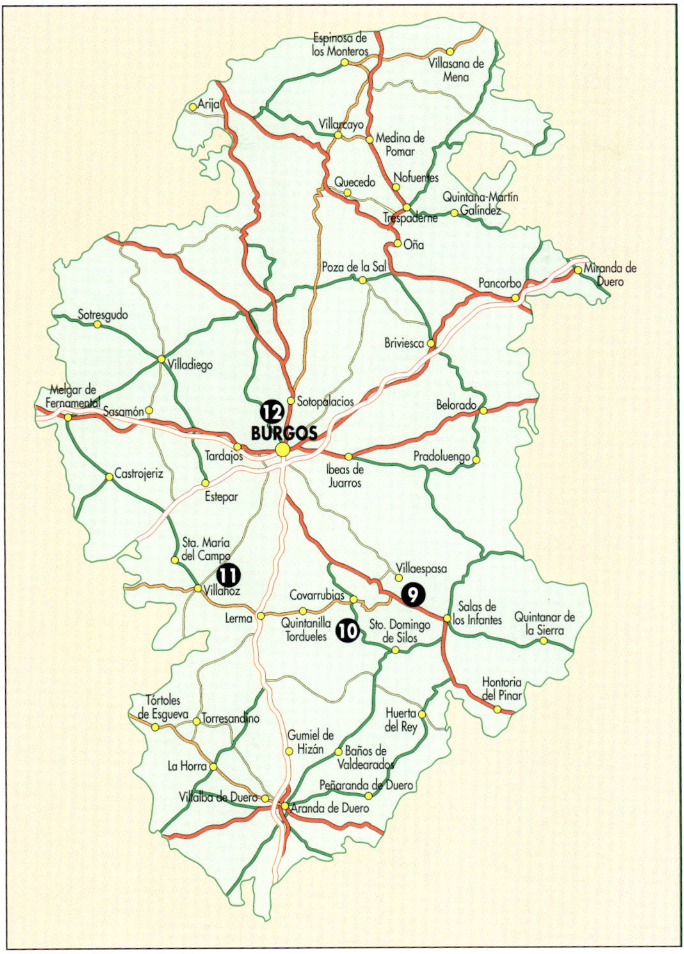

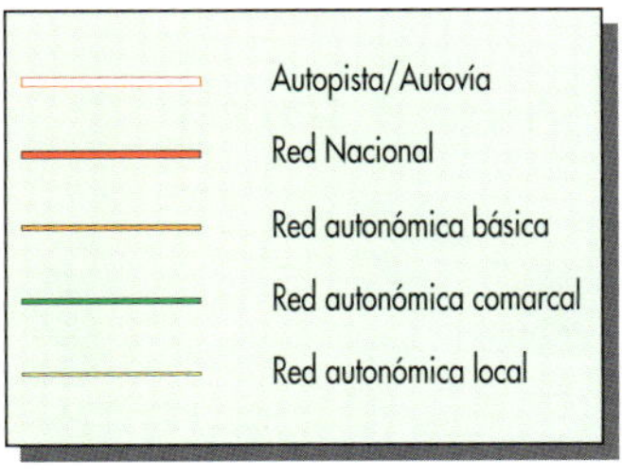

9. Los Orígenes de Castilla
10. Los Monasterios Milenarios
11. Las Plazas Fuertes Burgalesas
12. Burgos: una Ciudad Gótica

9. Los Orígenes de Castilla

Penetramos en las legendarias tierras de la Meseta cuyos evocadores paisajes y monumentos nos conducen, a través de los sorprendentes lugares de Clunia y Peñaranda, a la ciudad condal de Covarrubias, Adelantanda de Castilla en el Arlanza y uno de los rincones más bellos de España.

Aranda. Antiguo lugar que, desde entrada la Edad Media, no ha dejado de crecer por la importancia de su **puente** sobre el Duero, en el nervio del camino real de la Corte a Francia. De las glorias pasadas queda una extraordinaria referencia: la **iglesia** de Santa María cuya fachada es un asombroso retablo enriquecido con toda la fantasía y exuberancia decorativa del gótico florido, obra del siglo XV que apunta al arte de Simón de Colonia. El interior no desmerece con obras como la escalera del coro alto, el púlpito plateresco y los enterramientos de la capilla de los Salazares.

Peñaranda de Duero. Visita inexcusable. Un breve arquillo da paso a una espectacular **plaza** Mayor cuyos edificios: el palacio de los duques a un lado, el **templo** al otro, con el **rollo** centrando el conjunto del **caserío** y un horizonte dominado por la silueta del **castillo**, asombran al viajero. Además de la visión global, el **palacio** de los Avellaneda merece una visita a su interior para admirar patio y artesonados. La cercana **farmacia** de los Ximeno, fundada a fines del XVIII, en la que todo se conserva intacto, es otra de las visitas obligadas.

KILOMETRAJE:
Acceso (A-1 hasta Aranda) 160
Ruta 96
Retorno 224
Total 480

ÉPOCA PROPICIA:
Días templados sin alto riesgo de lluvias.

DURACIÓN:
Fin de semana. Combinable con Ruta 11.

ALOJAMIENTOS:
Peñaranda: ***La Posada Ducal***. *Cava 1. 947 552 347. Hotel rural encantador, en el espacio histórico y artístico principal.*
Covarrubias: ***Hotel Rural** Doña Sancha***. *C-110. km. 25. 947 406 400. Junto al pueblo. Tranquilo, sin ruidos, con encanto.*

RESTAURANTES:
Peñaranda: ***La Posada Ducal***. *Ver alojamientos. El mejor del entorno.*
Salas: ***Moreno***, *Filomena Huerta 3.* ***Azna***. *Palacio 4. Dos casas de comida casera.*
Covarrubias: ***De Galo***. *Monseñor Vargas 10. 947 406 393. Excelente asador.*

VISITAS:
Aranda: ***Iglesia Stª María***. *Martes a domingos (mañana y tarde) julio a septiembre.*
Peñaranda: ***Palacio e iglesia***. *Martes a domingos, mañana y tarde.* ***Farmacia.*** *Lunes a sábados, mañana y tarde.*
Clunia: ***Yacimiento***. *Visitas de martes a domingos. Mañana y tarde.*
Covarrubias: ***Colegiata***. *Visitas mañana y tarde, salvo martes.*

INFORMACIÓN:
Covarrubias: *947 406 461. Marzo a diciembre. Mañana y tarde. Visitas guiadas.*

Coruña del Conde. Antes de llegar a la villa, cuna de un frustado precursor de la aviación (fines XVIII), puede verse una interesante **ermita** de relieves muy primitivos.

Clunia Sulpicia. El desvío de **Peñalba de Castro** conduce al solar de la antiquísima Clunia arévaca y romana que, a la muerte de Nerón, alcanza altos privilegios. La **colonia** está situada en lo alto de un cerro, por ello, el teatro es uno de sus lugares más atractivos pues las escalinatas cavadas en la roca dominan tanto el escenario como la dilatada llanura que se extiende a sus pies. El itinerario de la visita incluye el desenterrado foro, viviendas señoriales con peristilos y mosaicos polícromos y otros restos de interés.

Salas de los Infantes. Por **Huerta del Rey** y **Hacinas** (pintorescos **caseríos** de arquitectura popular serrana) se llega a la milenaria ciudad de **Salas** fundada el año 974 por Gonzalo Gustios, el padre de los legendarios siete infantes cuyas cabezas se conservan en una hornacina en la **iglesia** parroquial (templo en el que también hay que detenerse a ver un valioso retablo renacentista con tablas de la vida de Cristo y talla gótica de la Virgen).

Covarrubias. Hay que retroceder aún más (año 932) para que Fernán González firme por primera vez como conde de Castilla. Su sucesor García Fernández, crea para su hija doña Urraca el infantado de Covarrubias. A estos tiempos nos remiten las abrumadoras defensas del **torreón** y las tumbas de los primeros condes que reposan en la **colegiata** porque, por infrecuente que resulte, el largo milenio ha sido respetuoso con los vestigios históricos de Covarrubias. Así podemos admirar su valiosa colegiata que conserva algunas piezas de extraordinario valor (órgano del XVII, tríptico de los Reyes Magos, tablas castellanas e hispano-flamencas, sepulcro de la princesa Cristina de Noruega, encabezando un largo etcétera que el guía parroquial se ocupará de completar para deleite del sorprendido viajero). Pero el conjunto de **la villa** es un auténtico museo vivo donde la arquitectura popular alcanza un excepcional nivel de monumentalidad que no desmerece frente a edificios como el **archivo** del Adelantamiento, joya de la arquitectura clasicista firmada por Juan de Herrera.

Covarrubias. Crucero y torreón de Doña Urraca

10. Los Monasterios Milenarios

Continuando por las tierras de Fernán González, recorreremos algunos de los más primitivos y valiosos monasterios castellanos, como el remoto cenobio de Quintanilla de las Viñas, las ruinas evocadoras de San Pedro de Arlanza, o la famosísima abadía de Santo Domingo de Silos.

San Pedro de Arlanza. Desde **Covarrubias**, fin de trayecto de la ruta anterior, alcanzamos al borde de la carretera las **ruinas** de este gran templo de tiempos del Cid, dolorosamente expoliado. Aún quedan suficientes restos para hacerse una idea de conjunto y admirar algunos de los elementos más enteros de este milenario solar, centro espiritual de los orígenes de Castilla desde época medieval, tiempos que nos recuerdan la **ermita** de San Pelayo y las **cuevas** eremíticas situadas en lo alto del cerro.

Quintanilla de las Viñas. La **ermita** de Santa María, a los pies del picón de Lara, es una rarísima reliquia del arte visigodo. Lo que hoy sobrevive corresponde al ábside y crucero de un templo del siglo VII que sería parcialmente destruido en la invasión árabe y que a principios del X se habilitó para monasterio dúplice. En el exterior pueden verse frisos decorativos con racimos, hojas, flores, animales y tres anagramas misteriosos. En el interior, un arco de herradura sobre columnas romanas dan entrada al ábside finamente decorado con motivos vegetales. Desmontadas, las impostas del arco con representaciones del sol y la luna sostenidos por ángeles que baten sus alas, además de otros relieves con dos bustos y un Salvador con una cruz y ángeles.

Santo Domingo de Silos. De los lejanos orígenes de este **monaste-**

KILOMETRAJE:

Acceso (A-1 y C-110)	*224*
Ruta	*140*
Retorno (BU-910, BU-912, A-1)	*179*
Total	*543*

ÉPOCA PROPICIA:
Días templados sin alto riesgo de lluvias.

DURACIÓN:
Fin de semana.

ALOJAMIENTOS:
Covarrubias: *Ver Ruta anterior.*
Hortigüela: ***Hotel Virgen de las Naves**. San Roque. 947 384 196. Confort, tranquilo.*
Santo Domingo de Silos: ***Hotel Santo Domingo de Silos*****. 947 390 053. Confortable, en calle principal.* ***Hotel Tres Coronas**. Pl. Mayor 6. 947 390 047.* ***Posada Villa de Silos**. Pl. Mayor 10 947 390 017. Ambos céntricos y atractivos.*

RESTAURANTES:
Hortiguela/Sto. Domingo: *Ver Alojamientos.*

VISITAS:
Quintanilla: ***Ermita Stª María**. Cierra lunes, martes y último fin de semana del mes. Mañanas, en verano también tardes.*
Hontoria de la Cantera: ***Abadía de San Quirce**. Sólo primer martes de cada mes.*
Santo Domingo de Silos: ***Monasterio**. Mañana y tarde. Gregoriano: 19 horas.*
Caleruega: ***Monasterio**. Mañana y tarde.*
Baños de Valdearados: ***Villa romana**. Miércoles a domingos, primavera/verano.*

OFICINAS DE TURISMO:
www.patroturisbur.es/interesarlanza.htm

rio da idea el hecho de que el conde Fernán González lo encuentra viejo. Tras las razzias de Almanzor, nuevo tiempo de decadencia hasta que en el año 1040 aparece Santo Domingo que con el apoyo del primer rey castellano levanta un gran monasterio conforme al ideal benedictino: una iglesia espaciosa para la oración, una sacristía bien pertrechada para magnificar el culto, una buena sala de copistas y un claustro bello que hiciese agradable el trabajo. Aunque casi todo el templo se perdió, brutalmente demolido, nos queda el más bello claustro románico de Europa, de extraordinarias proporciones. A lo largo de las galerías vamos viendo una verdadera filigrana de capiteles tallados con animales fantásticos, motivos vegetales y decorativos, sin que falten las representaciones humanas, bíblicas, evangélicas y simbólicas. Pero si los capiteles muestran un original universo de misterio y fantasía ejecutado con infinita perfección de líneas, en los cuatro grandes pilares de los ángulos del claustro encontramos ocho bajorrelieves con escenas evangélicas que forman una serie única por su belleza en el arte románico. La visita al claustro descubrirá también la portada de las Vírgenes, resto venerable de la antigua iglesia románico-bizantina, tallas y un extraordinario artesonado. Otros tesoros son la colección de códices, la biblioteca, la vieja botica y el museo de la abadía.

La Yecla. A la salida de un tunel se encuentra un capricho imponente de la naturaleza: el tajo de La Yecla, una estrechísima cortadura.

Sto. Domingo de Guzmán. En **Caleruega**, encontramos el evocador monasterio con el pozo milagroso donde en 1170 nació el linajudo santo.

Quintanilla de las Viñas. Exterior

Opcional: Si el día de la visita fuese primer martes de mes, se podría iniciar tomando la dirección donde está enclavada la que fue abadía medieval de San Quirce, un interesantísimo monumento integrado actualmente en una finca del término de **Hontoria de la Cantera**.

Santo Domingo de Silos. Claustro

11. Las Torres Fuertes Burgalesas

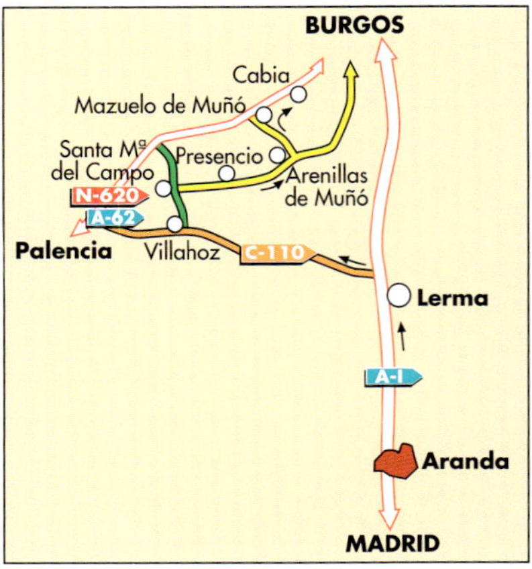

La evocación de la corte de Lerma, en la que un poderoso noble compite con su rey, y las tierras torreadas del Campo de Muñó cantadas por Berceo, constituyen el objetivo de esta ruta que también encuentra, al paso, una curiosa proliferación de rollos y picotas.

Lerma. Plaza fuerte de los belicosos Lara, destruida por orden de Alfonso XI, de cuya época sólo queda el severo **arco** de entrada. Pero la subida a la villa nos sitúa en otro escenario: el de D. Bernardo de Rojas Sandoval, duque de Lerma y valido de Felipe III, que aquí organiza su corte. El **palacio** del valido, con la proporción y pureza de líneas del arte de Francisco de Mora, ocupa todo un lado de la gran **plaza** del Duque. Enfrente encontramos el **convento** de las Dominicas (muy buen retablo) y el de las Carmelitas (hoy **parroquia**). En la plaza de Santa Clara está el **convento** del mismo nombre (tallas y tumba del épico cura Merino), enfrente el **balcón** del frío (balaustradas del aire, como cantara el poeta), y abajo, el mapa: tres ríos y un viejo puente. La **colegiata** de San Pedro, con los blasones del duque, es un solemne templo que conserva la llamativa estatua en bronce del arzobispo Rojas, tío del duque quién también, al final de su vida, tomó los hábitos por aquello de "para no morir ahorcado, el mayor ladrón del Reino, se vistió de colorado".

Villahoz. Parada recomendada para admirar un atractivo **templo** y un esbeltísimo ejemplar de **rollo** en la plaza.

Santa María del Campo. En este lugar edificó Diego de Siloé una de las más bellas **torres** castellanas. Los dos primeros cuerpos, de un depurado renacentismo, con fastuoso triforio. También el **templo** tiene interés (puerta norte, claustro, coro, púlpito mudéjar, escalinata, enterramiento, capiteles, pinturas). Del pueblo destaca la **casa** del Cordón.

KILOMETRAJE:

Acceso (A-1)	*199*
Ruta	*140*
Retorno (BU-910, BU-912, A-1)	*179*
Total	*543*

ÉPOCA PROPICIA:
Días templados sin alto riesgo de lluvias.

DURACIÓN:
Fin de semana.

ALOJAMIENTOS:
Lerma: ***Parador de Turismo***** *Plaza Mayor. 947 177 110. Una recuperación monumental con las prestaciones y tarifas habituales de la Red.* ***Casa el Zaguán****. Barquillo 6. 947 172 165. Excelente alojamiento rural.*

RESTAURANTES:
Lerma: ***Casa Antón****. Luis Cervera Vera 5. 947 170 362. Excelente cordero asado.* ***Lis-2****. Paseo de los Mesones 3. 947 170 012. Buenos guisos. También el* ***Parador****.*

VISITAS:
Lerma: *Ver datos en* ***Oficina de Turismo****.*
Santa María del Campo: ***Iglesia de la Asunción****. Visitas turísticas en verano.*
Mahamud: ***Iglesia de San Miguel Arcángel****. Visitas turísticas en verano.*

INFORMACIÓN:
Lerma: ***Oficina de Turismo****. Audiencia 6. 947 177 002. Visitas diarias guiadas. Organizan en agosto conciertos de órgano y representaciones de teatro clásico.*

Presencio. Una severa **picota** a la entrada del pueblo y un elegante **rollo** gótico en la plaza, justifican una breve parada.

Arenillas de Muñó. Llama enseguida la atención del viajero su fortísima **torre** medieval, de anchura inusual, muros apenas interrumpidos por estrechísimos huecos y un parapeto almenado.

Mazuelo de Muñó. Otra gallarda **torre**-fortaleza del siglo XIV de casi 20 metros de altura, con ventanales góticos, escudo sobre el ingreso con doble cubo, defendida por matacanes en forma de corsera y un reducido recinto exterior almenado.

Cabia. A través de **Estepar** se toma el desvío que conduce a este lugar con **casa** fuerte muy transformada pero que sigue ennoblecida con el blasón de los Rojas, señores de la villa.

Albillos. Consta que don Diego Álvarez de Osorio, capitán de galeras de su Majestad en 1578, era señor de la **torre** de Albillos. No logrará atisbarla el viajero en el pueblo sino al borde de la N-I, cerca de Burgos, formando parte del Landa Palace donde fue trasladada piedra a piedra para ennoblecer sus lujosas instalaciones, por lo que no hay mejor colofón a esta ruta que alojarse, a cuerpo de rey, en estas históricas paredes.

Arriba: **Mazuelo de Muñó**. *Torre-fortaleza.*

Derecha: **Santa María del Campo**. *Torre del templo*

12. Burgos: una Ciudad Gótica

Con Alfonso VIII, que apoya el proyecto catedralicio y la fundación de las Huelgas, se asienta el gótico en Burgos durante tres siglos, epopeya que se remata hispanizando el exquisito arte de germanos y flamencos como Juan y Simón de Colonia, Gil de Silóe y Felipe Bigarny, la cumbre del siglo XV.

Defensas. El **arco** de Santa María (antigua y solemne puerta de la ciudad) y la subida por el Paseo de los Cubos permite reconocer los restos de la **muralla**, y tras evocar el **solar** del Cid alcanzar el viejo **castillo** al que hoy hay que acudir en su condición de asombroso **mirador** aéreo de la Catedral y la ciudad toda.

Catedral. En la puerta del Sarmental, quizá la más bella del gótico español, el obispo don Mauricio da la bienvenida al visitante. Al traspasarla, nos enfrentamos a otra obra maestra de la primera época de la catedral: la puerta de entrada al claustro. La visita guiada del **interior** va abriendo las puertas a gran parte de las numerosas joyas de todo tipo que el templo atesora: capilla del Condestable, coro, linterna del crucero, escalera Dorada, relieves del trasaltar de la girola, capilla de la Presentación, sacristía, sala

KILOMETRAJE:
Acceso (A-1)....................................237
Total 474

ÉPOCA PROPICIA:
Días templados sin alto riesgo de lluvias.

DURACIÓN:
Fin de semana.

ALOJAMIENTOS:
Mesón del Cid*** *Pl. Stª María 8. 947 208 715. Frente a la Catedral. Precio alto.* ***María Luisa***** *. Avd. Cid 42. 947 228 000. Impecable y elegante, precio medio.* ***La Puebla****** *. Puebla 20. 947 200 011. Familiar, confortable, precio moderado.*

RESTAURANTES:
El Ángel*. La Paloma 24. 947 208 608. Alta gastronomía.* ***Mesón La Cueva****. Pl. Stª María 7. 947 208 671. Cocina tradicional con vistas.* ***Casa Avelino****. Emperador 58. 947 206 192. La mejor cocina tradicional. Setas/caza, temporada.*

VISITAS:
Catedral*. M/T.* ***Monasterio Huelgas****. M/T. Guiada. Cierra lunes.* ***Cartuja Miraflores****. M/T.* ***Iglesia San Esteban*** *(Museo del Retablo),* ***Museo de Burgos*** *y* ***Arco Stª María****. M/T. Cierran lunes.* ***Museo del Castillo****.*

Verano: M/T. También fines de semana del resto del año. ***Iglesias San Nicolás** y **San Gil**. Verano: M/T.*

INFORMACIÓN:

***Oficina de Turismo**. Paseo del Espolón. 947 288 862. Abierta a diario. Organizan Tren Turístico y Ruta de la Luz (nocturna).*

capitular (museo catedralicio) entre otras dependencias donde se acumulan retablos, sepulcros, artes exentas y decorativas, sin olvidarnos del singular Papamoscas. La visita debe complementarse ya en el **exterior**, atravesando el claustro y rodeando el templo (admirable el exterior de la capilla del Condestable y las puertas de la Pellejería y de la Coronería) para concluir ante la fachada principal elevando la vista a las altas torres y sus agudas agujas.

Templos. Opciones importantes, en el entorno de la Catedral, son las visitas a **San Nicolás** (asombroso retablo mayor), **San Esteban** (Museo del Retablo), **San Gil** (Santo Cristo, capillas y sus retablos) y **San Lesmes** (retablos y sepulcro del titular).

Palacios. Inexcusable la contemplación de la filigrana del de los Condestables (Casa del **Cordón**), sin olvidar la fachada y patio de la Casa de **Miranda** (sede del Museo Provincial, al otro lado del río).

Monasterio de Las Huelgas. Histórico recinto, fundado por Alfonso VIII y panteón real, de incontaminado aire medieval, que pese a la clausura permite la visita guiada del templo y otras dependencias (sala capitular, claustrillas) y colecciones (singularísimo su Museo de Ricas Telas).

Cartuja de Miraflores. Los jardines de acceso y la vista exterior ya predisponen para esta inolvidable visita, permitida por los cartujos libre de guías, pues ante el retablo y los enterramientos de Silóe sólo cabe el asombro y el deleite de la admiración reposada.

***Burgos**. Casa del Cordón*

Cáceres

El Puerto de Honduras, frontera natural entre los valles del Jerte y La Vera

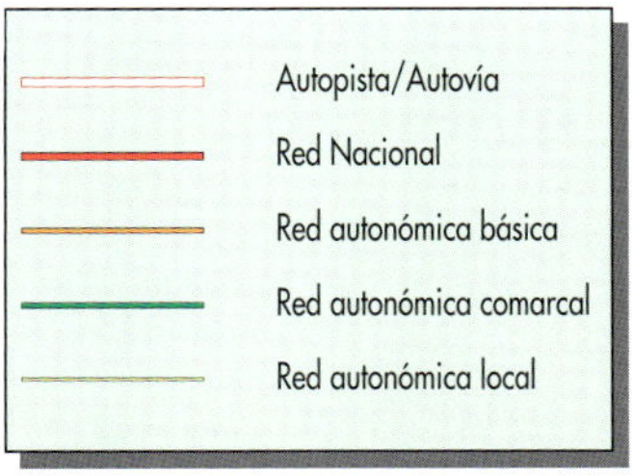

13. El Paraíso de La Vera
14. A Guadalupe por Los Ibores
15. A Trujillo por las Villuercas
16. El Valle del Jerte

13. El Paraíso de La Vera

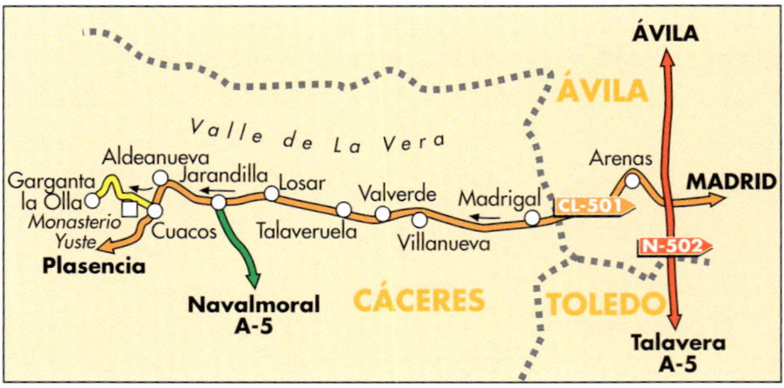

Refugio final del Emperador, donde se conjuga felizmente el rostro más amable de la naturaleza, con la sabia mano del arquitecto popular creador de conjuntos urbanos bellísimos, perfectamente adaptados al medio, en los que resultan deslumbrantes sus ancestrales fiestas populares.

Madrigal de la Vera. Primer pueblo extremeño del valle en el que no faltan **rincones** típicos y un elevado **templo**. Pero lo más característico de este lugar son sus **alrededores** destacando, a poco menos de un kilómetro, la garganta de Alardos que separa las tierras castellanas de las extremeñas, unidas por un viejo y fotogénico puente romano de un sólo ojo, en un bello paraje.

Villanueva de la Vera. La carretera discurre por un tortuoso camino, salvando gargantas, arroyos y dejando a un lado alguna bella cascada. La visita a Villanueva refleja el triunfo absoluto de la sabiduría popular reflejada tanto en cada vivienda como en su conjunto. Hay que perderse por sus estrechas **callejas** hasta encontrarnos con sus dos **plazas** más interesantes: la de la iglesia y, sobre todo, su plaza principal, uno de los mejores conjuntos de la arquitectura popular de la Vera y una de las plazas mayores más bellas y auténticas de España. También en el dominio de lo popular hay que reseñar una **fiesta** de las más singulares: la del Pero-Palo, de ritmo frenético y alegría incontenida.

Valverde de la Vera. Cabecera de un antiguo señorío otorgado por privilegio real. Así no es de extrañar

KILOMETRAJE:

Acceso (por A-5 y C-501)	*190*
Ruta	*48*
Retorno (A-5)	*236*
Total	*474*

ÉPOCA PROPICIA:
Días templados sin alto riesgo de lluvias.

DURACIÓN:
Fin de semana o puente.

ALOJAMIENTOS:
Jarandilla: *Parador de Turismo****. Av. García Prieto 1. 927 560 117. Espectacular alojamiento cargado de historia; caro. También el* Hotel Ruta Imperial*. Machoteral. 927 561 330. Encantador hotel rural, de precio alto.*
Aldeanueva: *Posada Tres Mentiras. Matanzas 2. 927 484 353. Precioso alojamiento. Tarifa media.*
Cuacos: *Hostería Cantarranas. Pizarro 4. 927 194 109. Muy grato. Precio medio.*
Garganta la Olla: *Hotel Rural Carlos I. Av. de la Libertad. 927 179 678. Ambiente rústico, confortable, buen precio.*
Jaraíz: *La Casona. EX-392, km. 15. 927 194 145. Muy confortable. Buen precio.*

RESTAURANTES:
Losar: *Carlos V. Av. Extremadura 45. Acogedor. Magnífica cocina. Buen precio.*
Jarandilla: *El Mesón del Labrador. Av. Soledad Vega 133. Cocina agradable.*

VISITAS:
Cuacos: *Monasterio de Yuste. 927 172 130. Abierto a diario, mañana y tarde.*

FIESTAS:
Villanueva: *El Pero Palo. Martes de Carnaval (condena, paseo, aporreos, jura de bandera, manteo y quema).*
Villanueva: *Los Empalaos. Madrugada del Jueves al Viernes Santo. Vía Crucis nocturno cuya emoción hay que vivirla.*

que, junto a su arquitectura popular encontremos los monumentos propios de su rango: **rollo** jurisdiccional, **templo** de fines del siglo XV y vieja **fortaleza**. Sin embargo, su **caserío** es lo que sitúa a esta localidad entre las más bellas de España: calles umbrías, íntimas plazuelas, suelos empedrados sobre los que corren chorros de agua, pasadizos, grandes balconadas, sobresalientes aleros, ... Su **fiesta** popular, singularísima, son los "empalaos" que recorren las calles la noche del Jueves Santo crucificados al timón de un arado en un silencio sobrecogedor.

Transición. Otro tramo en el que siguen armonizándose naturaleza y caseríos discurre por **Talaveruela**, **Viandar** y **Losar de la Vera**, acercándonos a las tierras de retiro del Emperador.

Jarandilla. Villa presidida por el hermosísimo **castillo**-palacio (hoy parador) que sirvió de morada temporal al Emperador, a la espera de su acomodo en Yuste; lujo que hoy puede repetir el viajero.

Cuacos de Yuste. Es otro de los singularísimos pueblos de la Vera que hay que callejear sin prisas para toparse con **rincones** tan pintorescos como la plaza Mayor soportalada, la de don Juan de Austria (con la casa de Jeromín) y la encantadora de los Chorros. Tiene interés su **templo** gótico con bella portada y órgano barroco.

Monasterio de Yuste. En plena naturaleza, casi oculto por el denso manto vegetal, se encuentra el monasterio que sirvió de última morada al Emperador. De la clausura del **convento** solo pueden entreverse sus dos hermosos patios (gótico y plateresco). Por el contrario son visitables las austeras **habitaciones** de Carlos V y el **templo** que aloja el negro ataúd que contuvo sus restos. Otra pista fúnebre de evocación más cercana es el desconocido **cementerio** de soldados alemanes caidos en guerras de nuestro siglo en territorio español, situado tras un desvío poco antes de llegar al monasterio.

Garganta la Olla. Visita muy recomendada que sirve de magnífico colofón, tanto por el **paraje** en que está situado, como por su cautivador **caserío**: casas encantadas (de las muñecas, del balcón corrido), mansiones de cuidado (Cárcel Inquisitorial), portales adintelados y fechados y áticos con sobresalientes balconadas,...

Cuacos. Plaza de la Fuente

14. A Guadalupe por Los Ibores

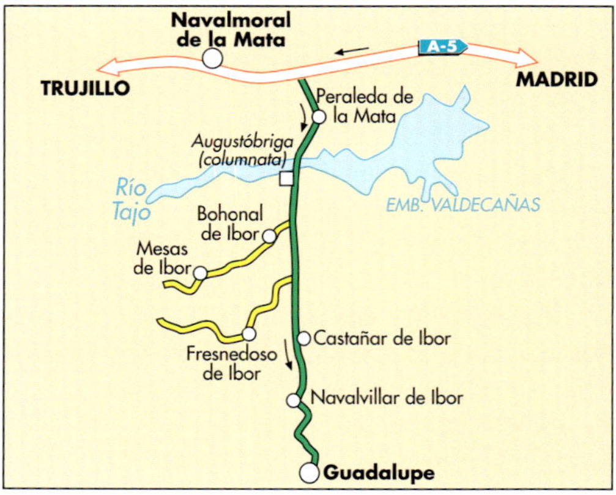

Destino de peregrinaciones hispanoamericanas, lugar histórico, centro de artesanía y cultura, arca de tesoros, ...; todo ello (y algo más) en un paraje perdido de la Extremadura profunda, en un abrupto territorio de salvaje belleza, con una vieja puebla recostada a la sombra del cenobio.

Peraleda de la Mata. Lugar tranquilo y pintoresco con interesante **iglesia** renacentista y barroca (retablo y órgano), que nos aparta de la autovía y acerca al gran **embalse** de Valdecañas.

Augustóbriga. Entre la carretera y el embalse se mantiene orgullosamente en pie (desde el siglo II) un elegante **pórtico** romano de altas columnas de fustes estriados, salvado de la riada, ya que formaba parte de la población de Talavera la Vieja (la antigua Augustóbriga) cubierta por las aguas del pantano.

Bohonal. Modesto lugar cuyo **templo** recogió interesantes restos de la sumergida iglesia de Talavera la Vieja (pila bautismal, inscripciones romanas, cerámica barroca).

Tierras del Ibor. Hay que dirigirse a **Mesas de Ibor** (**caserío** popular y **templo** de ornamentada cantería), hacia la desembocadura del río Ibor en el Tajo, admirando un **paisaje** agreste de gran belleza, donde se mezclan la dehesa de encinas y alcornoques y los grises berrocales, para descubrir un hermosísimo **puente** medieval, edificado por la Mesta, de un solo ojo y gran altura, situado enmedio de una impresionante garganta.

KILOMETRAJE:

Acceso (por la A-5)	*195*
Ruta	*113*
Retorno (por la A-5)	*250*
Total	*558*

ÉPOCA PROPICIA:
Días templados sin alto riesgo de lluvias.

DURACIÓN:
Fin de semana o puente, combinable con la ruta siguiente (15).

ALOJAMIENTOS:
Guadalupe: *Parador de Turismo**** Mq. de la Romana 12. 927 367 075. Un lujo con encanto.* ***Hospedería del Real Monasterio***** *Pl. Juan Carlos I. 927 367 000. En celdas monacales con vistas al claustro gótico. Tranquilo, buen precio.* ***Posada del Rincón***** *Pl. Stª Mª 11. 927 367 114. Encanto, confort, buen precio.*

RESTAURANTES:
Guadalupe: *Mesón El Cordero. Alfonso el Onceno 27. 927 367 131. Buena cocina regional, sin complicarse con novedades. También destacables los restaurantes del* ***Parador*** *y de la* ***Posada****.*

COMPRAS:
Guadalupe: *Atrium. Alfonso el Onceno 6. La mejor repostería de la zona y otras delicias extremeñas.*

VISITAS:
Guadalupe: *Monasterio. 927 367 000. Abierto a diario, mañana y tarde.* ***Museo de los Bordados*** *(Refectorio),* ***Museo de los Libros Miniados*** *(Sala Capitular),* ***Museo de Esculturas y Pinturas*** *(Repostería) y otros espacios (Claustro mudéjar, Sacristía, Antesacristía, Camarín de la Virgen y Relicario) que también son auténticos museos.*

Fresnedoso. Un desvío opcional, que atraviesa una zona montañosa, conduce de nuevo al río Ibor, que forma piscinas naturales, entre **paisajes** de notable encanto.

Castañar. Retomando la dirección hacia Guadalupe por una zona de pronunciadas cuestas que, a pesar de su limitada altura, emula zonas de alta montaña, para encontrar recostada sobre las laderas de la sierra esta agreste localidad que goza de atractivos alrededores como el **puente** medieval, también obra de la Mesta, sobre el Ibor.

Navalvillar de Ibor. Parada para el aprovisionamiento de **productos típicos** de la comarca: queso de Los Ibores, vino de la tierra, riquísima miel y artísticos bordados de tradición local.

Guadalupe. Siguiendo un paisaje en el que abunda el olivar y los montes cubiertos de jara en sus laderas y que va penetrando en el intrincado sistema orográfico de las Villuercas. Desde la **ermita** del Humilladero, del siglo XV, levantada en forma de templete para que los cautivos redimidos (que acudían a ofrecer sus grilletes) y los peregrinos venerasen aquí a la Virgen al divisar por primera vez el santuario. Siguiendo este rito, por aquí pasarían Cervantes a su vuelta de Orán y los primeros indios traídos por Colón a España para ser bautizados aquí precisamente. El **monasterio**, presidido por la gran fachada mudéjar, data del siglo XIV, reuniendo la condición de alcázar, templo y fortaleza, además de gran foco de cultura que albergó importantes escuelas de todas las ramas del saber y talleres como el de bordados y miniaturas. La visita guiada incluye el templo (capillas, camerín, sepulcros, retablo, reja, coro y su sillería), antesacristía y sacristía (con los grandes lienzos de Zurbarán), museos (de libros miniados en la sala capitular y de bordados en el refectorio) y claustros (el más antiguo del siglo XIV, que aprovecha la plaza de armas del alcázar, de estilo mudéjar con dos pisos de arcos de herradura de notable influencia almohade y un soberbio templete-lavatorio gótico-mudéjar de ladrillo y azulejos, y el "moderno" de tres plantas construido en el XVI en estilo gótico. Después de tantas maravillas no desmerece la visita a la vieja **puebla** guadalupana de amplios soportales, llamativas plazuelas, preciosas construcciones populares y casas palaciegas.

Guadalupe. Calle en primavera

15. A Trujillo por las Villuercas

Viaje a los orígenes, desde la sede de la espiritualidad americana de Guadalupe, al bastión medieval de Trujillo, cuna de conquistadores y fundadores de veinte naciones, cuyo orgullo de estirpe reflejan los soberbios palacios y la aguerrida figura ecuestre de Pizarro que preside la plaza.

Guadalupe. Algunos viajeros preferirán comenzar esta ruta que atraviesa las Villuercas, dominando una amplia **vista** desde el pico que da nombre a esta sierra; la pista forestal que se inicia junto a la ermita del Humilladero facilita el ascenso.

Cañamero. No desmerecen gran cosa las **vistas** que ofrecen los parajes que atraviesa la propia carretera que desde Guadalupe se dirige a esta localidad, en pleno centro de las Villuercas, a través del puerto Llano. Tres encantos ofrece Cañamero: su monumental **templo**, la **ermita** de Belén (y su entorno) y sus famosos **vinos** (de pitarra y embotellado).

Logrosán. Otro tramo de abruptas tierras de monte bajo con alternancia de alcornoques y encinas, nos lleva a esta crecida villa que cuenta con un **templo** de amplias bóvedas góticas.

Zorita. Un **paisaje** con frecuentes contrastes de relieve y vegetación nos traslada desde las últimas estribaciones de la sierra a la penillanura trujillana y nos sitúa en Zorita, villa que conserva **casas** blasonadas y hermosa **parroquia** con esbelta torre de sillería.

KILOMETRAJE:
Ruta *80*
Retorno (por la A-5) *252*
Total (332 km. combinada con 14) ..*584*

ÉPOCA PROPICIA:
Días templados sin alto riesgo de lluvias.

DURACIÓN:
Fin de semana/puente, combina con la 14.

ALOJAMIENTOS:
Trujillo *(entorno)*: ***Finca Santa Marta***. *Pago de San Clemente. A 14 km. de Trujillo 927 319 203. Un lujo rural.* ***Viña Las Torres***. *Finca a 10 km. de Trujillo, 927 319 350. Buen alojamiento.*
Trujillo *(urbano)*: ***Parador de Trujillo***** *Sta Beatriz de Silva 1. 927 321 350. Un convento rehabilitado con el estilo de la Red.* ***Posada Dos Orillas***** *Cambrones 6. 927 659 079. En la parte alta, tranquilo y con encanto.* ***Victoria**** *Pl. del Campillo 22. 927 321 819. Caserón modernista rehabilitado. Bien situado, buen precio.*

RESTAURANTES:
Trujillo: ***Asador Corral del Rey***. *Corral del Rey 2. 927 321 780. La mejor cocina de Trujillo.* ***Pizarro***. *Pl. Mayor 13. 927 320 255. Una honrada casa de comidas.* ***Mesón La Troya***. *Pl. Mayor 10. 927 321 364. Otro clásico, generosas raciones.*

COMPRAS:
Trujillo: ***Exposición y venta artesanía***. *En el castillo. Abierto mañana y tarde.* ***Feria del Queso***. *En el puente de mayo.*

VISITAS:
Trujillo: *Casi todos los monumentos se visitan en horario de mañana y tarde.*

INFORMACIÓN:
Trujillo: ***Oficina de Turismo***. *Pl. Mayor. 927 322 676 y 927 659 039. A diario, m/t.*

Una muestra de los caserones palaciegos de **Trujillo**

Conquista. Lugar que conserva con bastante pureza su **arquitectura popular** y deja ver algo de lo que fue el palacio de los Pizarro.

Herguijuela. Lugar con **templo** renacentista y **palacio** señorial, mostrando ambos edificios portadas con piezas primitivas.

Trujillo. Ciudad en la que nacieron un largo centenar de hombres que tuvieron mucho que ver con la *aventura americana* como Pizarro, Orellana, y otros muchos que a su vuelta trajeron riquezas con las que construyeron muchos de sus mejores edificios.

Ciudad alta. Siguiendo este argumento habrá de visitarse primero el núcleo más primitivo, la antigua villa donde nacieron los *aventureros*, recinto delimitado por una **muralla** de 32 torres y 4 puertas, que presenta un conjunto poblado por casas fuertes y solariegas de gran calidad que ocupan la escarpada ladera que remata en el poderoso **castillo** cristiano (antes alcázar árabe). En la visita debe pasarse bajo el arco de Santiago acceso defendido por las **torres** de la iglesia de igual nombre y la de la casa de los Chaves, alcanzando uno de los rincones de más interés como es su iglesia de **Santa María**, templo románico con reformas góticas que reune numerosos sepulcros de la nobleza trujillana y el soberbio retablo mayor con 25 tablas pintadas por Fernando Gallego.

Plaza Mayor y su entorno. El elemento más sobrecogedor de este conjunto es la propia **plaza** con su juego de volúmenes, escalas, detalles y colores, donde las piedras doradas de los edificios contrastan con el verde del bronce de la gigantesca **estatua** de Pizarro, en un lateral, a los pies de las espigadas torres del templo de gótico de **San Martín**. De los **palacios** más notables hay que visitar el de los duques de San Carlos (hoy convento) de llamativas chimeneas que oculta un precioso patio, el de los Orellana-Chaves unido a la torre del Alfiler, el del marqués de la Conquista de soberbio balcón esquinado, el del marqués de Piedras Albas de galería renacentista, la preciosa casa de las Cadenas, ...

Extramuros. Fuera de estos dos recintos mágicos aún se levantan casonas, iglesias y conventos que serían destacables en cualquier lugar donde no se concentrara tanta riqueza monumental como ocurre en Trujillo. También sorprende a la entrada, junto a la red de carreteras, un soberbio **rollo** jurisdiccional de estilo gótico, del tiempo de los Reyes Católico como lucen sus blasones.

16. El Valle del Jerte

Valle idílico, cerrado entre los murallones de las estribaciones de Gredos, con bosques de robles y castaños, y campos de cerezos que lo tapizan. También encontraremos bellos y apretados caseríos y, como colofón de la ruta, la monumental ciudad de Plasencia.

Tornavacas. Pueblo de altura, encerrado en el **anfiteatro** que forman los Picos de Gredos y la Sierra de Béjar, bajo el nacimiento del río Jerte. Constituye paso obligado para ganar el Valle. La calle Real, arteria del pueblo, limitada por las plazas de Cárceles y de la Iglesia, presenta un buen repertorio de **casas** blasonadas.

Jerte. El tramo de carretera que conduce al corazón del valle, sin alejarnos en ningún momento del río, es una buena muestra para valorar lo ajustado de los calificativos recibidos por el valle a través de los tiempos: "valle del gozo", "valle de los milagros", "valle de los cerezos", ... o "el valle", sin más. Son **parajes** que invitan a la observación de la naturaleza. En algunos rincones el río se encajona en una profunda hendidura entre dos paredes que separan el valle de los de la Vera y Ambroz (Hervás). La carretera y el río llegan a penetrar en la población que se encuentra en la confluencia del río con la garganta de los Papúos, cuyas aguas acabarán discurriendo por la calle principal del pueblo. El **casco antiguo** formado por el barrio de Bueyes, superviviente al fuego de la guerra de la Independencia, conserva parte de su viejo atractivo.

Cabezuela del Valle. Situado entre dos cerros, su **caserío** gira de forma laberíntica en torno a la plaza por-

KILOMETRAJE:
Acceso (A-6, AP-6, A-51, N-110) 213
Ruta 100
Retorno (por la A-5) 245
Total 558

ÉPOCA PROPICIA:
Días templados sin alto riesgo de lluvias.

DURACIÓN:
Fin de semana o puente.

ALOJAMIENTOS:
Plasencia: *Además del nuevo* ***Parador*** *927 425 870 y del clásico* ***Alfonso VIII*** *927 410 250, ambos de ****, también el* ***Hotel Real*****. Avda. Salamanca. 927 412 900, familiar y correcto.*
Jerte: ***Hospedería Valle del Jerte******* *Ramón Cepeda 118. 927 470 403. Muy buen nivel, precio alto.* ***La Sotorriza****. Pl. Independencia 13. 927 470 052. Urbano.* ***El Cerezal de los Sotos****. Camino de las Vegas (a 700 m. de Jerte). 927 470 429. La plena naturaleza, con comodidades.*

RESTAURANTES:
Jerte: ***Valle del Jerte****. Gargantilla 16. 927 470 448. Rica cocina extremeña.*
Cabezuela del Valle: ***El Castillo****. N-110, km. 368. 927 472 124. Cocina extremeña.*

INFORMACIÓN:
Cabezuela del Valle: ***Oficina del Turismo del Valle del Jerte****. Paraje de Peñas Albas, s/nº. 927 472 344. Ver: http://clientes.vianetworks.es/personal/jerte/*
Plasencia: ***Oficina del Turismo****. Pl. Catedral. 927 424 269.*

ticada, con amplios soportales que descansan en recias pilastras de madera. El callejeo urbano nos muestra **edificios** con hermosas balconadas de madera y portales con blasones. La parte alta del pueblo, denominada la Aldea, aloja la que fue amplia **judería**.

Navaconcejo. Población bordeada por el Jerte que también cuenta con alguna calle en la que predominan las **casas** de adobe y entramado de madera con floridas balconadas y amplios aleros.

Valdastillas. Situado en una ladera con un **urbanismo** en el que predominan los rincones estrechos y tortuosos llenos de encanto.

Los miradores. En la dirección hacia Garganta la Olla puede ascenderse hasta la aldea de **Piornal**, situada sobre una pequeña meseta, a notable altura, que goza de magníficas **vistas** dominadoras de todo el Valle y de las tierras llanas del Tiétar. Su **caserío**, de acentuado carácter serrano, tiene gran encanto destacando la plaza de la iglesia. En el descenso puede visitarse **El Cabrero** y su caserío de soportales prosiguiendo hasta la aldea **Casas de Castañar**, que constituye otro **mirador** admirable sobre el conjunto del Valle. Por fin, al otro lado de la carretera general, se toma el desvío hacia el caserío de **El Torno**, conocido como el "mirador del Valle", de accidentado acceso e inolvidables **vistas**.

Plasencia. El curso del Jerte nos sitúa de forma natural en su capital fundada por Alfonso VIII en 1186 "para agrado de Dios y de los hombres". Con estos antecedentes deja de sorprender que nos encontremos con una hermosa ciudad de soberbia **catedral** e intrincado callejero en el que encontraremos una amplia colección de **palacios** y **casonas** blasonadas, todo ello resguardado por un **cerco amurallado** del que sobreviven diversas puertas y postigos. De la Plaza Mayor, de estructura radial, parten los distintos **itinerarios** de la ciudad que tienen como hito obligado la visita a las **catedrales**: vieja (románica de principios del XIII de la que destacan portada, claustro y sala capitular) y nueva (en la que trabajaron los mejores arquitectos del XVI, de portada plateresca, naves de crucería y soberbia sillería de coro de Rodrigo Alemán).

*Cascada de Caozo entre **Piornal** y **Valdastillas***

Ciudad Real

Villalba de Calatrava. Detalle vanguardista (mosaico de Hernández Mompó) integrado en un poblado manchego de colonización

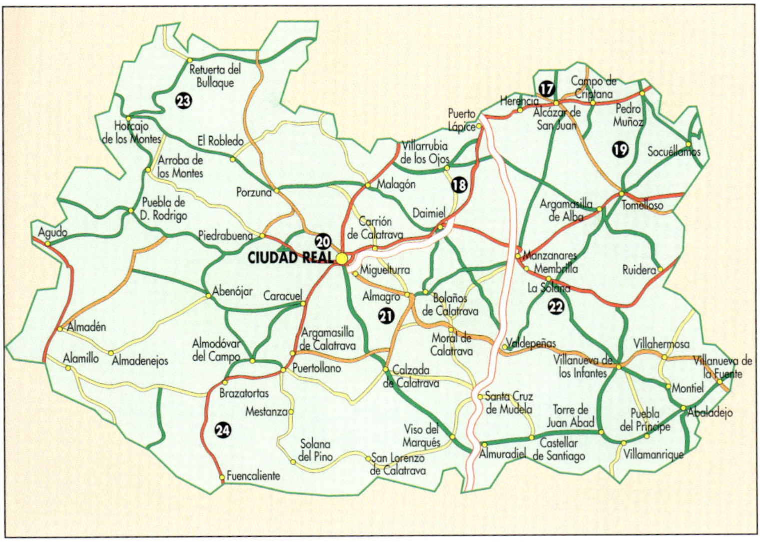

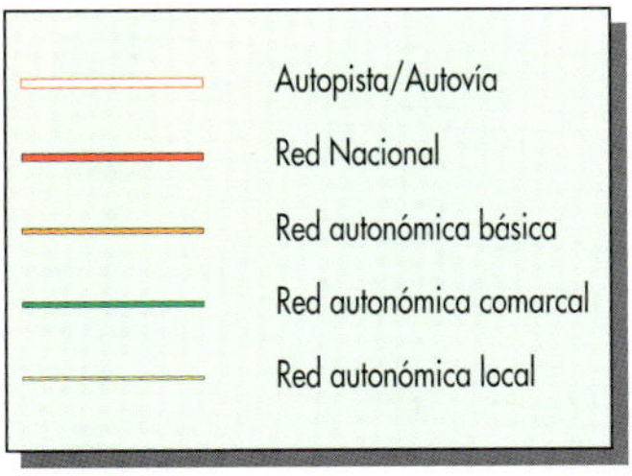

17. Los Molinos de Viento
18. Las Lagunas de La Mancha
19. Los Lugares Cervantinos
20. Ciudad Real: la Capital de La Mancha
21. Almagro: la Sede de los Caballeros
22. Las Sorpresas de la Mancha
23. Los Bosques Mediterráneos
24. La Frontera de Sierra Morena

17. Los Molinos de Viento

Gigantes blanqueados de negra caperuza, con cuatro potentes brazos que esperan el impulso del viento, siempre encumbrados en las crestas de los escasos riscos de la llanura manchega. Símbolos pacíficos de otros tiempos, son también figuras legendarias de evocación cervantina.

Consuegra. La crestería del cerro Calderico, en tierras manchegas toledanas, limítrofes con las de Ciudad Real, aloja la primera serie de **molinos** de esta ruta. No es casual la agrupación ya que su elevado emplazamiento aprovecha la fuerza del viento en toda su intensidad, compartiendo las ventajas de la infraestructura de acceso y la cercanía urbana. La pista asfaltada que sube al cerro desde el pueblo pasa, en su tramo final, junto a dos molinos: "Bolero" (que aloja la Oficina de Turismo) y "Sancho" (que conserva en estado de uso todos los dispositivos y engranajes necesarios para la molienda). En el tramo de crestería se alzan el **castillo** (atribuido a los caballeros sanjuanistas en el tránsito de los siglos XII y XIII) y los restantes **molinos** de viento (otros nueve ejemplares bien conservados). Además de admirar la alineación de tan "desaforados gigantes" y la imponente fortaleza (a la medida de éstos), hay que girar la vista para recrearse en la inmensidad del **paisaje** manchego y en el encanto de la vista aérea de la villa sometida.

Alcázar de San Juan. Núcleo urbano de origen romano que en tiempos árabes recibe la denominación de Alcázar. El entorno conserva algunos **molinos**, en desigual estado de con-

KILOMETRAJE:
Acceso (A-4, CM-400)....................127
Ruta 80
Retorno (A-5)..................................142
Total 349

ÉPOCA PROPICIA:
Días templados sin alto riesgo de lluvias.

DURACIÓN:
Fin de semana o puente, combinable.

ALOJAMIENTOS:
Alcázar de S. Juan: ***Ercilla Barataria****** *Av. Herencia. 926 541 465. Periférico, confort.* ***Ercilla Don Quijote***** *Av. Criptana 5. 926 543 800. Céntrico, confortable.*
Mota del Cuervo: ***Casa de la Luna****. Mayor Baja, 10. 967 182 413. Inesperado alojamiento rural con mucho encanto.*

RESTAURANTES:
Alcázar de S. Juan: ***Asador Javi****. Poetisa Isabel Prieto 6. 926 545 335. Cocina creativa de calidad.*

VISITAS:
Consuegra: *Ver Oficina de Turismo.*
Alcázar de S. Juan: ***Museo Municipal****. Santo Domingo 8. Mañana y tarde; cierra lunes y domingos tarde. Mosaicos, pintura.*
Campo de Criptana: *En el cerro de la Paz: Ermita y molino Sardinero (restaurado y con la maquinaria original).*

INFORMACIÓN:
Consuegra: ***Oficina de Turismo****. Cerro Calderico. Molino Bolero. 925 475 731. Informan sobre molinos, castillo y museo.*
Alcázar de S. Juan: ***Oficina de Turismo****. Goya 1. 926 551 008. Abierta a diario.*
Campo Criptana: ***Oficina de Turismo****. Sierra de los Molinos. 926 562 231. Abierta a diario, salvo lunes.*

servación. La ciudad merece una visita para contemplar el **torreón** del Gran Prior de los Hospitalarios (estructura almenada y ventanas góticas) y, enfrente, la **iglesia** de Santa María, de origen románico (ver exterior del ábside) muy transformada. El museo Municipal alberga importantes mosaicos romanos, y fondos de pintura del XIX.

Campo de Criptana. Entramos en otra de las grandes poblaciones manchegas. Aquí hallaremos de nuevo un atractivo repertorio de **molinos** de viento, que presiden majestuosos la sierra de la Paz y forman uno de los paisajes más pintorescos de la provincia, a pesar de que hoy sólo quedan 10 de los 32 molinos que hubo en el cerro, algunos del XVI (Burleta, Infante y Sardinero, que conservan su maquinaria y los doce ventanillos orientados según los doce aires). Los restantes, de temática o dedicación diversa, se edificaron ya en este siglo. Las callejas de bajada al **barrio alto** son pintorescas con escalinatas, casas encaladas y puertas pintadas en el característico color añil. El edificio culto más interesante de la ciudad es el **Pósito** y de las cercanías el **santuario** del Cristo de Villajos que guarda una hermosa talla de la Virgen con el Niño de fines del XIII.

Mota del Cuervo. El final de ruta vuelve a transgredir el límite fronterizo provincial, esta vez para pasar a las tierras manchegas conquenses donde nos recibe un nuevo lote de hermosos **molinos** de viento situados sobre un farallón que domina el caserío. En el **casco antiguo** pueden verse casas señoriales, edificios religiosos, casas típicas manchegas de invariable diseño (ventanas con cuarterones y grandes portones), así como el inevitable **Pósito** (importante edificio exento del siglo XV, con notable portada isabelina).

Mota del Cuervo. Molinos

18. Las Lagunas de La Mancha

Aunque hoy las Tablas de Daimiel son sólo una muestra de lo que fueron y las Lagunas de Ruidera, hace tiempo que han dejado de formar las cascadas cuya "ruidera" les dió nombre, siguen siendo auténticos oasis que sorprenden al viajero que atraviesa las resecas tierras de La Mancha.

Las Tablas de Daimiel. Último y enfermizo representante de un tipo de humedal característico de la llanura central de la península Ibérica, formado por el desbordamiento del Guadiana en su tramo medio, producido por la práctica inexistencia de desniveles en el terreno. El fenómeno favorece el desarrollo de una amplia cubierta vegetal de plantas lacustres que constituyen un hábitat excepcional para el desarrollo de la vida animal, en especial el de todas aquellas especies relacionadas con el agua. El pedregoso y seco entorno hace difícil imaginarse un paraje así, pero hay que llegar al aparcamiento y centro de información para recorrer los **itinerarios** del Parque: el de la Isla del Pan (de unos 2 kilómetros con pasarelas de madera que cruzan varias islas y un buen **observatorio** en la isla del Pan), y el de la Torre de Prado Ancho (que, tras larga caminata, llega al punto más alto del Parque con buena panorámica). Complementan a los itinerarios anteriores, los que llevan a la Laguna de Aclimatación (cerrada y cubierta por una red con un conjunto de patos representativos del Parque) y a la Laguna Per-

KILOMETRAJE:
Acceso (A-4)....................136
Ruta 147
Retorno 247
Total 530

ÉPOCA PROPICIA:
Días templados sin alto riesgo de lluvias.

DURACIÓN:
Fin de semana o puente, combinable.

ALOJAMIENTOS:
Ossa de Montiel: *Hotel Albamanjón**** *Laguna San Pedro. 926 699 048. Alojamiento escalonado con encanto.*
Ruidera: *Apartotel Don Quijote. Pedazo de lo Alto. 926 504 280. Un hotel rural muy bien situado, confortable y con vistas.*

RESTAURANTES:
Ruidera: *Casa Victorino. Lagunas de Ruidera, km. 8. 926 699 064. Cocina casera manchega.*
Ossa de Montiel: *Los Álamos. Laguna San Pedro. 926 699 147. Cocina manchega. Vistas.* ***Moreno****. Laguna Redondilla. 926 699 043. Carnes a la brasa, asados, platos manchegos. Vistas.*

VISITAS:
Daimiel: Tablas. *Visitas recomendadas en primavera y coincidiendo con la invernada de las aves. Mejor primera hora y puesta de sol. Tres itinerarios de distinta longitud e interés. También visitas guiadas llamando previamente al 926 693 118.*
Ruidera: *Lagunas. Libre acceso. Teléfono de información 926 528 116.*

manente (con dos observatorios sobre laguna del Guadiana). **El paisaje vegetal** del Parque está caracterizado por diferentes especies de algas ("ovas"), masiegas de afiladas hojas (el masegar más extenso de Europa Occidental) y árboles bien adaptados a la humedad como el taray (con ejemplares de gran porte). Entre la **fauna** abundan somormujos, garzas, cigüeñas y patos (la mayor parte de las anátides ibéricas se pueden ver en el Parque en alguna época del año).

Daimiel. Resultan atractivos el **templo** gótico de Santa María, la **ermita** del convento de la Paz y la concurrida **plaza** de España.

Las Lagunas de Ruidera. A través de **Argamasilla** y pasando junto al medieval **castillo** de Peñarroya y su **santuario** (sobre el embalse del mismo nombre) se alcanza la población de **Ruidera** que da nombre a las famosas lagunas que, junto a las Tablas de Daimiel, constituyen los dos espacios naturales húmedos más extensos e interesantes de Castilla La Mancha. El discurrir de la corriente del Alto Guadiana serpenteando en su angosto valle, se remansa numerosas veces a lo largo de su recorrido en un rosario de **lagunas**; causan sorpresa y admiración estos paisajes lacustres que contrastan bruscamente con los del ámbito geográfico de la llanura manchega. Una buena carretera recorre gran parte de las Lagunas, comenzando por la denominada Laguna Blanca, punto en el que el cauce se encaja progresivamente en un valle en el que se articula un conjunto lacustre compuesto por más de una decena de lagunas y charcas engarzadas unas con otras a lo largo de 25 km, con un desnivel entre la primera y la última de 120 metros. La carretera bordea las lagunas del Rey, Colgada, Batanas, Salvadora, Lengua, Redondilla, San Pedro, Tinaja y Tomilla donde se bifurca la carretera en dirección a **Ossa de Montiel** permitiéndonos visitar la cervantina **cueva** de Montesinos. Si no se toma el desvío la carretera prosigue con un tramo final de tierra que concluye poco después.

Ruidera. Lagunas

19. Los Lugares Cervantinos

Esta ruta recorre los escenarios en los que transcurren buena parte de los lances y aventuras que jalonan la historia del visionario hidalgo cervantino. Son, al propio tiempo, algunos de los parajes y poblaciones que mejor definen el paisaje y la arquitectura popular manchega.

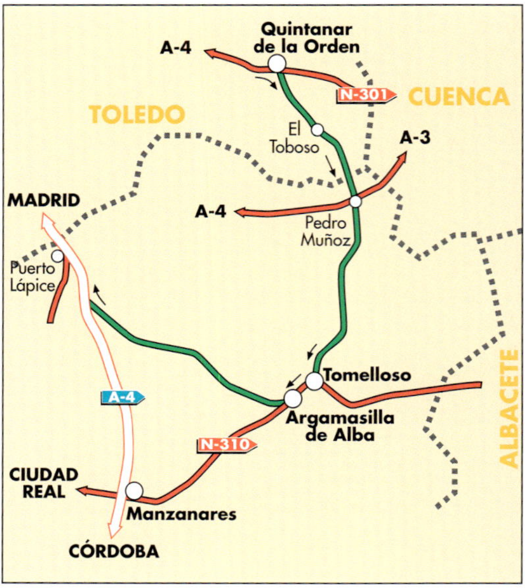

El Toboso. Pueblo cervantino situado en La Mancha toledana, de gran trascendencia en la vida sentimental del Hidalgo. Un conjunto de **placas** informativas reproducen las citas cervantinas correspondientes a cada rincón de la villa. Parada obligatoria es el **museo** Centro Cervantino, situado junto a un lateral del templo, que exhibe múltiples versiones del Quijote, desde la edición príncipe, en todas las lenguas imaginables y con las dedicatorias de personajes famosos que han engrosado las filas de la historia. En la **plaza** Mayor se recuerda el momento en que Don Quijote hinca su rodilla ante Dulcinea en una moderna composición en hierro. La portada y la torre del **templo** ocupan uno de los laterales de la plaza; el interior presenta una solemne estructura columnaria con bóvedas de salón. La **casa-museo** de Dulcinea ocupa un atractivo caserón manchego del XVI con las dependencias, aperos y mobiliario propios de la época de las andanzas del Quijote. No es un caso aislado pues en el pueblo abundan los **caserones** y casas populares manchegas de encaladas fachadas, y rincones tan evocadores como el **jardín** del convento de Franciscanas.

KILOMETRAJE:

Acceso (A-4, N-301)	*133*
Ruta	*87*
Retorno	*136*
Total	*356*

ÉPOCA PROPICIA:
Cualquiera, salvo días de clima extremo.

DURACIÓN:
En el propio día o fin de semana. En el supuesto de elegir la modalidad de fin de semana, el recorrido se haría a la inversa.

ALOJAMIENTOS:
El Toboso: ***Casa de la Torre****, Antonio Machado 16. 925 568 006. Alojamiento con buena cocina y actividades literarias.*
Pedro Muñoz: *Dos alojamientos rurales confortables y de buen precio.* ***Casa de la Ermita*** *Cervantes 3. 666 325 558 y* ***Casa Salicor*** *Benavente 38. 926 586 603.*
Puerto Lápice: ***Hotel El Aprisco***** *A-4, km. 134. 926 576 150. Arquitectura y decoración de aires quijotescos.*

RESTAURANTES:
El Toboso: ***Casa de la Torre****. Ver alojamiento. Cuidada cocina de la tierra.*
Puerto Lápice: ***Venta del Quijote****, El Molino 4, 926 576 110. Pisto manchego, tiznao, huevos rellenos y perdiz estofada, en un marco plenamente evocador. De parecida inspiración* ***El Aprisco****, en la autovía A-4, km. 134, 926 576 150. También cocina manchega, destacando las migas y el cordero asado.*

Visitas:
El Toboso: *Museo de Quijotes (Centro Cervantino)* y *Casa de Dulcinea*, abiertos salvo lunes y domingos tarde. *Convento de las Trinitarias* abierto a diario. *Templo de San Antonio Abad*, grandioso interior.
Tomelloso: *Museo Antonio López Torres*. Glt.ª Mª Cristina. 926 505 458. Consultar horario. Museo del Carro y la Labranza. Ctra. Pedro Muñoz 2. Consultar horarios en Oficina de Turismo.
Argamasilla: *Cueva de Medrano*. Cervantes 7. Visita obligada en esta ruta.

Información:
El Toboso: *Oficina Local y de Turismo*. Daoiz y Velarde 3. 925 568 226.
Argamasilla de Alba: Ayuntamiento. Plaza de España. 926 521 034.

Pedro Muñoz. Localidad típicamente manchega, que en tiempos lluviosos se adorna con un notable rosario de **lagunas**. En la villa destacan las **casas** solariegas (singular la de La Paca).

Tomelloso. Del tiempo cervantino nos queda un magnífico edificio popular: la **posada** de los Portales con galería de balaustres torneados y pintados de almagre al estilo de las corralas o corrales de comedias. El culto a la tradición agraria popular puede rastrearse en el **museo** de Antonio López Torres, en el que el pintor reproduce como nadie los personajes y los campos manchegos, o en el **museo** del Carro donde puede verse una amplia colección de útiles de labranza de la zona e incluso la reconstrucción de un típico "**bombo**".

Argamasilla de Alba. Una llanura de horizontes lejanísimos y tierras pardas salpicadas por blancas casitas (las llamadas "quinterías") nos sitúan en Argamasilla, lugar del que Cervantes no quiso acordarse. Sus dos edificios de evocación cervantina son la **casona** del bachiller Sansón Carrasco y la **casa** del alcalde Medrano que aloja la **cueva** en la que Cervantes estuvo preso.

Puerto Lápice. En este lugar, el ventero armó caballero a Don Quijote. La actual **venta** de Don Quijote, construida en el XVIII, facilita la evocación del episodio. Más recientes son las **galerías** tintadas de almagre que completan la escenografía como villa manchega del lugar que, en tiempos de Cervantes, era una simple agrupación de ventas o quinterías llamada Ventas de Puerto Lápice.

Puerto Lápice. Placa cervantina de la fachada de la Venta

20. Ciudad Real: la Capital de La Mancha

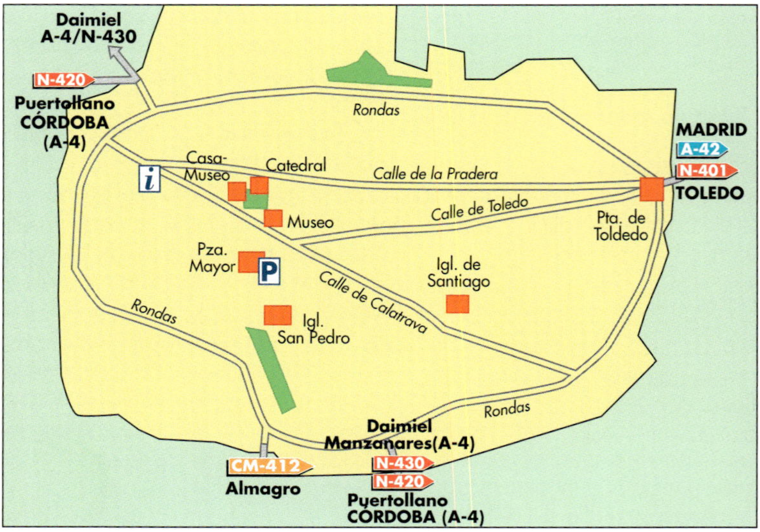

Ciudad tan bien comunicada por la moderna red del AVE como mal conocida turísticamente. Bien es cierto que ante Almagro empalidece, pero vale la pena internarse desde su bien conservada puerta de Toledo al corazón de su casco antiguo para admirar algunos notables templos e interesantes museos.

Casco antiguo. En plena llanura del Campo de Calatrava se alza la actual cabecera provincial que *sólo* data de del siglo XIII, tras la concesión de su Carta Puebla por Alfonso X el Sabio en su estrategia de crear un área de influencia real dentro del gran territorio dominado por la Orden de Calatrava. De la seriedad de la iniciativa no queda duda si contemplamos el resto más importante de su muralla: la **puerta** de Toledo, que nos permite imaginarnos el solidísimo cinturón defensivo que rodeaba la villa real. Más complicada resulta la evocación del barrio cristiano y de las antiguas judería y morería pues los edificios modernos han dejado pocos rastros primitivos. Hay que visitar el museo para ver (fuera de contexto) la portada

KILOMETRAJE:
Acceso (A-4, N-420, A-43)............. 184
Retorno 184
Total 368

ÉPOCA PROPICIA:
Cualquiera salvo días de clima extremo de verano e invierno.

DURACIÓN:
En el día; también fin de semana.

ALOJAMIENTOS:
Alfonso X**** *Carlos Vázquez 8. 926 224 281. Céntrico, habitaciones confortables.* ***Santa Cecilia*******. *Tinte 3. 926 228 545. Más escondido, acogedor y confortable.*

RESTAURANTES:
Miami Park. *Ronda Ciruela 34. 926 222 043. Cocina tradicional de altura.* ***Casa Pitoñi***. *Pasaje Dulcinea 2. 926 226 662. Cocina de calidad sin complicaciones.*

COMPRAS:
Pastelería La Deliciosa. *María Cristina 2, junto a la plaza Mayor. Exquisitas yemas y otras delicias de su obrador.* ***Bodegas Galiana***. *Ronda del Carmen 7. Quesos y vinos manchegos.*

VISITAS:
Museo Provincial *Prado 4, diario salvo lunes y domingos tarde. Varias disciplinas, muy recomendable.* ***Museo Elisa Cendrero*** *Toledo 11, martes a viernes, m/t. Contiene Archivo histórico y patrimonial de la ciudad, así como colección romántica,* **Museo Dio-**

cesano *Caballeros 5, cierra lunes y domingos tarde. Arte religioso,* **Museo López Villaseñor** *de los Reyes 11, pintura del artista en un interesante edificio popular.*

INFORMACIÓN:
Oficina Turismo. Alarcos. 926 212 004.

de una antigua **sinagoga**. Pero el **museo** Provincial constituye una visita muy recomendable en razón, tanto a sus fondos, como a su buen montaje y variedad de secciones, destacando las de Paleontología (mastodonte de Alcolea de Calatrava), Arqueología (cerámicas, estelas, mosaicos), y Bellas Artes (obras de los principales pintores españoles de las últimas décadas). Entre sus edificios religiosos sobresale el templo catedralicio de **Santa María del Prado** con una portada primitiva que sirve de acceso a un edificio de gran porte reedificado en los siglos siguientes, presidido por un atractivo retablo del tránsito del renacimiento al barroco. Otros templos de interés son el de **Santiago** en una atractiva plazuela con sus portadas y ventanas medievales, techumbre mudéjar y pinturas murales (ver el dragón apocalíptico de las siete cabezas) y el ojival de **San Pedro** con la interesante capilla de los Cocas (retablo hispano-flamenco de alabastro y sepulcro con estatua yacente). Algún edificio más puede destacarse como la atractiva **Casa** de Hernán Pérez del Pulgar (caballero cuyas hazañas en la toma de Granada dieron lugar a célebres romances), así como construcciones eclécticas del XIX con derivaciones hacia formas modernistas y algún duro contraste entre la arquitectura popular y la sideral (en la concurrida plaza Mayor).

Alrededores. A pocos kilómetros de la capital, sobre un pequeño cerro, se encuentra el evocador enclave de **Alarcos**, de acceso señalizado, **yacimiento** ibérico y romano sobre el que se asentó una gran **fortaleza** medieval, escenario de la famosa batalla en la que las huestes cristianas fueron vencidas por los almohades (en 1195). Frente a las ruinas militares (castillo y murallas) se alza el **santuario** gótico, con notable rosetón, dominando el dilatado contorno.

Ciudad Real. Museo Provincial. Versión de Las Meninas, firmada por el Equipo Crónica

21. Almagro: la Sede de los Caballeros

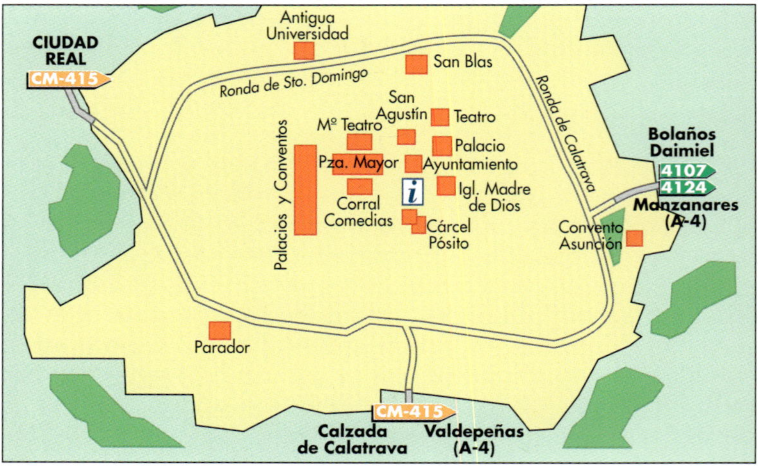

Capital de la provincia de La Mancha, desde 1750 a 1761 en que la nueva reestructuración administrativa y la desaparición de su valedor en la corte el conde de Valdeparaíso, llevó la capitalidad a Ciudad Real. Sin embargo, la grandeza urbana de Almagro, resultará evidente para el asombrado viajero primerizo.

Lugar repoblado tras el triunfo de las Navas y de rápido progreso ya que en 1222 se había convertido en cabecera del Campo de Calatrava y en sede de la Orden. Maestres y magnates ligados al negocio de las minas de Almadén engrandecen la ciudad que aún hoy conserva gran parte de sus galas: una grandiosa plaza mayor, un barrio noble plagado de palacios blasonados, un conjunto de edificios civiles notables, un repertorio de importantes conventos y templos, un urbanismo riguroso, y la joya de un viejo corral de comedias único. Para que la enumeración dispersa no abrume al visitante, hay que recomendar situarse en la **plaza** Mayor y admirar el mas sorprendente ejemplo de arquitectura popular castellano-manchega con interminables galerías sobre soportales, en origen de carácter público, abiertas al exterior como tribunas para actos públicos, festivos y religiosos, y actualmente privatizadas, cerradas y acristaladas. En la misma plaza puede admi-

KILOMETRAJE:
Acceso (A-4, N-420, CM-4124) 194
Ruta (50), Retorno (194), Total 394

ÉPOCA PROPICIA:
Cualquiera salvo días de clima extremo de verano e invierno. Ideal: en julio (teatro).

DURACIÓN:
Fin de semana; también en el día.

ALOJAMIENTOS:
Parador de Turismo**** *Ronda de San Francisco 31. 926 860 100. Alojamiento conventual de sobrio exterior y encantador interior.* ***Casa del Rector******* *Pedro Oviedo 8. 926 261 259. Atractivo hotel rural.* ***Confortel Almagro****** *Bolaños 34. 926 860 011. Moderno y confortable, a la entrada de la ciudad.* ***Hostª Valdeolivo****. Dominicas 17. 926 261 366. Antigua casona rehabilitada con gusto.* ***La Posada de Almagro****. Gran Maestre 5. 926 261 201. Antigua posada austera, confortable.*

RESTAURANTES:
El Corregidor*. Jerónimo Cevallos 2. 926 860 648. Encantador marco con una carta muy atractiva.* ***La Cuerda*** *General Jorreto 6. 926 882 805. Más alejado del núcleo turístico, con buena cocina levantina y manchega. También destacable la cocina del Parador.*

VISITAS:
Ver: www.almagroturistico.com/infotur.htm ***Corral de Comedias*** *martes a domingos, mañana y tarde.* ***Museo del Teatro, Iglesia San Agustín, Teatro Municipal, Almacén Fúcares*** *y* ***Claustro de la Asunción****, martes a domingos, mañana y tarde (salvo domingos).* ***Iglesia de la Madre de Dios****, sólo sábados, mañana y tarde.* ***Iglesia de San Bartolomé****, sólo sábados tarde.*

INFORMACIÓN:
Oficina de Turismo*. Bernardas 2 (palacio de Valdeparaiso). 926 860 717. Abierto a diario, salvo lunes y domingos tarde.*

rarse la fachada del **palacio** Maestral, el **Corral de Comedias** que conserva la estructura original de los teatros del siglo XVII, el perfil del **convento** de San Agustín y el **Ayuntamiento** y su notable escalera. Inmediato a este edificio, ya en la calle Mayor, pueden admirarse otros notables edificios, como **Cárcel** y **Pósito**, de muy bellas portadas. En la trasera no hay que dejar de ver el **palacio** de los Fúcares con magnífico claustro y, ya en el **barrio noble**, sus linajudas **casonas** como el palacio del Conde de Valdeparaíso, la casa del Marqués de Torremejía y la del capellán de los Bernardos, la del prior de San Bartolomé, la de los Xedler o la de la casa solariega de los Rosales. Algo más lejos de la plaza Mayor se encuentran el **convento** dominico de Calatrava o de la Asunción y su magnífico patio, la **Universidad** autorizada por Carlos I (suprimida y expoliada en el XIX) y el **convento** franciscano de Santa Catalina, hoy confortable Parador.

Aldededores. Es inexcusable desplazarse a **Calzada de Calatrava** para subir al **castillo** de Calatrava la Nueva, última sede guerrera de los caballeros, mitad fortín de altos muros, mitad convento con soberbio templo y dependencias monacales. Una empinada senda practicable para vehículos permite alcanzar una pequeña explanada ante su imponente entrada situada en lo más alto del cerro, que se comunica visualmente con su vecina **fortaleza** de Salvatierra (conquistada por San Fernando a los árabes, que también fue posesión de los caballeros). Finalmente, el retorno puede incluir la visita al restaurado **castillo** de **Bolaños**, llamado de San Fernando o de Doña Berenguela).

Almagro. Uno de los palacios más bellos de la ciudad: el de los Xedler

22. Las Sorpresas de La Mancha

Aunque produzca incredulidad a muchos viajeros de la N-IV, que sólo pestañean al llegar a Despeñaperros, en este frecuente itinerario hay sorpresas sobradas para pergeñar una de las rutas más atractivas y variadas de las contenidas en esta selección, sin apenas apartarse de la autovía.

Manzanares. Población típica manchega que cuenta con un pequeño oasis de desbordante vegetación tropical en su **plaza** Mayor que nos permite además admirar la bellísima portada plateresca de su **templo**, el Ayuntamiento con soportales y aire colonial y la popular **casa** del Santo con balcón corrido de madera.

La Solana. La inconfundible imagen de la **torre** más majestuosa de la provincia conduce a otra notable **plaza** Mayor. En el apartado de lo recóndito hay que apuntar a su **ermita** de San Sebastián, edificio gótico del siglo XIV donde puede admirarse una maravillosa techumbre mudéjar.

San Carlos del Valle. Destaca una gran cúpula sobre las edificaciones bajas de un modesto caserío edificado dentro del plan de colonización de Carlos III. La **plaza** Mayor la forman: la Casa Grande de la Hospedería, construida en 1704 para reposo de peregrinos y viajeros del Camino Real (ver patio interior), la iglesia del Cristo concluida en 1729 durante el reinado de Felipe V (que hay que admirar con atención), y las casas con galerías de madera que forman la singular plaza, edificadas años después.

Villanueva de los Infantes. También aquí una alta torre nos orienta hacia la **plaza** Mayor, un lujo de enormes dimensiones con soportales y un artístico **templo** que centran un casco

KILOMETRAJE:
Acceso (A-4).................................*173*
Ruta *157*
Retorno (215), Total *545*

ÉPOCA PROPICIA:
Días templados sin alto riesgo de lluvias.

DURACIÓN:
Fin de semana o puente.

ALOJAMIENTOS:
Manzanares: *Parador de Turismo**** *A-4, km. 174. 926 610 400. Confortable.*
Villanueva Infantes: *Hospedería Real El Buscón de Quevedo**** *Frailes 1. 926 361 788. Conventual, celda Quevedo.*
Stª Cruz de Mudela: *Casa Palacio***** *María Rosario Laguna 6. 926 349 060. Excelente alojamiento.*
Viso del Marqués: *La Almazara del Marqués*** *Almagro. 926 337 154. Una atractiva rehabilitación. Tranquilo.*

RESTAURANTES:
Villanueva Infantes: *Jaraiz. Fuente 11. 926 361 545. Acreditada cocina manchega.* *La Plaza. Pl. Mayor 13. 926 361 305. Cocina manchega, caza.*
Viso del Marqués: *La Almazara del Marqués. Alojamiento citado.*
Valdepeñas: *Venta La Quintería. A-4, km. 197,4. Sólo mediodía. Platos manchegos.*

VISITAS:
Villanueva de los Infantes: *La Oficina de Turismo organiza itinerarios guiados.*
Viso del Marqués: *Palacio. 926 336 008.*

Mañana y tarde.
Valdepeñas: *Museo Gregorio Prieto. Pintor Mendoza 35. 926 324 965.*

INFORMACIÓN:
Villanueva de los Infantes: *Oficina de Turismo. Plaza Mayor 3. 926 361 321.*
Valdepeñas: *Oficina de Turismo. Molino de Gregorio Prieto. 926 312 552.*

pleno de edificios cultos (iglesias, palacios) y populares (casas encaladas en las que alternan balcones corridos con ventanas enrejadas).

Valdepeñas. Sorteando el denso tráfico hay que situarse en su plaza Mayor y contemplar su **templo** parroquial que muestra una airosa torre y grandes contrafuertes que enmarcan una preciosa fachada gótico isabelina y la pequeña puerta de los Catecúmenos.

Las Virtudes. Cerca de **Santa Cruz de Mudela** se llega a este interesantísimo lugar que integra santuario y plaza de toros. Los orígenes del **santuario** se remontan al siglo XV, con techumbre mudéjar, destacando su capilla, cúpula y camarín de exuberante decoración barroca con interesantes pinturas murales de atractiva ingenuidad. La singular **plaza de toros**, cuadrada, está fechada en 1645, mostrando un atractivo conjunto con galerías formadas por balaustradas y zapatas de madera en color almagre.

Viso del Marqués. Feudo de Alvaro de Bazán, marqués de Santa Cruz, que aquí levanta un **palacio** renacentista siguiendo las ideas humanistas y los ejemplos de los príncipes italianos de la época. El exterior, sobrio, no da idea de la riqueza de su interior: patio, escalera y salones, enriquecidos con **pinturas murales** de inspiración manierista combinando motivos mitológicos y escenas de exaltación militar. Encantador **jardín** con frisos de **azulejos** protagonizados por personajes famosos que desfilan con sus galas guerreras.

La colonización. El I.N.C. levantó en los años 60 varios **poblados** para alojar familias de colonos manteniendo un tipo de arquitectura manchega rural adaptada a la tipología popular. Buena muestra de ello son los poblados de **Bazán** y **Villalba de Calatrava**.

Viso del Marqués. Los notables de la guerra

23. Los Bosques Mediterráneos

El Parque de Cabañeros, el enclave de Anchuras, los Montes de Toledo en el extremo que forman las provincias de Badajoz, Toledo y Ciudad Real, y los Montes del sur de esta provincia, constituyen las "pistas" que ofrece esta ruta para descubrir algunos de nuestros mejores bosques mediterráneos.

Accesos. Desde **Toledo**, por **Ventas con Peña Aguilera**, se alcanza el límite provincial y, dejando atrás el cruce de la gasolinera, se sigue hasta **Pueblo Nuevo del Bullaque**, dejando a un lado el **embalse** de Torre Abraham.

Parque de Cabañeros. El viejo latifundio manchego de Cabañeros, privilegiado coto de caza mayor, fue salvado a principios de los 80 de convertirse en polígono militar de tiro. La declaración de Parque Natural en 1987 y Parque Nacional en 1995, ha salvado la mayor reserva ecológica del centro de España. Es un privilegiado paraje con la más amplia representación del **bosque mediterráneo** español; desde solanas de encinares hasta brumosos abedulares resguardados en umbrías y vaguadas. Con ellos, extraordinarios valores faunísticos y notables contrastes paisajísticos. Las dimensiones del Parque son extraordinarias superando las 40.000 hectáreas, espacio que se divide en dos grandes zonas, los **montes**, con pedrizas y fuertes pendientes, y las **rañas**, con las inmensas extensiones de su característico paisaje adehesado. Aunque los reyes de la **fauna** de Cabañeros siguen siendo ciervos y jabalíes y, en menor medida, corzos, las joyas ecológicas del Parque son las especies cuya supervivencia peligra como el águila imperial, el buitre negro y el lin-

KILOMETRAJE:
Acceso y retorno (aproximado) 375

ALOJAMIENTOS:
Horcajo de los Montes: ***Hotel Parque Cabañeros****** *Real 3. 926 775 477. Establecimiento urbano muy acogedor.*
Cabañas Mirador de Cabañeros: ***Cañada Real Segoviana****. 926 775 439. Magnífico cámping con amplios bungalows bien acondicionados.*
Navas de Estena: ***El Boquerón de Estena****. Camino del Río. 609 416 745. Buena casona, bien emplazada.*
Navalpino *(entre Horcajo y Arroba)*: ***Casa Los Baños de Villanarejo****. 914 411 236. Casona en buen emplazamiento.*

RESTAURANTES:
En los alojamientos citados.

VISITAS:
Parque de Cabañeros: *Todas las visitas son guiadas y requieren reserva.* ***Visitas en todo terreno:*** *926 775 384. Hay que reservar con tiempo; por ejemplo, a primero de mayo reservan para los meses de verano. El trayecto dura unas 4 horas saliendo a las 7 de la mañana y a las 4 ó 5 de la tarde. Salidas desde Alcoba, Horcajo y Retuerta.* ***Visitas a pie:*** *926 783 297. Salidas a las 9 ó 9,30 y a las 4 ó 4,30 horas. Hay un trayecto desde Navas (3 h.) y dos desde el paraje Gargantilla*

(acceso en vehículo desde Horcajo) de distinta amplitud (2 y 4 h. respectivamente).

INFORMACIÓN:

Cabañeros: *Interesante web, no oficial: http://perso.wanadoo.es/monroy/*

ce. La única carretera abierta que atraviesa el Parque es el tramo comprendido entre **Horcajo de los Montes** y **Retuerta del Bullaque** entre amplias extensiones de jaral-brezal y abundantes alcornocales. Sin embargo, para conocer realmente el Parque hay que recorrerlo en **visita guiada**, en vehículo todo terreno, a la que hay que inscribirse con bastante antelación.

Montes de Toledo. Desde **Retuerta de Bullaque** y sobrepasando **Navas de Estena** entramos en una zona de movida orografía de las estribaciones de los Montes de Toledo, en tierra de nadie ya que nos movemos por los límites de Ciudad Real, Toledo y Badajoz, entre **paisajes** y **vistas** "aéreas" insólitos para el cliché falto de matices con el que se suele identificar a estas provincias. Este recorrido de retorno podría ampliarse dando un rodeo por las serpenteantes carreteras que van salvando desniveles hasta situarnos en las rañas del Avellanar y ofrecernos las opciones de ascender por **Robledo del Buey** hasta **Los Navalmorales**, también por un bello itinerario, o ampliar la ruta con la opción siguiente.

Opción Anchuras. Atravesando mesas de rañas separadas por profundos valles pizarreños se llega al lugar de Anchuras y a su finca El Rosalejo, que reúne una valiosa **fauna** y constituye lugar de paso de aves migratorias.

Opción Montes de Ciudad Real. Desde **Horcajo** hay que dirigirse a **Piedrabuena** a través de **Arroba**. Poco después de esta localidad puede tomarse alguna de las pistas que ICONA ha trazado siguiendo el barranco fluvial del **río Frío**, que ofrece una sorprendente y espléndida **vegetación**, en contraste con las laderas de pinos.

Navas de Estena. Los Montes de Toledo

24. La Frontera de Sierra Morena

El Valle de Alcudia y Sierra Madrona, forman parte de un bellísimo territorio ignorado, una tierra de nadie entre Castilla La Mancha y Andalucía, que de tan poco frecuentada ha logrado conservar parajes y hasta mensajes cifrados muy expresivos de nuestros antepasados de hace unos 5.000 años.

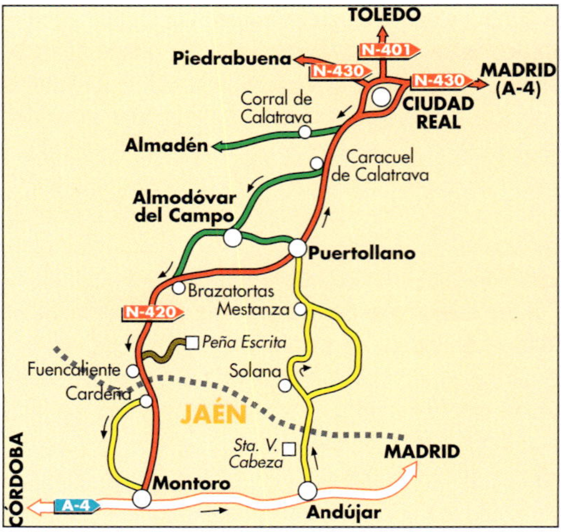

Almodóvar del Campo. Extensa población que cuenta con una modernista **plaza** Mayor, de aires neoclásicos, a la que da frente su primitivo **templo** (magnífica techumbre mudéjar del siglo XIV). Visita obligada es su **encina** de las Mil Ovejas, tal vez el mayor ejemplar de toda España.

Valle de Alcudia. Dejando a un lado el célebre nudo ferroviario de **Brazatortas**, la carretera atraviesa de norte a sur el Valle de Alcudia, siendo el puerto de Pulido el mejor **observatorio** del centro del valle, una especie de Serengeti castellano-manchego con amplias sabanas salpicadas por encinas donde numerosos rebaños pastan un festín ya famoso en tiempos de la Mesta conforme al dicho popular en estas tierras según el cual "las ovejas lamiendo engordan". Más adelante, en la cima del puerto de Niefla, se contempla un interesante **panorama** con los encinares y pastizales de Alcudia al norte y el horizonte serrano donde destacan las abruptas crestas de la sierra de Madrona al sur. Al llegar al valle que forma el río Montoro las dehesas de quejigos dan forma al **paisaje** vegetal, continuadas por **bosques** de pinos y reductos de corpulentos robles.

KILOMETRAJE:

Acceso (A-42, N-401, N-420)	*190*
Ruta	*110*
Retorno	*285*
Total	*585*

ÉPOCA PROPICIA:
Días soleados de primavera y otoño.

DURACIÓN:
Fin de semana o puente. También es una buena variante para un viaje turístico, sin prisas, hacia Córdoba o Sevilla.

ALOJAMIENTOS:
Fuencaliente: ***Hotel Sierra Madrona***** *N-420, km. 101,500. 926 470 192. Bien situado para visitar los "paraísos perdidos" que se recomiendan en esta ruta.*

RESTAURANTES:
Fuencaliente: ***Hotel Sierra Madrona****. Una encantadora cocina tradicional y venatoria, con aroma campestre.*

VISITAS:
Fuencaliente: *Los* ***abrigos rocosos*** *de Peña Escrita y la Batanera, son de acceso libre. Están señalizados.*
Almodóvar: ***Templo****. Tratar de localizar al párroco para ver iluminado el artesonado.* ***Museo*** *del pintor Alfredo Palmero y otros pintores contemporáneos.*

COMPRAS:
Corral de Calatrava: *Carretera de Almadén, km. 15. 926 690 167. Queso Navalashaces, un excelente queso manchego artesano.*
Villamayor de Calatrava: *Finca El Consuelo. 926 698 129. Queso El Consuelo, un queso artesano de primera.*

Los paraísos perdidos. Poco antes de llegar a la localidad de **Fuencaliente**, un desvío señalizado permite descubrir tres interesantes reductos. En primer lugar hay que acercarse a la zona de **Las Lastras**, un rincón regado por las aguas del río Cereceda con un atractivo bosque de alisos. Retrocediendo al desvío, hay que dirigirse a la **cueva de Peña Escrita**, abrigo rocoso que aloja unas valiosas pinturas rupestres de carácter esquemático, del 2º ó 3er milenio, en las que, con tintas ocres rojizas, se repiten representaciones esquemáticas de hombres en jarras entre abundantes círculos con esquemas de cuernos a manera de rayos, junto a otras representaciones más concretas y reales de animales. A otro abrigo rocoso, el de la **cueva de Batanera**, que aloja pinturas en peor estado, se llega por un mal camino señalizado pero cuya visita resulta obligada por estar situado en el bello **paraje de las Chorreras** de los Batanes lugar en que las aguas se despeñan a las profundidades del arroyo, al que puede llegarse bajando sin perder de vista las ruidosas aguas o, más cómodamente, retornando al vehículo y dando un corto rodeo, para ganar las aguas ya más tranquilas, semiocultas por una selvática vegetación que hay que atravesar, a pie, por una tupida umbría.

Fuencaliente. Esta pintoresca localidad serrana marca el límite meridional de las tierras castellano-manchegas con los campos pertenecientes a la Sierra Morena andaluza. Su **urbanismo** se asienta en una empinada ladera, de ahí lo pintoresco y esforzado de su entramado urbano y la perspectiva que ofrece el **mirador** de la Cruz situado en lo mas alto del cerro.

Opciones. Transgresiones de mayor alcance, para profundizar en Sierra Madrona o descender al valle del Guadalquivir, pueden consultarse en la obra del autor *Viajar por Castilla La Mancha*.

Fuencaliente. *Pinturas rupestres de Peña Escrita*

Cuenca

Cuenca y sus colores. El estallido de la primavera y el arte trasgresor de Saura

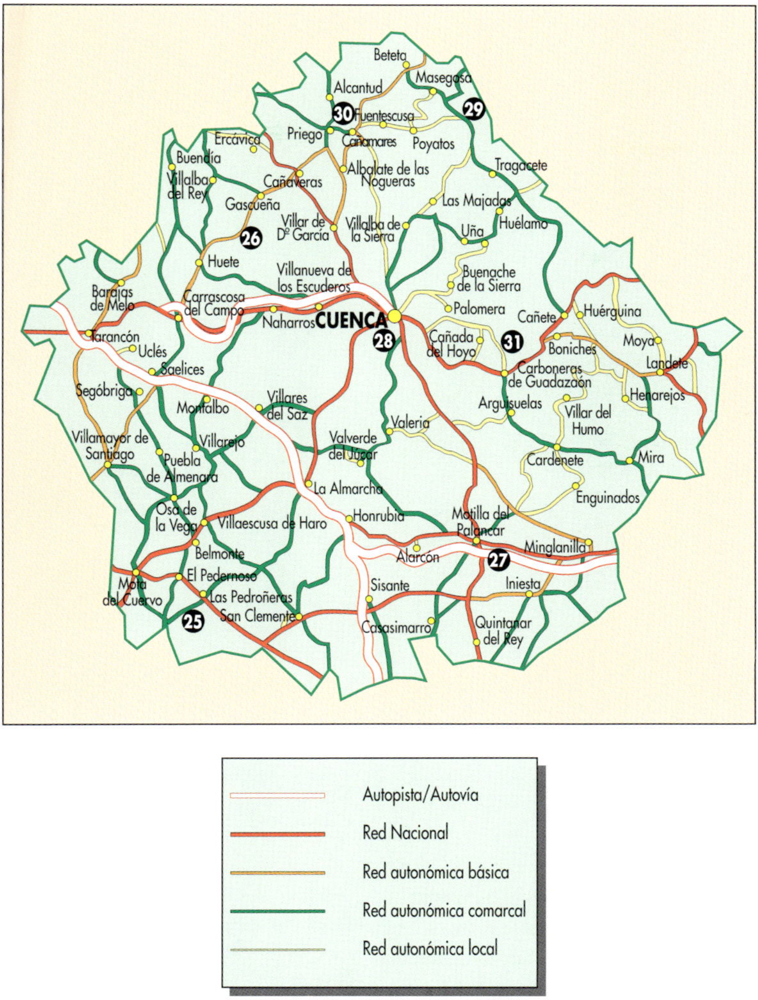

25. Historia y Arte de la Cuenca Manchega
26. Templos Conquenses de La Alcarria
27. Villas y Hoces Singulares
28. Cuenca: la Ciudad del Vértigo
29. La Sierra Encantada (I)
30. La Sierra Encantada (II)
31. La Sierra Encantada (III)

25. Historia y Arte de la Cuenca Manchega

En pocos kilómetros desfilan ante nuestros ojos testimonios monumentales de los vaivenes del poder en nuestro país: un yacimiento ibero-romano, fortísimos castillos señoriales, lujosos templos y capillas y una soberbia plaza presidida por la casa del concejo timbrada con gigantesco escudo real.

Saélices. Siguiendo las señalizaciones se llega a las ruinas y museo de **Segóbriga**. Se trata de un **yacimiento** íbero-romano situado en un atractivo paraje que permite visitar un completo y evocador conjunto monumental: anfiteatro, termas, teatro, necrópolis. El pequeño **museo** permite contemplar algunos hallazgos (o sus réplicas) y hacerse una idea de lo que fue la ciudad en sus días de esplendor.

Almenara. Tomando un desvío señalizado que parte de **La Puebla**, se llega al cercano **castillo** de Almenara, gran fortaleza medieval (XIV), que aún muestra su imponente perfil bélico.

Villaescusa de Haro. Villa que cuenta con varios edificios de interés, pero su joya hay que buscarla en el interior del templo parroquial: la **capilla** de la Asunción obra de principios del XVI en la que intervienen grandes artífices de la transición gótico-renacentista. El retablo, de animada talla dorada y policromada, produce un gran impacto visual.

Belmonte. Visita polarizada por el soberbio **castillo** obra del poderoso Pacheco, marqués de Villena, tras recibir la villa del rey Enrique IV. Destaca su perfil sobre un cerro inmediato al

KILOMETRAJE:

Acceso (A-4)	*120*
Ruta	*80*
Retorno	*142*
Total	*342*

ÉPOCA PROPICIA:
Días templados sin alto riesgo de lluvias.

DURACIÓN:
Fin de semana o puente.

ALOJAMIENTOS:
Saélices: ***Casas de Luján****. CM-310, km. 64,5, salida 103 de la A-3. 680 990 951. Hospedería confortable, aunque el precio es algo elevado.*
Belmonte: ***Palacio de Buenavista*****. La Iglesia 2. 967 187 580. Caserón de la parte alta, rehabilitado, junto a Colegiata.*
San Clemente: ***Casa los Acacios****. Cruz Cerrada 10. 969 300 360. Buena casona.*

RESTAURANTES:
Las Pedroñeras: ***Las Rejas****. Borreros 49. 969 161 089. En la élite de la mejor gastronomía española, con una prodigiosa cocina imaginativa que no olvida las sabrosas recetas manchegas de siempre.*

Belmonte: ***Palacio Buenavista***. *Fines de semana y festivos.* ***La Muralla***. *Osa de la Vega 1. 967 171 045. Cocina de la zona.*

VISITAS:
Saélices: ***Ruinas de Segóbriga***. *679 090 444. Yacimiento y Museo. 9 a 21 h. (primavera y verano). 10 a 18 h. (otoño e invierno).*
Belmonte: ***Castillo***. *Abierto a diario, mañana y tarde.* ***Colegiata***. *Visitas, martes a sábados, mañana y tarde.*
Villaescusa: *El* ***templo*** *suele estar abierto; si no, acudir a la casa parroquial.*

pueblo, mostrando el buen estado del cuerpo de murallas, así como de su estructura básica, portada principal e interior. Sorprende la decoración de la capilla, habitaciones, galerías, arcos, ... que dan pie a toda clase de fantasías que los guías suelen desvelar. También es destacable la bella **colegiata** (portadas góticas, los sepulcros en piedra de los Villena, coro de los hermanos Egas tallado para la catedral de Cuenca) y numerosas obras de interés repartidas por las capillas del templo entre las que destacan algunas rejas extraordinarias y los retablos con tallas y pinturas de subido mérito. No hay que dejar de recorrer el conjunto del **casco** urbano que muestra edificios religiosos y casas palaciegas de gran interés.

El Pedernoso y Las Pedroñeras. Villas manchegas relevantes por su **trazado** urbano y **casas** solariegas.

San Clemente. Villa cargada de historia, cuyo paso nos ha legado monumentos inolvidables como su extraordinaria **plaza** Mayor presidida por un singularísimo **Ayuntamiento** del XVI, o su antigua **colegiata** de elegantísimas bóvedas que custodia una bellísima cruz gótica de alabastro. La Audiencia, el Pósito, el arco "romano", los conventos y palacios configuran un **conjunto urbano** de extraordinario valor.

San Clemente. Ayuntamiento (arriba)
Belmonte. Castillo (abajo)

26. Templos Conquenses de La Alcarria

Nos adentramos en territorio santiaguista cuya sede residió en Uclés durante largos años. Así lo atestigua la estratégica fortaleza y el imponente monasterio con que comienza esta ruta que se adentra en una monumental ciudad venida a menos: Huete y da opciones para retroceder a tiempos más remotos.

Belinchón. Breve parada para acercarnos a la destacada silueta de su **templo** (más parece fortaleza), con buena portada renacentista, y excelente vista dada su posición dominante.

Tarancón. Tiene cierto interés turístico, que el tráfico urbano dificulta, con **caserones** palaciegos y, en la parte alta, la **iglesia** parroquial (portada renacentista, retablo plateresco y coro).

Tribaldos. Templo con encantadora fachada plateresca (repárese en la labra de las cabezas de San Pedro y San Pablo y en el feliz sobrepeso de los dos angelotes que enmarcan el frontón).

Uclés. Sobre una loma destacan las **defensas** y el monasterio, cabeza de la Orden de Santiago desde el siglo XVI. Hay que detenerse ante la desbordante fachada barroca del **monasterio** (o subir al inmediato cerrillo para mejorar la visión frontal) y descubrir los sorprendentes motivos guerreros labrados en defensa de la fe por Pedro de Ribera o alguno de sus seguidores. Del inte-

KILOMETRAJE:
Acceso (A-3) 124
Opciones y retorno (A-2) 193
Total (con opciones)............................ 337

ÉPOCA PROPICIA:
Días templados sin alto riesgo de lluvias.

DURACIÓN:
Fin de semana o puente.

ALOJAMIENTOS:
Uclés: ***Casa Palacio Villa de Uclés***. *Angustias, 2. 969 135 065. Casona rehabilitada, confortable para el viajero.*
Huete: ***Palacio Conde de Garcinarro***. *Juan Carlos I, 19. 969 372 150. Caserón rehabilitado, selecto y acogedor.* ***Casa Rural de la Plaza***. *Mayor 19. 969 371 318. Casona rústica con encanto.*

RESTAURANTES:
Uclés: ***Villa de Uclés***. *Ver alojamientos. Cocina manchega muy bien resuelta.*
Huete: ***Duque*** *y* ***Chibuso*** *ambos al borde de la carretera de Carrascosa.*
Priego: ***Restaurante Los Claveles***. *Nicolás Herráiz 15. 969 311 029. Cocina casera.*

VISITAS:
Uclés: ***Monasterio***. *Limosna y visita libre.*
Huete: ***Museo de Arte Contemporáneo Florencio de la Fuente***. *Pl. Merced. Picasso, Dali, Guayasamín, ...* ***Museo de Arte Sacro***. *Concertar en Oficina de Turismo.*

INFORMACIÓN:
Huete: ***Oficina de Turismo***. *Plaza de la Merced 1. 969 371 326. Mañana y tarde. Cierra lunes y domingos tarde.*

rior destacan el claustro con 36 arcadas de medio punto adornadas, el artístico brocal barroco blasonado y la solemne escalera. Mención aparte merecen el magnífico artesonado del comedor con 36 (de nuevo) bustos de caballeros o maestres de Santiago, la recogida sacristía bellamente labrada al gusto renacentista (con bóvedas góticas) y la **iglesia** mayor de colosales dimensiones y marcado aire escurialense. Del **pueblo** destacan algunas casonas, el pósito, el Ayuntamiento, el arco de la fuente y la fuente misma, en la salida hacia Carrascosa.

Carrascosa del Campo. **Templo** de adornada portada que da paso a un interior de altas bóvedas góticas.

Huete. Centro comarcal por el que hay que rastrear para ver algunas de sus obras de más interés: la portada de la **iglesia** del Cristo, el antiguo **convento** de la Merced (escalera conventual, iglesia, **museos**), las **casonas** (calles Juan Carlos I y Anselmo Cuenca), las **portadas** de Santo Domingo y San Nicolás, y la reliquia del primitivo (s/. XIII) **ábside** de la que fue iglesia de Ntra. Sra. de Atienza, lugar que domina la mayor parte del caserío (puede ampliarse la **perspectiva** subiendo al castillo).

Opciones. Desde Huete puede seguirse el itinerario que bordea el pantano de Buendía (por pistas de mal firme para ver los restos de la **ciudad romana** de Ercávica, a 5 km. de **Cañaveruelas**, y asomarse al **Balcón** de La Alcarria en **Castejón**). Otra alternativa es seguir la carretera hasta **Gascueña** (**iglesia** con interesantes retablos, coro con órgano y lienzo atribuido a Veronés). Ambas opciones permitirían prolongar la ruta hasta el caserío de **Valdeolivas**, formado por **casas** populares que conservan su aire medieval del que da crédito su **iglesia** románica de transición protogótica con admirable torre (perforada en sus tres últimos cuerpos por parejas de ventanas), ábside semicircular y restos de pinturas murales en el interior (Pantocrator con el Tetramorfos).

Uclés. Las dos caras del recinto santiaguista: arriba la fortaleza y a la derecha el monasterio

27. Villas y Hoces Singulares

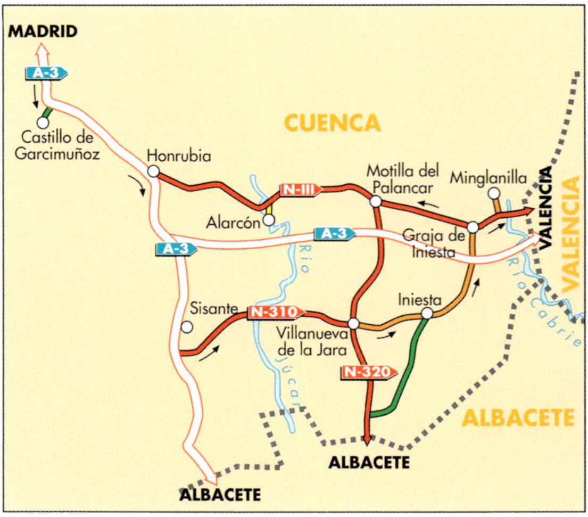

Itinerario que combina rincones de la naturaleza tan salvajes como las hoces del Cabriel y del Júcar, grandes fortalezas señoriales y hermosas villas medievales y renacentistas. Todos estos variados y atractivos reclamos se reúnen, además, en el lugar más emblemático: Alarcón, parada y fonda propuesta para esta ruta.

Castillo de Garcimuñoz. La N-III nos ofrece el perfil de esta vieja **fortaleza** hoy muy mutilada aunque aún puede admirarse su portada de estilo gótico-isabelino. Del resto del pueblo solo destaca la **casa** Gótica de subido interés.

Sisante. Primera de las tres villas que recorreremos en este tramo, donde podremos ver un **conjunto urbano** de gran calidad, característico de las aglomeraciones de la Cuenca manchega.

Villanueva de la Jara. Interesantísima **plaza** Mayor con edificios tan singulares como la **posada** Massó (auténtica venta manchega), el **Ayuntamiento** (de fachada renacentista porticada) y el **convento** de Santa Ana. Junto a ella la **iglesia** de la Asunción y su singular **torre** es un edificio suntuoso de amplias proporciones de los siglos XV y XVI que debe visitarse.

Iniesta. Un recorrido por sus calles ofrece un buen repertorio de **palacios** renacentistas, realzados por buenos escudos y rejas, que

KILOMETRAJE:
Acceso (A-3) 155
Ruta y retorno (A-3) 338
Total 513

ÉPOCA PROPICIA:
Días templados sin alto riesgo de lluvias.

DURACIÓN:
Fin de semana o puente.

ALOJAMIENTOS:
Alarcón: ***Parador Turismo******* *Castillo. 969 330 315. Un auténtico lujo.* ***Posada del Infante****. Dr. Agustín Tortosa 6, 969 330 323. Bien situada, buen precio.*
Minglanilla: ***Cámping Venta de Contreras****. Ctra. Hoces del Cabriel, km. 2,5 (salida A-3 km. 242). 962 186 170. Bungalows, junto casa postas del XVI.*

RESTAURANTES:
Alarcón: ***Parador****. Ver alojamientos.* ***Mesón La Cabaña****, Santa Trinidad 5. 969 330 373. Cocina típica de la zona.*
Minglanilla: ***Venta de Contreras****. La cocina de la zona en un atractivo marco.*

VISITAS:
Alarcón: ***Castillo*** *(paseo de ronda),* ***Iglesias Stª María*** *y de la* ***Trinidad*** *en las visitas guiadas de la Oficina de Turismo.* ***Iglesia S. Juan Bautista****. Sorprendentes pinturas murales de Jesús Mateo.*
Hoces del Cabriel: *Desde la Venta de Contreras. Senderismo hasta el Cuchillar.*

INFORMACIÓN:
Alarcón: ***Oficina de Turismo****. Posadas 1. 969 330 301. Recorrido turístico: martes a domingos (12 y 17,30 horas), Ver: http://www.ofiturisalarcon.com/*

Alarcón. Conjunto de defensas de la villa

debe rematarse en la plaza Mayor con buenos edificios municipal y parroquial (con amplia nave de salón).

Hoces del Cabriel. Por **Graja de Iniesta** y **Minglanilla** se llega a las inmediaciones del embalse de Contreras que retiene las aguas del Cabriel. La carretera ofrece buenas panorámicas tanto de las aguas represadas como de las liberadas que aquí inician el recorrido más salvaje del río en el que se forman las hoces más espectaculares.

Hoces del Júcar. Por **Minglanilla** y **Motilla** se llega a **Alarcón** el más bello lugar de este itinerario: un extraordinario conjunto fortificado que aprovecha una desafiante península formada por las hoces del río Júcar. Tan hermoso lugar sirve también de refugio de fauna silvestre. El conjunto se contempla desde una explanada **panorámica** situada junto a la carretera, con pleno dominio visual sobre las hoces del río y las aves que las sobrevuelan, los altos torreones, las extensas murallas bien conservadas, la silueta sobresaliente del castillo y el caserío de la villa.

Alarcón. Tras la visión de conjunto hay que atravesar las murallas y buscar el centro urbano, deteniéndonos en la espaciosa **plaza** Mayor, pasear por sus calles paralelas que conectan plaza y castillo. El casco urbano está sembrado de notables **iglesias** (Santa María, la Trinidad, San Juan, Santo Domingo), **casas** palaciegas (Castañeda, Villena), Ayuntamiento (hermoso edificio renacentista), y un amplio repertorio de casas populares de interés. Hay que, cuanto menos, darse una vuelta por el **parador** y procurar visitar el interior de la **parroquia** de Santa María (magnífica arquitectura de naves y bóvedas y soberbio retablo mayor). Por último, las **vistas** de las hoces del Júcar desde las dos vertientes del pueblo (el camino de acceso y el paseo de Santo Domingo) hay que contemplarlas sin prisas.

28. Cuenca: la Ciudad del Vértigo

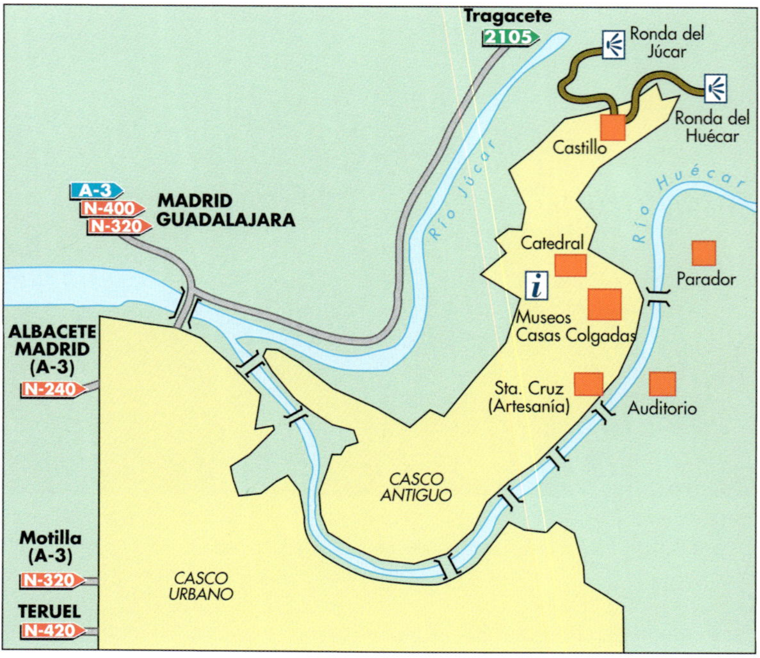

Cuenca es una ciudad inverosímil, de casas colgadas, casas que no se levantan, sino que se descuelgan en el abismo, reflejándose en las aguas que le ponen cerco, casas que trepan por la roca hasta que, en lo más alto, se unen para formar un alcázar inexpugnable, que hoy nos produce asombro y vértigo.

Recorrido periférico. Para sobrevolar la ciudad, la mejor pista de lanzamiento es la propia cresterîa del casco viejo de Cuenca. Por ello, hay que encaminarse al centro urbano primero para, una vez en él, tomar la dirección del casco antiguo y subir hasta la plaza Mayor y el Castillo.

Hoces del Júcar. Al llegar a lo más alto, hay que tomar el ramal izquierdo para ir admirando las magníficas **vistas** sobre los paredones verticales que, tras el Júcar, sirven de contrapunto a los de la ciudad. Tras cruzar el puente del Chantre, se toma la dirección

KILOMETRAJE:
Acceso y retorno aproximado 330

ALOJAMIENTOS:
Leonor de Aquitania* San Pedro 60. 969 231 000. Con encanto, las mejores vistas.* ***Parador de Turismo***** Paseo del Huécar. 969 232 320. Otro privilegiado emplazamiento.* ***Posada San Martín****. Alfonso VIII 39. 969 236 679. Un "rascacielos" histórico con apartamentos y habitaciones lujosas.* ***Posada de San José****. Ronda Julián Romero 4. 969 211 300. Un clásico pintoresco con soberbias vistas.* ***Posada Huécar****. Pº Huécar 3. 969 214 211. Nuevo alojamiento rústico.*

RESTAURANTES:
Mesón Casas Colgadas*. Canónigos. 969 223 509. La mejor y más "colgada" de las cocinas de Cuenca. Otras opciones ya citadas:* ***El Parador*** *(cocina de calidad) o* ***Posada de San José*** *(calidad, encanto, vistas y buen precio).*

VISITAS:
Catedral*. Abierta a diario. Ideal a las primeras horas de sol (o últimas de la tarde).* ***Museos****: Arte Abstracto Español, de las Ciencias, Catedralicio, Diocesano y*

Arqueológico, abiertos mañana y tarde (cierran lunes y domingos tarde). ***Colecciones****: Fundación Antonio Pérez (Ronda Julián Romero) y Fundación Carlos Saura (Casa Zabala), abiertos a diario.*

COMPRAS:

Artesanía*. Centro Artesanía Iglesia de Santa Cruz. 969 233 184.*

INFORMACIÓN:

Oficina de Turismo*. Alfonso VIII 2. 969 232 119. Ver: www.cuenca.es*

hacia Cuenca bordeando el Júcar y viendo ahora el perfil de la ciudad alta desde las choperas del río y entrando de nuevo al casco antiguo por la ermita de la Luz.

Hoces del Huécar. De nuevo en la cumbre urbana del castillo hay que dejar a una lado la ronda del Júcar y proseguir sin desvíos en dirección a la Cueva del Fraile. Este itinerario es aún más espectacular que el anterior, con repetidas **vistas** al abismo de la hoz del Huécar y la ciudad cada vez más pequeña. En el retorno podremos contemplar la ciudad alta y sus casas colgadas, visitar el convento de San Pablo (Parador) y pasar ante el nuevo Auditorio antes de reintegrarse a la ciudad por el puente de la puerta de Valencia, momento idóneo para aparcar y subir callejeando al típico barrio de San Martín, con visita al Centro de Artesanía de la iglesia de Santa Cruz.

El casco antiguo. Cruzado el arco (Ayuntamiento) que nos sitúa en su plaza Mayor, nos enfrentamos con la fachada de la Catedral, inicio de un recorrido por los rincones más singulares de la ciudad.

Catedral. Edificio que parte de unas estructuras del siglo XIII completándose en los siglos siguientes, sin perder ese aire peculiar atribuido a su original influencia anglo-normanda.

Calle de San Pedro. Ofrece abundantes **caserones** con notables rejas y artísticos blasones, así como viejas instituciones religiosas. Al final, en la plaza del Trabuco está la iglesia octogonal de San Pedro.

La arquitectura militar. La prolongación de la calle asciende hasta las viejas murallas del castillo, el mirador más elevado de la ciudad, en terrenos donde se juntan las dos hoces que la rodean.

Los caminos de ronda. En el descenso a la ciudad podemos introducirnos en los toboganes de túneles, escaleras y cobertizos, sorprendentes **miradores** urbanos sobre las hoces del Júcar y Huécar.

Museos. Se encuentran reunidos, tras la Catedral, en la calle Obispo Valero: el selecto minimuseo **Diocesano**, el didáctico museo **Arqueológico** y el excelente y encantador museo de Arte **Abstracto** Español.

Cuenca desde el cerro del Sagrado Corazón, sobre la hoz del Huécar

29. La Sierra Encantada (I)

Ruta de plena naturaleza que desde Cuenca sigue el cauce del río Júcar, admirando panorámicas aéreas e imaginando ciudades encantadas, hasta llegar a su origen de aguas cristalinas en un apartado rincón de los Montes Universales donde comparte nacimiento con dos ríos famosos: el Cuervo y el Tajo.

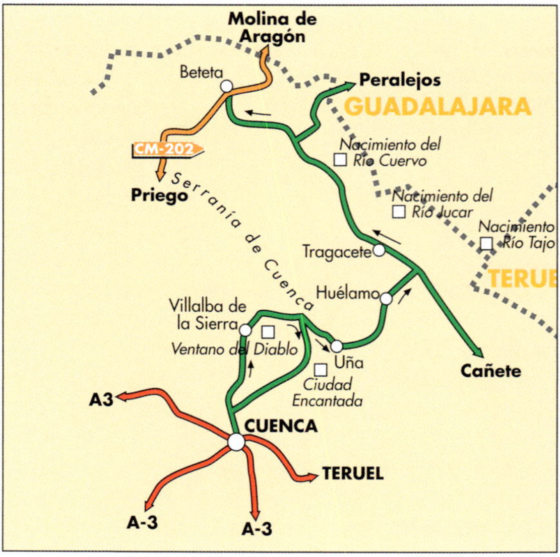

Ventano del Diablo. Tras pasar **Villalba** (dirección a **Uña**), se llega a un pequeño ensanche de la carretera que permite aparcar y subir una breve cuesta hasta este singular **mirador** bajo cuyos arcos de piedra se contempla la profunda hoz creada por el río Júcar que circula a más de 200 metros de profundidad.

Ciudad Encantada. Tomando el desvío señalizado a la derecha, y por una carretera abierta a **panorámicas** y amplios horizontes, se llega enseguida a la famosísima Ciudad Encantada, constituida por un extraordinario conjunto de formaciones pétreas que adoptan caprichosos perfiles, resultado de la erosión del agua sobre estratos de caliza de diferente pureza que forman cornisas, salientes y otros relieves que mueven a imaginar **figuras** fantásticas. Rebasando "el tolmo alto", centinela que guarda la entrada, el visitante encuentra "los barcos", "la cara del hombre, "las calles de una ciudad", "el puente romano", "la foca", "el tobogán", "el mar de piedra", "la puerta ojival del convento", "el tanque", "el elefante", ... Todo ello, dentro de un gran espacio, a unos 1500 metros de altura, cuyos pasillos

KILOMETRAJE:
Acceso (A-3, N-400) 165
Ruta (CM-2105/CM-2106) 130
Retorno (alojamiento en Beteta) 30
Total (combinando con Ruta 30)........ 325

ÉPOCA PROPICIA:
Días templados sin riesgo de lluvias.

DURACIÓN:
Fin de semana, puente, combina con R.28

ALOJAMIENTOS:
Tragacete: *Hospedería Real del Júcar*** *Muñoz Grandes 7. 969 289 204. Edificio rústico bien situado.* *Hotel El Gamo*** *Fernando Royuela. 969 289 008. Urbano, con vistas y confortable.*
Vega de Codorno: *Cámping Río Cuervo. 969 283 236. Bien emplazado.* *El Pajar de la Tía Máxima. Barrio de los Perales. 969 283 245. Una centenaria casa de labranza, que se ha rehabilitado interiormente con excelente gusto.*

RESTAURANTES:
Villalba de la Sierra: *Mesón Nelia. 969 281 021 . Excelente referencia obligada al planificar esta ruta.*
Uña: *Aguas Riscas. 969 281 332. Cocina tradicional en un bello paraje.*
Tragacete: *Serranía. 969 289 019. Cocina serrana de tipo casero.*
Vega de Codorno: *Río Cuervo. 969 283*

240. *Cocina casera tradicional.* **El Nacimiento** *969 283 214. Cocina especializada en platos de caza.*
VISITAS:
Espacios naturales: *Ciudad Encantada Abierto a diario (horas de sol). Nacimiento Río Cuervo. Trayectos señalizado, libres.*

o **callejones** entrecruzados también contribuyen a imaginar el entramado de una ciudad encantada.

Balcón de Uña. A unos 2 km. encontramos otro excelente **mirador** de vértigo creado por el laborioso río Júcar.

Uña. El pueblo goza de un emplazamiento excepcional en un **paraje** con márgenes bañados por una amplia laguna y rodeado todo ello por densos pinares y grandes espolones.

Huélamo. Localidad **pintoresca** encaramada a un empinado cerro. Esta circunstancia y el contraste entre las laderas pardas y las casas blanqueadas produce un gran impacto visual.

Nacimiento del río Tajo. Un desvío opcional (el 2º a la derecha) se adentra en otro atractivo **paraje** (unos 15 km hacia **Albarracín**) para descubrir el modesto origen de este caudaloso río.

Tragacete. Lugar situado en el centro de un hermoso **valle**, rodeado de atractivos espacios naturales.

Nacimiento del río Júcar. Hay que tomar una estrecha carretera asfaltada que nos sitúa en el **estrecho** de San Blas (albergue), prosigue la pista, ahora de tierra, alcanzando el estrecho del Infierno (tomando previamente un desvío a la izquierda) para seguir a través de unas **praderas** con numerosos manantiales que originan el cauce del río en un atractivo escenario entre montañas.

Nacimiento del río Cuervo. Retornando a **Tragacete**, la actual señalización de la carretera hace imposible perderse. Un amplio aparcamiento y un panel explicativo permiten organizar una visita corta: **cascada** (45 minutos), o larga: **manantial** del río (90 m.). Esta última visita, menos masificada, permite contemplar las cortinas de aguas del manantial. También aquí hay figuras producidas por la erosión como un espectacular "tolmo".

Valdecabras. Paraje de la Ciudad Encantada

30. La Sierra Encantada (II)

Continuación de la ruta anterior a través de abruptos espacios naturales, de variada vegetación y fauna salvaje, explorables gracias a una sucesión de estrechos desfiladeros, con nuevos tramos de ríos de alta sierra, que componen un itinerario de oxiginación más que recomendable para viajeros urbanos.

Hoz de Beteta. Próxima al pintoresco pueblo del mismo nombre. Es un estrecho **desfiladero** entre altísimas paredes que, justo en el km. 46 (Fuente los Tilos) ofrece un pequeño espacio para aparcar (si se madruga) y disfrutar de este idílico **paraje** rodeado de abrumadora vegetación entre la que sobresale la mole caliza de la Peña del Castillo. Es recomendable el recorrido completo hasta el puente de Tablas (en torno a 1 hora) admirando el **jardín botánico** que se nos ofrece al paso y observando la **fauna** menuda y de altos vuelos de la serranía.

Solán de Cabras. Corto desvío por una buena carretera hasta el balneario y embotelladora de agua de este nombre, que permitirán al viajero echar un trago de sus acreditadas **fuentes**, y subir al **mirador** de la Reina balconada natural sobre el cauce del río en un lugar donde el valle se estrecha entre dos contrafuertes rocosos, con excelentes vistas que incluyen la soberbia Peña Rubia gran bloque de piedra dorada coronado por cruz metálica.

Priego. Tras el túnel de Monsaete se cruza el **desfiladero**, que nos pone en contacto con este interesante **conjunto urbano** de notables casonas y templos que giran en torno a su notable plaza Mayor y Ayuntamiento (XVI).

KILOMETRAJE:
Acceso (ruta 29, opción Beteta)............0
Ruta 140
Retorno (CM-2105/N-400/A-3)......197
Total (combinando con Ruta 29)........337

ÉPOCA PROPICIA:
Días templados sin riesgo de lluvias.

DURACIÓN:
Fin de semana, puente, combina con R.29.

ALOJAMIENTOS:
Beteta: ***Hotel Los Tilos*** *Extrarradio. 969 318 097. Alojamiento rústico con excelente emplazamiento panorámico.*
Las Majadas: ***Hostal los Callejones**** *Pl. Mayor 9. 969 283 050. Céntrico, sin lujos.*
Vadillos: ***Hotel Caserío Vadillos*****. *969 313 239. Precioso y confortable hotel serrano, con jardines y entorno grato.*
Vega de Codorno: ***Cámping Río Cuervo****. 969 283 236. Bien emplazado.* ***El Pajar de la Tía Máxima****. Barrio de los Perales. 969 283 245. En una centenaria casa de labranza, rehabilitada con gusto.* ***Hotel Río Cuervo**** *Barrio de las Cuevas. 969 283 240. Bien situado, sin lujos.*
Poyatos: ***Casa de Las Hazas****. Camino de las Majadas. 918 813 834. Un auténtico paraíso del turismo rural bien entendido, es decir con encanto, tranquilidad y prestaciones. Rutas con guía y 4x4.*

RESTAURANTES:
Es ruta apropiada para usar comida de mochila durante los tramos a pie. También los alojamientos sugeridos ofrecen cocina tradicional de la zona.
Villalba de la Sierra: *Para amantes de la buena cocina hay que reiterar la recomendación del restaurante* **Neila** *que ya figura en la ruta anterior.*

También hay que visitar el **torreón** de Despeñaperros y subir al punto más alto del pueblo donde está emplazado el **monasterio** barroco de San Miguel dominador de excelentes **vistas**.

Los desfiladeros del Guadiela. Pasadas las ruinas del **convento** del Rosal, se llega a un puente sobre el Guadiela (km. 16); antes de cruzarlo hay que tomar la senda de la finca La Pinosa hasta llegar a la presa y cascada. Otra forma de ganar los mejores **parajes** del valle consiste en seguir la carretera camino de **Alcantud**, y pasado el desvío al balneario, tomar una senda a la derecha que conduce a la bellísima **hoz** de los Toriles desde la que se podría emprender una dura marcha hasta la **hoz** de Tragavivos en las cercanías de **Carrascosa**.

Los bosques del río Escabas. Un recorrido inexcusable que atraviesa bellísimos **parajes** en los que confluyen los altos riscos rocosos y un denso pinar que acompaña al sinuoso curso del Escabas. La carretera deja atrás **Fuertescusa** y acompaña al río durante un largo trayecto hasta llegar al cruce de Tejadillos donde se encuentra el **monumento** a la Madera de Gustavo Torner.

Reserva El Hosquillo. Hay que tomar el desvío a Las Majadas y, después, el ramal al Parque Cinegético Natural de El Hosquillo, hasta la valla que cierra el acceso, junto a la que se encuentra un magnífico **mirador** sobre el conjunto del Parque.

Los Callejones. Desde **Las Majadas** debe tomarse una pedregosa pista que conduce a **Uña**; entre ambas localidades (a poco menos de 3 km.) hay que tomar el desvío que nos lleva a una desconocida **Ciudad Encantada** con un curioso fenómeno de angostos **pasadizos** que se entrecruzan como si se tratara de un gigantesco laberinto.

Poyatos. Monumento a la Madera, de Gustavo Torner, en el cruce de Tejadillos

31. La Sierra Encantada (III)

Los caprichos de la naturaleza se inclinan ahora por ofrecer al viajero un curiosísimo conjunto de torcas y lagunas que perforan con geométrica perfección algunos de los montes más bellos del territorio, con majestuosos árboles centenarios y la presencia del joven río Cabriel lejos aún de su salvaje y polémico tramo de las hoces.

Las Torcas de Palancares. Desde **Cuenca** hay que tomar la dirección a Teruel y seguir el desvío del km. 441. El camino se interna en el monte y pinar de Los Palancares, pasando ante un campamento juvenil y dejando a un lado los desvíos a Sumidero y Cueva del Fraile hasta llegar al ensanche del aparcamiento. El repertorio de **torcas** (depresiones del terreno de forma circular y con bordes escarpados) es amplio y variado: unas 30 torcas, algunas de hasta 90 metros de profundidad y 260 metros de diámetro. La mayoría de ellas tienen escarpes rocosos verticales de fondos inaccesibles. El **recorrido corto** parte del aparcamiento, por el camino que se inicia junto a la torca del Agua, que pasa de inmediato por el Torcazo y poco después, girando a la derecha llega a la del Lobo (quizá la más hermosa), paseo de unos 10 minutos cuyo retorno puede hacerse por las torcas de la Escaleruela y la del Agua. El **recorrido largo** (unas 2 horas) sigue bordeando torcas y, al llegar a la Larga, baja a la pista, junto al desvío al pino Abuelo, para seguirla por la torca de la Novia, al aparcamiento.

KILOMETRAJE:
Acceso (A-3, N-400) 165
Ruta (aproximada) 150
Total (con retorno) 495

ÉPOCA PROPICIA:
Días templados sin riesgo de lluvias.

DURACIÓN:
Fin de semana o puente.

ALOJAMIENTOS:
Cañada del Hoyo: ***El Muérdago de la Cañada***. *Camino Estación. 969 345 047. Cabañas madera (4 pl.). Tiene su encanto.*
Cañete: ***Casa Molino del Marqués***. *969 346 030. Un encantador refugio rural.*
Villar del Humo: ***Casa Rural Peña del Escrito***. *Barranquilla 11. 969 224 071. Casa pueblo completa (7 plazas) rústica.*

RESTAURANTES:
Cañete: ***La Muralla***. *Ctra. de Valdemeca, 20. 969 346 299. Cocina típica de la zona.*

VISITAS:
Espacios naturales: ***Las Torcas de Palancares***. *Itinerarios (corto y largo) señalizados; indicadores de los árboles singulares).* ***Las Lagunas de Cañada del Hoyo***. *También señalizadas hasta el Aula de la Naturaleza.* ***Pinturas rupestres Peña del Escrito***. *Territorio encantado en el que se alían naturaleza (como torre Balbina) y pinturas postpaleolíticas de nuestros antepasados dotados por el toque mágico del arte. Para hacer la visita en 4 x 4, tomar contacto con Manuel Alcañiz (969 358 003); hay que prever unas 5 h. de recorrido y comida de campo.*

Los Palancares.
Torca del Lobo

Las Lagunas de Cañada del Hoyo. La misma pista, que señaliza los desvíos hasta sus **árboles** más singulares *(Candelabro y Abuelo)*, conduce a Las Lagunas. Son 11 km. de tierra y dos de tramo asfaltado que conducen a la explanada de Las Lagunas en la que sólo hay una indicación que señala el camino al Aula de la Naturaleza 7 Leguas, finca privada en la que se alojan algunas de las lagunas. Este camino ofrece un amplio recorrido sobre la decena de lagunas (y otras tantas torcas), destacando la de la Cruz, las del Tejo y las Mellizas).

La Serranía. Puede seguirse la pista que atraviesa la sierra por solitarios y bellos parajes siguiendo el curso del Guadazalón, hasta tomar en **Valdemoro** la dirección a **Campillos**.

Cañete. Población histórica que conserva su aire medieval del que da fe su **castillo** (en la cima de un largo cerro que domina la población), **murallas** (bien conservadas), y diferentes **puertas** de acceso, todas ellas fechadas entre el siglo X y el XII. El **entramado urbano** no disipa la impresión del pasado: callejones, adarves, casas populares, incluso, una vieja plaza Mayor con tramos porticados.

Selva Pascuala y su entorno. El retorno a **Cuenca**, descubre un **paisaje** asombroso de altas paredes de roca arenisca de color rojizo, sobre las que trepa la pinada. Al llegar al desvío de **Boniches**, hay que tomarlo para recrearnos en este paisaje de riscos, bosques y ríos salvajes. Pasada Peña Sancho hay que retomar la N-420 para tomar el desvío (hacia la izquierda) de la explotación resinera de El Cañizar y cruzar un puente de madera, tras el que, poco después aparece una senda que, a la izquierda, conduce al río Cabriel y, a la derecha, a Selva Pascuala, amenísimo **paraje** natural. Al borde de la carretera se encuentra un **puente** del XVI (con inscripción primitiva) sobre el modesto Cabriel aún lejos de su paso por las famosas hoces.

Guadalajara

Cinco elementos configuradores del perfil provincial: la Sierra, las Fiestas Populares, las Tierras de la Alcarria, el Románico Rural y el Mar de Castilla

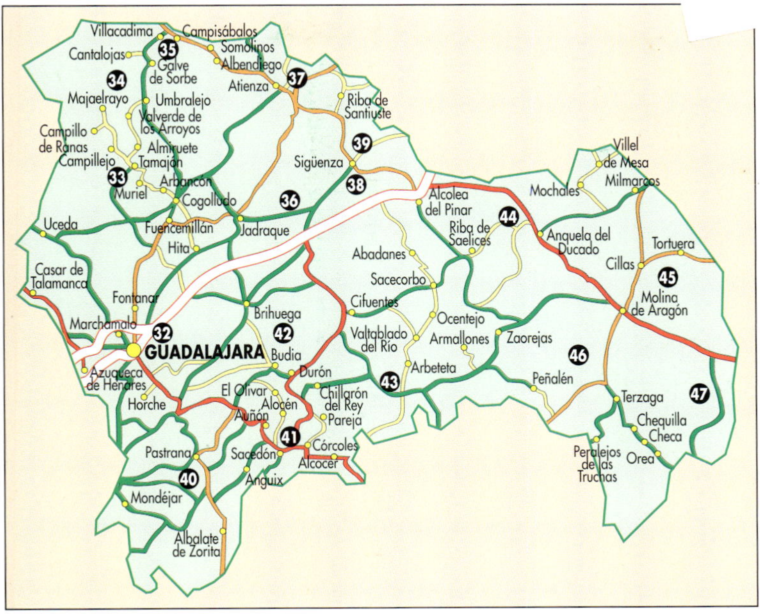

Autopista/Autovía
Red Nacional
Red autonómica básica
Red autonómica comarcal
Red autonómica local

32. Guadalajara: la Ciudad de los Mendoza
33. Los Dominios de los Mendoza
34. Pueblos Negros del Ocejón
35. Pueblos Negros del Alto Rey
36. Castillos de Guadalajara
37. La Villa y Tierra de Atienza
38. Los Barrancos Perdidos
39. Sigüenza: la Ciudad de los Obispos
40. Pastrana, Corazón de La Alcarria
41. Lagos y Pueblos de La Alcarria
42. El Viaje a La Alcarria
43. El Fin del Alto Tajo
44. Cueva y Valle de los Milagros
45. El Señorío de Molina
46. Los Barrancos del Alto Tajo
47. Los Orígenes del Tajo

32. Guadalajara: la Ciudad de los Mendoza

Ciudad de realengo, siempre protegida por los reyes castellanos, cuya vida estuvo marcada, a partir de la Baja Edad Media, por sus vecinos más poderosos: los Mendoza. Su escudo aparece en palacios y templos de la ciudad toda, adornando las más bellas realizaciones del renacimiento italiano cuyas primeras obras pueden verse en esta ciudad.

Palacio del Infantado. La bellísima **fachada** principal corresponde a una combinación del gótico tardío con el incipiente renacimiento enriquecido con ornamentación mudéjar. La dorada piedra, los primores escultóricos o la fachada de clavos, confieren a esta portada un irresistible atractivo. Con idéntica magnificencia se levanta un soberbio **patio** labrado y epigrafiado a conciencia: *vanitas vanitatum et omnia vanitas.*

Palacio D. Antonio de Mendoza. Portada que, aún mutilada en su frontón, sigue siendo una de las más

KILOMETRAJE:
Acceso y retorno (A-2) 112

DURACIÓN:
En el día.

RESTAURANTES:
***Amparito Roca**. Toledo 19. 949 214 639. La mejor oferta gastronómica de la ciudad.*
***Las Llaves**. Pl. Mayor 16 de Marchamalo (a 3 km) 949 250 485. Buena cocina imaginativa con productos de temporada.*
***Lino**. Vizcondesa de Jorbalán 10. Cocina de temporada con toques innovadores.*
***El Figón**. Bardales 7 (entre San Gil y pl. Gral. Prim) 949 211 588. Tapas y raciones.*

VISITAS:
***Palacio del Infantado**. Patio abierto en horario de visitas del Museo y Biblioteca. Salones y pinturas: sólo pueden visitarse coincidiendo con exposiciones temporales.*
***Museo Bellas Artes**. Mañana y tarde salvo lunes y domingos tarde.*
***Palacio Antonio de Mendoza y fachada iglesia de la Piedad**. Sólo coincidiendo con horas escolares.*
***Panteón Duquesa de Sevillano**. Lo enseñan las religiosa del colegio colindante con el panteón. Mañana y tarde.*

Templos (Santa María, San Ginés, San Nicolás, Santiago) coincidiendo con horas en las que están abierto al culto.

COMPRAS:

Hernando. Miguel Fluiters 35. Notables y acreditados bizcochos borrachos.

INFORMACIÓN:

Oficina de Turismo. Plaza de los Caídos. 949 211 626.

notables manifestaciones del renacimiento en Castilla. También cautiva el **patio** arquitrabado con zapatas alcarreñas, escalera de honor y escudo imperial.

Convento de la Piedad. Junto a la fachada anterior se alza otra **portada** renacentista de referencia del mejor arte de Alonso de Covarrubias con una patética representación de La Piedad.

Iglesia de Santiago. Majestuoso **interior** con elevados arcos apuntados de arquitectura gótico-mudéjar. Además, dos notables capillas: gótica en el lado de la epístola y gótico renacentista con pilastras y mausoleo plateresco en el lado del evangelio.

Calle Mayor. Arteria clave que aún recuerda la disposición **típica** de las calles mayores castellanas con soportales y algún viejo comercio. Hay que detenerse ante el aseado edificio municipal y las galerías de la **plaza** Mayor, tomar el breve desvío que nos sitúa ante el ábside mudéjar de **San Gil** y reintegrarnos de nuevo a la calle Mayor para ver la iglesia de **San Nicolás** de bella portada barroca cuyo relieve se repite en el altar mayor (en una capilla yace la estatua de alabastro del caballero Campuzano). En el tramo final pueden verse algunos **palacios** y la contundente fachada de **San Ginés**.

Capilla de Luis de Lucena. Adicionada a un desaparecido templo románico-mudéjar, reivindicativa de todas las posibilidades ornamentales del estilo **mudéjar** en pleno siglo XVI.

Iglesia de Santa María. Primitiva iglesia mudéjar que aún muestra al **exterior** portadas con arcos de herradura de tradición siria y airoso pórtico del renacimiento alcarreño y grácil torre rematada al modo madrileño. En el **interior** un buen retablo policromado.

Panteón de la Duquesa de Sevillano. Joya del eclecticismo de fines del XIX en forma de cruz griega ornamentada al **exterior** en estilo románico lombardo con gran cúpula. En el **interior** mármoles y piedras nobles (de nuevo *vanitas vanitatum* ...) y en la cripta mausoleo de la fundadora de gran impacto plástico y romántico.

Guadalajara. Palacio del Infantado

33. Los Dominios de los Mendoza

Las fértiles tierras de La Campiña sirven de marco a este itinerario de trasfondo historicista, centrado en el poder de los Mendoza, cuyo afán de notoriedad y diferenciación blasona sus dominios con las primeras obras palaciegas inspiradas directamente en las nuevas formas italianas del primer renacimiento.

Yunquera. La silueta de su bellísima **torre** llama la atención desde la carretera. Hay que acercarse a contemplar de cerca sus finos adornos platerescos y descubrir nuestro primer **palacio** de los Mendoza del que solo se mantiene su abierta galería porticada con capiteles alcarreños.

Beleña de Sorbe. Mínima aldea de visita inexcusable: templo con atrio que arropa a una originalísima **portada** románica (XII) decorada con escenas de la vida campesina durante los doce meses del año, acotadas por figuras que representan el bien (ángel alado) y el mal (rostro de rasgos negroides). Un cartel informativo describe el mensario y las escenas de los capiteles. Otras reliquias: el **castillo** de doña Urraca (valiente defensora frente al Mendoza de turno), la **cueva** y el **puente** medieval (acceso por el puente de hierro).

Bonaval. Por un mal camino a través de **La Mierla** o, mejor, retrocediendo por **Torrebeleña** (atractiva **plaza** Mayor) y tomando la dirección de **Tamajón**, se alcanza el desvío a **El Vado** y dejando atrás **Retiendas** se sigue hasta un puente en el que se inicia una senda que conduce a las evocadoras **ruinas** del monasterio de Bonaval (XIII) situado en un ameno **paraje** en plena naturaleza. También resulta atractivo, tanto seguir a pie el curso del arroyo de San Andrés, como tomar de nuevo la carretera para visitar el entorno del embalse del Vado y las pequeñas aldeas de los alrededores: **La Vereda** y **Matallana**, pudién-

KILOMETRAJE:
Acceso (A-2)....................................56
Ruta 140
Retorno 56
Total 252

ÉPOCA PROPICIA:
Días templados sin riesgo de lluvias.

DURACIÓN:
En el día, también fin de semana.

ALOJAMIENTOS:
Tamajón: ***Casa Las Trojes*** *Picota 50. 659 078 727. 949 859 193. Vieja casa de labranza rehabilitada con gusto. Relajante.*
Monasterio: ***El Rincón de Monasterio****. Del Val 13. 949 857 233. Casitas rurales con interiores rústicos y elegantes*

RESTAURANTES:
Cogolludo: *Cabrito asado en* ***Hnos. Ballesteros****, pl. Mayor. 949 855 041 y* ***H. Ballesteros****, Comercio 3, 949 855 034.*

VISITAS:
Retiendas: *Dejar el vehículo junto al puente y tomar senda (15') para llegar a las ruinas del* ***Monasterio de Bonaval****.*

INFORMACIÓN:
Cogolludo: ***Oficina de Turismo****. 949 855 001. Mañana y tarde. Visitas guiadas.*

dose enlazar también con la carretera de los pueblos negros en el ramal que se dirige a **Majaelrayo**.

Tamajón. Exhibe **templo** de atractiva galería, y casa **palacio** de los Mendoza con buen escudo bien conservado en la fachada.

Tamajón. Casa-palacio de los Mendoza

Cogolludo. Magnífica impresión causa la espaciosa **plaza** Mayor contorneada por los típicos soportales castellanos y presidida por el **palacio** ducal, primer palacio español plenamente renacentista (fines del XV) pese a conservar vestigios góticos y mudéjares, con espléndida fachada almohadillada (que recuerda los palacios florentinos), gran portada, blasón de los duques, ventanales isabelinos y fina crestería. En lo alto, junto a las ruinas del **castillo**, la **iglesia** de Santa María, de sorprendentes dimensiones, con elegantes bóvedas de crucería que aloja un pequeño **museo** cuya joya principal es la excelente obra de Ribera, bien restaurada, representando a Jesús antes de ser crucificado.

Guadalajara. El recorrido por los palacios de la estirpe de los Mendoza debe acabar en la capital, ante el **palacio** del Infantado, aprovechando las últimas horas del Sol que ilumina la fachada añadiendo un baño de dorada ensoñación a la filigrana de la piedra. Momento ideal (si se celebrarara alguna exposición), para visitar, además del patio, las salas decoradas con pinturas murales de Rómulo Cincinato, sobre las glorias militares de los Mendoza.

Cogolludo. Palacio ducal

34. Pueblos Negros del Ocejón

Visita a lugares insólitos, a pueblos aislados durante siglos por pésimos caminos, en los que el artesano popular ha utilizado sabiamente la oscura piedra y la plana pizarra del entorno para construir sólidos edificios que pudieran resistir el extremado clima de esta zona, junto a las nieves del vecino pico Ocejón.

Tamajón. A partir de esta localidad (ver ruta 33), cambian las formas, tonos y materiales propios de la arquitectura popular de forma radical.

Los Enebrales. La **ermita** de la Virgen y el conjunto de rocas calizas de formas caprichosas, especie de **Ciudad Encantada**, marca la bifurcación entre las dos zonas en que se dividen los pueblos negros del norte de Tamajón. En esta ruta tomaremos el ramal izquierdo.

Campillejo. Comienzan las tierras a ennegrecerse y nos encontramos con la primera aldea del estilo con **casas** de miles de piedras negras y rojizas que solo dejan pequeños huecos para ventanas y puerta doble con encalado en los bordes y cubierta de lajas de pizarra a dos aguas que se entrecruzan en el vértice.

El Espinar. Nuevo **caserío** con algunas variantes al modelo típico de la zona: tejaroz en algunas portadas (soportado por un armazón de madera empotrado en el muro), frecuentes encalados de fachadas (de caprichosos límites), y nuevos cromatismos (con algunas piedras de tonalidades mas claras).

Roblelacasa. Un desvío a la izquierda nos conduce a otra mínima y bella **aldea** del estilo; una moderada caminata permite llegar a la aldea de

KILOMETRAJE:

Acceso (A-2)	*56*
Ruta (sin opciones)	*80*
Retorno	*136*
Total (sin opciones)	*272*

ÉPOCA PROPICIA:
Días soleados (de invierno o primavera) con nieve en el Ocejón.

DURACIÓN:
En el día, también en fin de semana.

ALOJAMIENTOS:
Campillo: ***Casa del Sol**. La Cuesta 18. 949 859 217. 626 066 127. Encanto rústico, habitaciones abuhardilladas.*
Majaelrayo: ***La Casona**. Mayor 31. 949 332 010. La arquitectura negra en primera persona. Una rehabilitación con encanto.*
Cantalojas: ***Cámping Los Bonales**, Camino Rubial. 949 828 043.*
Riaza: ***Hotel Plaza****. Pl. Mayor 4. 921 551 055. Funcional. Ver Ruta 72.*

RESTAURANTES:
Campillo: ***La Posada del Ocejón**. Carretera. 949 823 358. Cocina casera.*
Majaelrayo: ***La Casona** (ver alojamiento). Guisos de la zona, carnes y cocina tradicional interesante. **Mesón Jabalí**. Plaza 1. 949 859 025. La siempre contundente cocina serrana.*

VISITAS:
Cantalojas: ***Hayedo Tejera Negra**. Reservar acceso en 949 885 386. Pista desde Majaelrayo, tomando senda que parte del puerto de la Quesera, hasta la caseta de Información del Parque; seguir la dirección del aparcamiento.*

Majaelrayo. *La vida apacible en los pueblos negros*

Matallana, situada al borde de las aguas del joven Jarama. El desvío también permite llegar a **Corralejo**, **Cabida**, **Peñalba**, **Bocigano**, **Colmenar de la Sierra** y **El Cardoso**, **aldeas** de la provincia de Guadalajara muy aisladas, vecinas del núcleo más rústico de la Sierra Norte de Madrid.

Campillo de Ranas. Localidad de mayor tamaño pero con idéntica tipología (sin que tampoco falten desmanes *modernizadores*). Notable la entrada al **pueblo** con el conjunto ascendente de casas que domina la iglesia y su fuerte torre.

Robleluengo. Nuevo desvío a la izquierda conduce a otra **aldea**, quizá la más cuidada y menos desvirtuada respecto al modelo, que añade además una encantadora iglesita en la plaza.

Majaelrayo. Antiguo lugar, parada y fonda de los camioneros que venían a cargar los gruesos troncos de viejos robles de los bosques cercanos; hoy sirve de punto de partida a los montañeros en su aventura de ascenso al pico Ocejón. Es la capital de este ramal con ejemplos notables de la **típica** arquitectura negra de la zona.

Opción pueblos negros segovianos. Una pista permite alcanzar el puerto de la Quesera, y la villa de **Riaza**, punto de partida para un recorrido por los pueblos negros segovianos: **Villacorta**, **Becerril**, **Madriguera**, **El Muyo** y **El Negredo**, accesibles también a través de la segoviana ruta 72.

Opción Hayedo de Tejera Negra. La pista anterior permite tomar un desvío a **Cantalojas**, y avanzar orillando las altas cotas hasta el curso de los ríos Lillas y Sorbe, marco de un bello **bosque** de pinos y robles, con la sorpresa de masas de hayas, un árbol norteño impropio de estas latitudes.

35. Pueblos Negros del Alto Rey

Segunda etapa a los pueblos negros de las tierras altas de Guadalajara, enfilando ahora la vertiente más serrana del Ocejón y su bella capital: Valverde de los Arroyos, con una recomendable prolongación para visitar otras tierras con menos reclamos: el entorno del Alto Rey, con un pintoresco grupo de oscuras aldeas.

Tamajón. Ruta con idéntico inicio que la anterior, pero tomando ahora el ramal derecho al llegar al paraje de Los Enebrales.

Almiruete. Se trata de una aldea que el trazado de la actual pista margina, pero que merece la pena visitar para ver su rústico **caserío** e iglesita románico popular, todo ello labrado con la oscura piedra del contorno.

Palancares. Pequeña **aldea** negra que la pista atraviesa pero en la que merece la pena detenerse para callejearla sin prisas.

Valverde de los Arroyos. Situada a más de 1.200 metros a los pies del pico Ocejón. Constituye un **caserío** muy apretado y agreste, con arroyos corriendo por las calles y edificios de piedra negra y cubiertas de pizarra, conservando con gran pureza el estilo singular de la zona, con la singularidad de sus grandes balconadas de madera adornadas con tiestos de flores. Todo el pueblo está en cuesta, por lo que hay que situarse en lo alto de la calle de Enmedio y contemplar la preciosa imagen de la plaza con su fuente, la iglesia, el panorama de casonas oscuras y el monte. Además de su **tipismo** hay que admirar su contorno paisajístico; para ello nada

KILOMETRAJE:

Acceso (A-2)....................................56
Ruta (sin opciones)............................83
Retorno 138
Total (sin opciones) 278

ÉPOCA PROPICIA:

Días templados sin riesgo de lluvias.

DURACIÓN:

En el día, también en fin de semana.

ALOJAMIENTOS:

Almiruete: ***El Huerto del Abuelo***. *Camino de la Cerca 3. 949 823 167. Un encanto de alojamiento con techos abuhardillados e inmejorables vistas.*

Valverde: ***El Nido de Valverde***. *Escuelas 1. 660 420 649. 949 854 221. Atractivo; estancia mínima dos noches.* ***Hostal Valverde*****. *Ctra. Tamajón. 949 307 423. Un familiar alojamiento rural.*

RESTAURANTES:

Valverde: ***Mesón Despeñalagua***, *Medio 10. 949 307 449. Ambiente rústico grato. Cabrito, caza y rica cocina tradicional.*

FIESTAS:

Valverde: ***Los Danzantes*** *(domingo siguiente a la octava de Corpus, confirmar fecha en 949 859 059). Se trata de un Auto Sacramental de origen remoto con danzantes que bailan ante el Santísimo en la pradera y tras la Misa en la plaza. Aunque las danzas se celebran en torno al mediodía hay que madrugar más para poder aparcar no lejos del pueblo.*

Hiendelaencina: ***Pasión Viviente***. *El mediodía del Viernes Santo.*

mejor que acercarse a su **pradera** (en la zona alta del pueblo) lugar elegido también por sus danzantes para bailar ante el Santísimo en su **fiesta** de octava de Corpus (bailes de remoto origen que se repiten en la plaza tras la Misa, con los coloristas atuendos tradicionales de los danzantes). Un complemento muy recomendable de la visita es la caminata que conduce hasta las **chorreras** de Despeñalagua, con una espectacular caída doble de más de 80 metros (tras época de lluvias).

Umbralejo. Eslabón notable de los pueblos negros, reconstruido respetando el estilo y técnicas de la **típica** arquitectura popular negra, como residencia para jóvenes como Aula de la Naturaleza.

Opciones. El recorrido de retorno nos puede llevar a visitar, sin desviarnos significativamente, las pequeñas **aldeas** negras de **El Ordial** y **Aldeanueva de Atienza**, enclavadas en una zona de bellos **paisajes** serranos. Este itinerario debe seguir por la carretera que asciende acompañando a las laderas del inmediato pico del Alto Rey, cuya imagen acompaña durante todo el retorno de esta ruta. Visitaremos el lugar de **Bustares** (1.300 metros) y bajaremos de forma brusca hasta **Villares** (**casas** de pizarra o neis de lajas gruesas para muros y delgadas para cubiertas donde abundan las puertas y balcones blanqueados que contrastan fuertemente con el oscuro color de las fachadas). Se sigue por **Hiendelaencina** (una especie de *Far West* español del XIX donde hubo más de 200 pozos de extracción de mineral de plata), de cuyo pasado minero aún quedan vestigios, donde ya se aprecia el abandono de las formas tradicionales aunque su iglesia aún utiliza la pizarra. **Congostrina** es otro curioso lugar donde ya se observa la transición (vetas de alabastro y caliza) y singularidades como el esgrafiado popular. Desde aquí, **Cogolludo** y el retorno.

Valverde de los Arroyos. Danzantes (momento litúrgico del Auto)

36. Castillos de Guadalajara

Tal es la densidad de los castillos y fortalezas del territorio, que esta ruta no es sino uno de los posibles itinerarios que pueden seguir los amigos de los castillos formado por una muestra variada que incluye: alcazabas árabes, castillos roqueros, villas amuralladas, casas fuertes, castillos palaciegos, ...

Torija. Antes de llegar, hay que tomar el desvío lateral por el que se entra al pueblo siguiendo la antigua carretera, lo que permite una mas bella aproximación a la figura del **castillo** sobre el horizonte. Hay que situarse en la plaza Mayor para completar la visión del castillo, restaurado tras la voladura del Empecinado, en el que actualmente se ha instalado el **museo** dedicado a la obra de Cela "Viaje a la Alcarria", lo que permite además ascender a lo más alto de tan estratégica defensa. Tiene interés la visita al **templo**, levantado en el XVI, que ha importado un bello retablo del XVII (de Santa María del Rey en Atienza). La recoleta **plaza** de la Iglesia es un bello ejemplo de arquitectura popular.

Hita. Tras un itinerario serpenteado por los **cerros** testigos que delimitan las comarcas de La Campiña y La Alcarria, llegamos al cerro de Hita, en cuyo coronamiento se ven los restos del **castillo**; el pueblo y la **muralla** perimetral, con el arco de entrada reconstruido, merecen una visita en la que podremos admirar también el **tipismo** de soportales y casas populares.

Jadraque. La carretera nos descubre, en una de sus revueltas, la visión completa del **castillo** situado sobre un perfecto cerro. Hay una senda que permite ascender a lo que, a

KILOMETRAJE:
Acceso (A-2)....................................75
Ruta (sin opciones)..........................130
Retorno 120
Total 325

ÉPOCA PROPICIA:
Días templados sin riesgo de lluvias.

DURACIÓN:
Recomendable en fin de semana.

ALOJAMIENTOS:
Sigüenza: *Parador***** *Plaza del Castillo. 949 390 100. Ambientación y confort en la fortaleza que durante siglos fue palacio de los obispos.*
Alcuneza: *El Molino*. *Ctra. Alboreca. 949 391 501. Alojamiento rural de lujo.*
Pelegrina: La Casa de Pepe Benlloch. La Plaza 3. 949 280 071. Encantador alojamiento rural, muy confortable.
Bujalaro: *La Bodega del Abuelo. Real 17. 949 891 156. Habitaciones y apartamentos en una buena instalación.*

RESTAURANTES:
Jadraque: *El Castillo. En el pueblo, al borde de la carretera. 949 890 254. El cabrito asado más acreditado de la comarca. También en otros restaurantes de la villa: La Palma, Cuatro Caminos, Alto Rey* y *El Justi.*

VISITAS:
Torija: *Museo del Viaje a la Alcarria. En el castillo. Fines de semana, m/t. Templo parroquial. Acudir al párroco que vive en la plaza de la iglesia.*

Jadraque. *Castillo del Cid*

pesar de su aspecto, fue una pacífica residencia palaciega dominadora, eso sí, del caserío y sus pobladores.

Atienza. Inevitable la visita a este prototipo de **castillo**-fortaleza cargado de leyendas y lances de guerra. Desde luego, su perspectiva, despuntando sobre el caserío, es una perfecta estampa del escenario de correrías del Cid y sus mesnadas. (Ver ruta 37).

Riba de Santiuste. **Castillo** imponente de silueta almenada y rojiza, inexpugnable hasta la aparición de las armas de fuego, encaramado a un cerro inmediato al pueblo, en la misma línea defensiva que Atienza, fortaleza con la que guarda coincidencias.

Palazuelos. Villa fortificada que conserva las **puertas** de acceso, un recinto de fuertes **murallas** que mantiene su aspecto medieval, protegiendo a un **caserío** por el que hay que callejear sin prisas, y el ruinoso **castillo** rematando el conjunto.

Sigüenza. Excelente vista del perfil medieval de la ciudad (castillo y catedral escalonados en una suave loma). En cuanto a fortalezas, además de acercarse al **Castillo**-Parador, reconstruido cuidadosamente, hay que ver los tramos conservados de la **muralla** y las fuertes **torres** de la Catedral. (Ver ruta 39).

Guijosa. Paseo opcional para ver su **casa fortificada** del siglo XIV que levanta sus orgullosos torreones y muestra blasones, sin perder su familiaridad con el modesto caserío en el que se integra.

Pelegrina. Otra ruina venerable cuyo torreones macizos pertenecen a la primera mitad del siglo XII como austera **fortaleza** de estratégico emplazamiento favorecido por la escarpadura del peñón, dominando un estrecho desfiladero (ver ruta 38).

Torresaviñán. Ya en la N-II se divisa en la lejanía la perfecta silueta del **torreón** de esta humilde aldea sobre un aislado cerro.

37. La Villa y Tierra de Atienza

El románico penetra por las altas tierras de Atienza, tras la reconquista y pacificación del territorio, dejando un reguero de pequeños templos rurales, poco alterados, de gran encanto y originalidad. Atienza exhibe, además, un atractivo conjunto urbano, monumental, museístico y de tradiciones populares, del mayor interés.

Atienza. La llegada es un inolvidable encuentro con el **perfil** de una ciudad medieval que aún sigue respondiendo a la descripción de una *peña muy fort* de que habla el Poema del Cid.

Recorrido urbano. La triangular **plaza** de España muestra una serie de casonas con soportales (incluido el Ayuntamiento, antiguo pósito); poco mas abajo la **posada** del Cordón (cordón franciscano y filigrana gótica), subiendo y pasando por el típico **arco** de Arrebatacapas entramos en la **plaza** del Trigo en la que sólo sobran los vehículos para darnos una cabal idea de lo que sería el centro urbano de una ciudad castellana en torno a los siglos XVI/XVII que se prolonga con las **casas** blasonadas de la calle Cervantes, que desde la plaza sube hacia el castillo. La zona más baja de la villa ofrece ejemplos de arquitectura **popular** dentro de un urbanismo más tortuoso.

Los templos. Salvo San Juan (XVI/XVII) los templos son los de los primeros tiempos (románicos): **La Trinidad** (ábside), **San Salvador** (cuya torre se domina desde la muralla), **Santa María del Rey** (la más antigua, con dos notables portadas, junto al cementerio), **San Gil** y **San Bartolomé** (encantadores templos, hoy museos) y, extramuros, el de la **Virgen del Val** (saltimbanquis en el pórtico).

KILOMETRAJE:
Acceso (A-2, CM-1003, CM-110)....115
Ruta 50
Retorno 145
Total 310

ÉPOCA PROPICIA:
Días templados sin riesgo de lluvias.

DURACIÓN:
Recomendable en fin de semana.

ALOJAMIENTOS:
Atienza: ***Hostal El Mirador*****. *Barruelo 949 399 038. Correcto, bien situado.*
Imón: ***La Botica***. *Cervantes 40. 949 397 415. Alojamiento rural decorado con lujo.*
Condemios de Abajo: ***Casa de los Gatos***. *Fuente 7. 949 303 297. Tranquilidad e instalaciones con encanto.*

RESTAURANTES:
Atienza: ***El Mirador*** *(ver alojamientos). Cocina tradicional con sabrosas innovaciones sobre productos locales.*

VISITAS:
Atienza: ***Museos de Arte Religioso*** *(y gran colección de fósiles) en los templos de San Gil, San Bartolomé y La Trinidad. Abiertos fines de semana. En otras fechas, llamar antes al 949 399 041.*

FIESTAS:
Atienza: ***La Caballada***. *Domingo de Pentecostés. Confirmar fecha llamando al Ayuntamiento (949 399 001). Los cofrades con capas y sombreros negros, a caballo, precedidos del abanderado, se dirigen a la ermita de la Estrella, donde bailan una primitiva danza; tras la Misa, procesión, comida en la pradera y carreras en la explanada de la entrada a la villa.*

El castillo. De tipo alcazaba, se acomoda al perfil del cerro, con un **torreón** a modo de proa de galeón, que lo hacía prácticamente inexpugnable para las artes de guerra de los tiempos medievales. Inmejorable **mirador** de todo el contorno. La defensa de la villa se completa con dos recintos de **murallas**, de los que aún quedan puertas y muros.

Los tesoros. En los **museos** de San Gil y San Bartolomé se muestran colecciones que incluyen notables tallas, pinturas y orfebrería procedentes de templos atencinos, así como secciones de arqueología, mineralogía y paleontología, a las que se ha añadido una extraordinaria colección de fósiles.

Alrededores. En el entorno de Atienza se alzaron sólidas obras, del modelo de la repoblación castellana, con detalles singulares.

Cañamares: esconde un encantador puente románico.

Albendiego: Santa Colomba, en ameno paraje próximo al pueblo, muestra bellísimos calados mudéjares (**ábside**) y rosetones.

Campisábalos: templo románico con original friso con escenas del ciclo de la vida campesina, justadores y rosetón mudéjar.

Villacadima: pueblo fantasma, con gran parte de su caserío en ruinas; la iglesia románica restaurada muestra su hermosa **portada**.

Galve de Sorbe: es un atractivo lugar serrano en un **entorno** boscoso que nos recibe con un altivo **castillo** señorial, visión de otros tiempos que hay que completar, en el interior del pueblo, con el soberbio **rollo** gótico que centra su plaza Mayor.

Atienza. Una villa histórica que conserva su encanto

38. Los Barrancos Perdidos

Solitarias carreteras lugareñas permiten el acercamiento a los pintorescos lugares que esta ruta persigue: las sugestivas aldeas de Huérmeces y La Cabrera, y los salvajes barrancos de Pelegrina, Aragosa, la Hoz, los Pilancones y Santamera, rincones éstos cuya conquista plena hay que hacerla paso a paso

Valle del río Salado. Dejando atrás los desvíos a **Mirabueno** (excelente **mirador** sobre el valle), **Mandayona** (**vista** aérea de sus rojizos tejados) y **Aragosa** (a la que volveremos más tarde), se toma la bifurcación que conduce a **Baides**, agradable **lugar** que sorprende al viajero por su caserío enjalbegado, el templo subido a un promontorio, y la confluencia de los ríos Henares y Salado, junto a una amena chopera.

Viana de Jadraque. Siguiendo la carretera, paralela al río Salado, van descubriéndose **parajes** singulares (un denso plantío, las chorreras junto al puente y el molino próximo al camino) en una zona con gran vegetación. Pero los más inquietos que quieran penetrar de inmediato en los abruptos y escondidos rincones de estas tierras pueden tomar el camino de Valdejudíos, o desde una senda (a la derecha antes de **Huérmeces**) para llegar tras una bonita marcha al **barranco** de la Hoz, sin río ni arroyo que lo cruce pero con densa vegetación. Algo más al norte se localiza otro **barranco**, el de los Pilancones, junto al arroyo de ese nombre.

KILOMETRAJE:

Acceso (A-2)	*104*
Ruta	*112*
Retorno	*104*
Total	*320*

ÉPOCA PROPICIA:
Días templados de primavera y otoño.

DURACIÓN:
Recomendable en fin de semana.

ALOJAMIENTOS:
Mandayona: ***Cumbres de Castilla***. *Real. 949 305 298. Hotel rural con encanto.*
Aragosa: ***Villa Cangrejo***. *Real 62. 639 211 900. Casa rehabilitada formando tres apartamentos, bien acondicionados.*
Carabias: ***Valdeoma***. *Cirueches 2. 600 464 309. Encantador hotelito rural.*
Imón: ***Hotel Salinas***. *Real. 949 397 311. Precioso hotel rural, amabilidad debatida.*
Pelegrina: *(Ruta 36)* y Sigüenza: *(Ruta 39)*

RESTAURANTES:
Según la intención, ritmo y presupuesto de la ruta podrá recurrirse a la comida de mochila, a los restaurantes de los alojamientos, o de la ruta como ***La Cabaña*** *(Palazuelos),* ***El Paraíso*** *(Pelegrina) o* ***Milagros*** *(Mandayona); también las recomendaciones de Sigüenza (R.39).*

VISITAS:
Pelegrina: ***Iglesia***. *Para visitarla, consultar en el bar El Paraíso situado a la entrada.*
Santamera: *El fantástico retablo de pintura y escultura renacentista que tuvo este templo hasta hace pocas décadas, puede verse ahora, restaurado y bien iluminado en el templo parroquial de Trillo (ver Ruta 43).*

Pelegrina.
Barranco con el castillo al fondo

Huérmeces del Cerro. Caserío también reducido y **pintoresco**, con el cerro del Lituero a un lado y los picados de Peña Alta a otro, separados por un precioso **barranco**. Tras las últimas casas una senda a la derecha atraviesa el río y conduce hasta **El Atance** y **Santamera**, itinerario atractivo para una **marcha**. Poco más adelante, pasado el campamento y antes de iniciar las curvas ascendentes de la carretera, otro sendero permite también iniciar la **marcha** hacia **El Atance/Santamera**, por atractivos parajes. Incluso si se va a tomar alguno de estos desvíos, antes hay que culminar la subida por la carretera y detenerse en el alto para admirar el inmediato cerro del Lituero y el dilatado **panorama** del hondo valle.

Santamera. Alcanzando **Santiuste** y tomando la carretera de Atienza, se pasa junto a **La Cardeñosa** (**caserío** típico sobre una laja rocosa caliza), **Riofrío del Valle** (pueblo serrano en cuesta con buen **templo** barroco), para tomar el ramal que se dirige a Sigüenza pasando junto a **Cercadillo** (**aldea** pintoresca situada en una ladera con **templo** y retablo del XVI), tomando el desvío señalizado a **Santamera** del km. 40. Desde el pueblo hay que iniciar un corto paseo que conduce a un gran **barranco** surcado por el río Salado.

Pelegrina. Enfilando Sigüenza, pasamos junto a **Palazuelos** (ver ruta 36) y **Sigüenza** (ver ruta 39) para encaminarnos a **Pelegrina** y la N-II. La visita al **pueblo**, su **iglesia** románica (con buen retablo y artesonado del XVI), **castillo** y **barranco** son obligadas, así como al **mirador** Rodríguez de la Fuente pocos kilómetros más adelante que ofrece una amplia panorámica aérea del barranco.

Valle del río Dulce. Retrocediendo hacia Sigüenza, hay que acometer la visita al **valle** desde las encantadoras localidades de **La Cabrera** y **Aragosa**, que también puede transformarse en el punto de partida de una dura **marcha** sobre el conjunto del barranco.

39. Sigüenza: la Ciudad de los Obispos

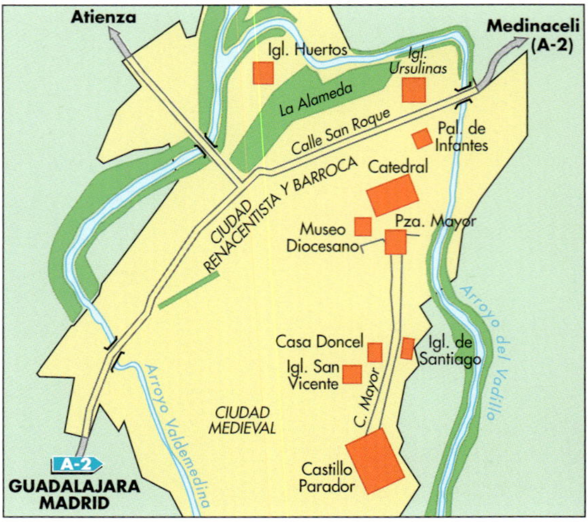

Ciudad que, ya desde la lejanía, muestra su dimensión histórica y urbanística diferenciada: la ciudad alta medieval cuyo emblema es el castillo y la ciudad baja renacentista y barroca cuyo símbolo y punto de enlace con la anterior es el soberbio templo catedralicio, épocas y caseríos siempre dominados por el poder de los obispos.

La ciudad barroca y neoclásica. El acceso a **Sigüenza** nos sitúa en el barrio de San Roque, zona de expansión de la ciudad, con un buen muestrario de suntuosos **edificios** barrocos, y la **Alameda**, pensada para "solaz de los pobres y decoro de la ciudad". Entre sus monumentos y rincones destacan la portada del **palacio** de Infantes, la **plazuela** de las Cruces y, junto a ésta, la **iglesia** de las Ursulinas.

Iglesia de Nª Sª de los Huertos. Situada junto a la Alameda, fue levantada en el XVI como monumental ermita, con **fachada** plateresca e interior de bóvedas góticas. Buen **altar** mayor enmarcado por relieves renacentistas, excelente **sepulcro** plateresco y, una infrecuente curiosidad; la **talla** orante del autor del templo, el maestre Juan.

Catedral. Iniciativa del obispo-guerrero don Bernardo de Agén que dota al **edificio** de un aire de templo-fortaleza medieval que aún conserva con fuertes torres y pórticos románicos, enriquecido en su **interior** con retablos platerescos, relieves clasicistas, altares barrocos, sepulcros, rejas, tallas, pinturas, ... Hay que integrarse en alguna

KILOMETRAJE:

Acceso (A-2, CM-1101)..................131
Ruta (entorno) 40
Retorno 129
Total 300

ALOJAMIENTOS:

Sigüenza: *Parador*****. *Castillo. 949 390 100. Seductor con sus camas con dosel.* ***El Doncel***. *Paseo de la Alameda 3. 949 390 001. Correcto hotel familiar, céntrico.*
Alcuneza: ***El Molino***. *Ctra. Alboreca. 949 391 501. Alojamiento rural de lujo.*

RESTAURANTES:

Sigüenza: ***Calle Mayor***. *Mayor 21. 949 391 748. La nueva cocina que no olvida las recetas locales.* ***El Doncel*** *(ver alojamientos). Un duro competidor al anterior, en la parte baja de la ciudad. También recomendable el comedor del Parador, con oferta de platos locales. En cuanto a tapas y raciones:* ***Ficus*** *(Vicente Moñuz) y* **Alameda** *(en el Paseo).*

VISITAS:

Sigüenza: ***Catedral***. *Abierta a diario. Pueden verse las zonas no reservadas a la visita guiada que se realizan de martes a sábados, por la mañana (dos) y por la tarde (dos). Los domingos sólo una por la mañana y otra por la tarde.* ***Museo Diocesano*** *(frente a la Catedral). Cierra lunes y domingos tarde.*

Artesanía:
Sigüenza: *cuenta con una acreditada tradición artesana en las especialidades de alfombras, cerámica, forja, espejería y botería. Ver en Oficina de Turismo.*

Información:
Sigüenza: ***Oficina de Turismo****. Frente a la Catedral. 949 347 007. Visitas guiadas a la ciudad. Exposición de artesanía y datos de localización.*

de sus **visitas** guiadas para poder admirar el conjunto del templo y sus obras de arte más valiosas (el Doncel, la sacristía de las Cabezas, ...).

Museo Diocesano. Frente a la Catedral, agrupa un notable conjunto de retablos, tallas, y otras piezas valiosas de la diócesis, destacando un soberbio lienzo de la Inmaculada de Zurbarán.

La ciudad renacentista. Formada por grandes plazas, nobles **palacios** y hermosos edificios: la Universidad, el Seminario y los palacios del Hospicio y la Inquisición. Pero el atractivo más relevante es la **plaza** Mayor, ejemplo del mejor urbanismo renacentista, que integra las casas de clérigos sobre soportales y el Ayuntamiento.

La ciudad medieval. La empinada calle Mayor, que enlaza Catedral y Castillo, conserva su aire noble y episcopal, con algunas de las muestras más primitivas de la ciudad: la **iglesia** románica de Santiago y callejeando por las Travesañas pueden descubrirse edificios como el **templo** románico de San Vicente (ver interior), las **casas** del Doncel (fines del XV) y de la Cárcel, y otros **edificios** históricos y populares además de la **puerta** del Hierro y otros restos de la **muralla**.

Entorno. Cerca de Sigüenza puede seguirse el rastro de los lejanos tiempo de la repoblación: **Palazuelos** (villa amurallada, ver ruta 36), **Carabias** (iglesia románica con una deliciosa doble galería porticada), **Pozancos** (iglesia románica con elegante portada y valioso interior), **Jodra del Pinar** (mínima aldea con notable iglesia románica rural) y **Saúca** (iglesia románica con doble galería porticada e interesantes capiteles, coronada por una fortísima espadaña).

Sigüenza.
La Catedral vista desde las Travesañas

40. Pastrana, Corazón de La Alcarria

La Alcarria es un raro ejemplo de área no montañosa que ofrece al visitante paisajes grandiosos: cerros testigos, valles encajados y fuertes pendientes. Centra este movido marco la ciudad ducal de Pastrana, con la proximidad de un reducto histórico (Zorita) y un típico conjunto de pequeñas villas exentas.

Hueva. Hay que detenerse en la típica **plaza** Mayor de la villa, cuya ley y orden implacable anunciaba su rústica **picota** cuyo mensaje a los cuatro vientos siguen lanzando unas fieras carátulas.

Pastrana. Poco antes de llegar hay que detenerse para captar una **vista** aérea con los edificios religiosos y palaciegos despuntando sobre el caserío.

Recorrido urbano. A la entrada, la **plaza** del Deán, enmarcada por el **convento** de San Francisco, la ermita de Santa Ana y el viejo Hospital, constituye un agradable prólogo de la ruta urbana que debe dirigirse a la **plaza** de la Hora, en la que hay que detenerse a admirar el **palacio** de los duques (gran fachada renacentista, balconada y torreón-prisión de la princesa de Eboli ordenada por Felipe II). Hay que callejear por la inmediata calle Mayor para descubrir la **plazuela** de los Cuatro Caños y el **barrio** cristiano que evoca la Pastrana del apogeo conventual (calles Palma, del Val, Santa María, Heruelo y, sobre todo, Regachal), hasta llegar al **convento** teresiano de San José y subir a la pla-

KILOMETRAJE:
Acceso (A-2, N-320, CM-2006) 76
Ruta 110
Retorno 70
Total 256

ÉPOCA PROPICIA:
Días templados sin riesgo de lluvias.

DURACIÓN:
Recomendable en fin de semana.

ALOJAMIENTOS:
Pastrana: ***Hospedería Real de Pastrana******. *Extramuros 949 371 060. En el convento del Carmen. Algo apartado.* ***Hostal rural Moratín*****. *Moratín 3. 949 370 116. www.moratin.com Céntrico, confortable, buen precio. Terraza-piscina.*

RESTAURANTES:
Pastrana: ***El Cenador de las Monjas***. *En el evocador convento de San José. 949 370 101. Varios espacios, buena cocina casera tradicional con especialidades.* ***Hospedería*** *(ver alojamientos) Buena cocina castellano-manchega tradicional.* ***Casa Seco***. *Mayor 36. Taberna típica con buenos pinchos y raciones.*

VISITAS:
Pastrana: ***Colegiata***. *Interesante templo (retablo, órgano, panteón) y museo (tapices medievales, pinturas, platería) de visita*

obligada. Abierto mañana y tarde. ***Museo del Siglo de Oro****. Hospedería. Pinturas y tallas.* ***Museo Teresiano y de Historia Natural****. Convento del Carmen. Evocación de la Santa y piezas misioneras. Abierto a diario salvo lunes.*

INFORMACIÓN:
Pastrana. *Oficina Turismo. Pl. Deán 949 370 672. Abierta salvo lunes. Visitas villa.*

za que presiden el Ayuntamiento y la Colegiata.

Museo de la Colegiata. Templo gótico reconvertido en colegiata por la generosidad de los duques, con monumental retablo. Pero la mayor sorpresa de la visita son los extraordinarios **tapices** medievales realizados en los mejores talleres flamencos a fines del siglo XV, bajo dibujo de Nuño Gonçalbez, que representan con singular realismo las conquistas africanas del rey Alfonso V de Portugal. El **museo** guarda otras valiosas obras: tallas, pinturas, retablos y recuerdos de Santa Teresa, junto con el aparatoso catafalco labrado en ébano y bronce para solemnizar la muerte de los duques.

Pastrana periférica. Una visita aconsejable conduce al **Convento** del Carmen para visitar la **ermita** y **cueva** de San Juan de la Cruz.

Almonacid de Zorita. De su origen habla por sí solo el arco apuntado de la **puerta** de Zorita, resto de su recinto amurallado. El **templo** es un ejemplar gótico-renacentista de fachada blasonada. Tienen interés su **plaza** Mayor, algunas **casonas** y la **torre** del Reloj.

Albalate de Zorita. Nuevo **templo** de fachada gótico-renacentista, que custodia la famosa "Cruz del Perro", joya de bronce dorado del siglo XIII. De interés: la **fuente** de 12 caños y la **ermita** románica.

Mondéjar. Acercándonos de nuevo al Tajo y dejando atrás la vista de la histórica **fortaleza** de **Zorita** (que merecería una reposada visita), se enfila la dirección que conduce a **Mondéjar** cuya importancia evidencia la dimensión de su **templo**, frente al que se encuentra el **palacio** del señor de la villa no lejos del caserón que fue antiguo hospital. En las afueras el **convento** de San Antonio muestra las miserias actuales del primer arte del renacimiento en España. Por último hay que acercarse a la **ermita** de San Sebastián, **mirador** de Mondéjar, en cuya **cripta** pueden verse los célebres "judios".

Fuentenovilla. Último desvío para ver el más bello **rollo** de la provincia y una hermosa e intrigante **fuente** junto a la carretera.

Pastrana. Palacio ducal (detalle)

41. Lagos y Pueblos de La Alcarria

Tendremos ocasión de aventurarnos en los tramos salvajes del Alto Tajo. Aquí proponemos un recorrido más sosegado con las aguas remansadas en los dos grandes embalses de Entrepeñas y Buendía, asomándonos a sus panorámicos miradores y visitando algunas villas típicamente alcarreñas.

Horche. La entrada en La Alcarria bien merece una parada para, desde este pueblo-**mirador**, contemplar la morfología y la vegetación del territorio y un primer ejemplo de **plaza** alcarreña, castizo coso castellano con soportales, balcones y herrajes.

Tendilla. La carretera, que atraviesa el pueblo, nos muestra un notable ejemplo de arquitectura y urbanismo popular: una larguísima **calle** Mayor soportalada, en la que transcurre la vida social y comercial del pueblo, *"al abrigo de barros"*, según la sabia planificación de sus artífices del XVI.

Fuentelaencina. Prototipo de la **típica** arquitectura popular alcarreña de entramados y soportales, cuyo templo custodia un valioso e ignorado **retablo** del XVI.

Miradores. Entre **Auñón** y **Alocén** se encuentra el santuario de la Virgen de Madroñal, **mirador** sobre un

KILOMETRAJE:
Acceso (A-2)....56
Ruta (sin opciones 95) 160
Retorno (sin opciones 113) 150
Total (sin opciones 264) 366

ÉPOCA PROPICIA:
Días templados sin riesgo de lluvias.

DURACIÓN:
Recomendable en fin de semana.

ALOJAMIENTOS:
Pareja: ***Isla Alcarria*******. *N-204, km. 17,5. 949 827 004. Confortable finca, vistas.* Alocén: ***El Molino.*** *Fuente de Arriba 9. 949 284 537. Encanto rural con vistas.* Budía: ***La Casa del Obispo***. *Cuesta de Molina 11. 949 283 691. Preciosa casa del XVII rehabilitada con acierto, confortable.*

RESTAURANTES:
Tendilla: ***Condes Tendilla***. *Soportales. 949 298 026. Asados y platos alcarreños.*
Sacedón: ***Mariblanca***. *Pl. de Abajo. 949 350 044. Cabrito asado y otros clásicos.*
Alcocer: ***Casa Goyo***. *Mayor. 949 355 003. No recomendable para desganados.*

VISITAS:
Córcoles: ***Monasterio de Monsalud***. *Al pasar por el pueblo preguntar por el guía.*

Cañaveruelas: *Yacimiento romano de Ercávica*. *Informarse en el 969 370 459.*

COMPRAS:
Tendilla: *El Desván de Tendilla*. *Toda clase de muebles rústicos y clásicos. La Mariposa. Rosquillas de aire y otras dulces delicias.* *Taller Aliaga*. *Alfarería tradicional y cerámica creativa.*

amplísimo contorno que incluye el embalse de Entrepeñas. También el pueblo de **Alocén** y el camino hacia **El Olivar** son buenos **miradores** sobre el conjunto del lago.

Budía. Parada obligada para ver la típica **plaza** Mayor en cuya cárcel estuvo preso Cela (presunto *maquis*) en su célebre Viaje a La Alcarria. No lejos, el **templo** ofrece una perfecta fachada del mejor plateresco alcarreño y un interior con notables obras de arte (tallas, pinturas, laudas).

Durón. Pintoresca **villa**, de típica arquitectura popular y casonas blasonadas, recostada junto al **desfiladero** del Angosto.

Pareja. Atravesando el embalse se llega a este lugar que exhibe un buen **templo** de fines del XVI de dimensiones poco menos que catedralicias.

Sacedón. El entorno de la población ofrece vistas inmediatas sobre el pantano (accesos, presa, jardines) e incluso **vistas** aéreas que requieren duras subidas (Sagrado Corazón y ermita del Socorro, siguiendo el largo camino del Vía Crucis).

Buendía. Puede hacerse una visita corta a este **embalse** tomando desde Sacedón la dirección a la villa conquense de Buendía, lo que nos permitirá su contemplación con una cierta perspectiva, retornando por la misma carretera a Sacedón.

La Alcarria cisterciense y gótica. Opción que nos llevaría a través de **Córcoles** hasta las ruinas consolidades del **monasterio** de Monsalud (próximo al pueblo), importante cenobio de los monjes blancos de San Bernardo fundado en el siglo XII que aún conserva gran parte del templo, claustro, sala capitular y otras dependencias originales a las que se accede a través de una severa portería clasicista. Poco más adelante en **Alcocer** encontramos un hermoso **templo** de tres naves de la transición románico-gótica, en estado puro, con soberbia torre (si nos olvidamos del remate del XIX).

La Alcarria romana. Si queremos seguir profundizando en el primitivo poblamiento de esta región hay que seguir la señalización del cartel indicador de la desviación para visitar el **yacimiento** de la ciudad romana de **Ercávica** ya en tierras de Cuenca (ver ruta 26).

Fuentelaencina. *Plaza Mayor*

42. El Viaje a La Alcarria

Repetimos el viaje de Cela, sin tanto agobio de posguerra ni lujos de choferesa uniformada, pero atentos a los coloridos del valle del Tajuña, a las panorámicas de cerros, a un asombroso conjunto de arquitectura popular y a los encantos de ciudades monumentales cargadas de historia como Brihuega y Cifuentes.

Torija. Dentro de esta ruta tiene un especial interés la visita al **castillo** en el que actualmente se ha instalado el **museo** dedicado a la obra de Cela "Viaje a la Alcarria". También recomendable la visita al **templo** levantado en el XVI, que ha *importado* un bello retablo del XVII (de Santa María del Rey, en Atienza). La **placita** de la Iglesia es un bello ejemplo de arquitectura popular.

Fuentes de La Alcarria. Pintoresca **villa** colgada sobre un cortante formado por el cauce del río Ungría, cuyo arco de acceso invita a recorrer la calle Mayor que termina en el templo.

Brihuega. Importante villa que conserva de tiempos pasados tres atractivos templos de la transición románico-gótica: el idílico de **Santa María** (en el mirador sobre el valle), el bellísimo de **San Felipe** (en el centro del pueblo, restaurado) y el mutilado de **San Miguel** (que aún mantiene su bella portada). De la arquitectura militar quedan restos del **castillo** como el lienzo exterior (buena vista desde la vega), los muros y torreones (integrados en los jardincillos del arquillo de la Guía), su capilla gótica (interior con pinturas moriscas), así como la **muralla**, con una gran puerta monumental:

KILOMETRAJE:

Acceso (A-2)....................................75
Ruta 53
Retorno (sin opciones 127) 140
Total (sin opciones 255) 268

ÉPOCA PROPICIA:
Días templados sin riesgo de lluvias.

DURACIÓN:
Fin de semana o dos fechas separadas.

ALOJAMIENTOS:
Torija: ***Alcominero***. *G. Aldeanueva. 659 631 554. Casa rural rústica, con encanto.*
Caspueñas *(a 10 km. Torija)*: ***El Marañal***. *Eras. 918 582 760. Tranquilidad, confort.*
Brihuega: ***Hotel Don Gonzalo***. *Estrella 7. 949 280 071. Preciosa casa rural.* ***Jardín de la Alcarria***. *Sauco 1. 949 280 071. Otra atractiva casa rural muy relajante.*
Cifuentes: ***El Cerrao de San José***. *Ruguilla s/nº. 949 818 829. Tranquila casa rural bien acondicionada en finca rústica.* ***Hostal Secuoyas****. *Pl. Mayor 4. 949 810 037. Sobre una confortable casona.*

RESTAURANTES:
Brihuega: ***Quiñoneros***. *Paseo Mª Cristina. 949 280 495. Fines de semana. Fantástica cocina en un marco gratísimo.* ***Asador El Tolmo***. *Av. Constitución. 949 280 476. Cabrito asado, migas y matanza.*
Budía: ***El Rincón***. *Azobejo. 949 283 668. Asados y carnes rojas. Típico, con vistas.*

VISITAS:
Lupiana: ***Monasterio jerónimo***. *Sólo lunes en horario de mañana (9 a 14 horas)*
Torija: *Ver Ruta 36.*
Brihuega y Cifuentes: *Sus templos suelen estar abiertos.*

Lupiana. Claustro del monasterio

el **arco** de Cozagón. Pese a su mal estado también es atractiva la visita a la antigua Fábrica de Paños y sus románticos **jardines** ofrecen una excelente **vista** dominadora del conjunto de la villa. El **caserío** ofrece nobles casonas y rincones de auténtica arquitectura popular alcarreña que confluye con edificios barrocos y neoclásicos en la **plaza** del Coso, donde puede verse la sobria Cárcel pública del tiempo de Carlos III y dos magníficas fuentes.

El valle del Tajuña. El ameno curso del río, pleno de vegetación y colorido en primavera y otoño, ofrece mínimos desvíos para visitar algunas **aldeas** con encanto como **Barriopedro** (conserva la portada románica de su iglesia) o **Valderrebollo** (plaza con rollo y templo también románico).

Cifuentes. Desde la **plaza** Mayor soportalada, hay que subir las escalinatas que conducen a la irregular **plaza** de la Provincia, en uno de cuyos laterales vemos la singular **casa** de los Gallos, situándose en otro lateral el blasonado **convento** y templo de Santo Domingo. Un tercer frente de la plaza lo ocupa la **iglesia** del Salvador que conserva obras notables como la portada lateral (románico-gótica), la torre (XV), el púlpito gótico de alabastro y varios relieves policromados de un antiguo retablo (XV), y todo ello bajo la protección del **castillo** que bien merece una visita para asombrarnos de la fortaleza de sus muros y disfrutar de la **vista** panorámica sobre el conjunto urbano y su entorno.

Opciones. Aunque el retorno más rápido gana la N-II por **Alaminos**, otro más reposado podría girar en torno a lugares muy representativos de la mejor **arquitectura popular** alcarreña: **Durón**, **Budía**, **Fuentelaencina**, **Moratilla**, **Fuentelviejo**, **Peñalver**, **Tendilla** y **Lupiana**, lugares que cuentan también con notables **templos**.

43. El Fin del Alto Tajo

Entramos en un territorio salvaje de extraordinaria belleza natural, fronterizo entre la Alcarria y la Sierra, poco poblado y cuyos límites marca el tramo más agreste del Tajo, pesadilla de los gancheros -pastores de los bosques flotantes-, y de los remotos defensores de sus fortalezas medievales –Anguix y Zorita–.

Acceso. En el cruce de **Almadrones**, tomaremos el desvío que poco después de **Masegoso**, nos pone en contacto con **Cifuentes** presidida por un **castillo** guerrero de extraordinaria solidez (ver ruta anterior). Breve parada recomendada en **Trillo** para ver su **cascada** y el **retablo** recuperado de **Santamera**. Enfilaremos luego las solitarias tierras salpicadas por mínimos caseríos, como **Canredondo** o **Sacecorbo**, para acercarnos al Tajo, aún salvaje, por **Ocentejo** y **Valtablado**.

Hundido de Armallones. Desde **Ocentejo** parte una pista panorámica que permite acercarnos a **paisajes** tan atractivos como el barranco de la Hoz, el espolón rocoso de El Alar, las Salinas de la Inesperada y, contemplar, en la margen opuesta al río, el legendario Hundido de Armallones, cataclismo en el estrato rocoso del cañón desplomado sobre el curso del río en tiempos no muy lejanos (siglo XVI).

Arbeteta. Pasadas las cuestas del **mirador** de **Valtablado**, se llega a la entrada de **Arbeteta**, lugar en el que hay que detenerse para admirar el

KILOMETRAJE:

Acceso (A-2)	*129*
Ruta	*200*
Retorno	*109*
Total	*444*

ÉPOCA PROPICIA:
Días templados sin riesgo de lluvias.

DURACIÓN:
Fin de semana o puente.

ALOJAMIENTOS:
Cifuentes: *Ver ruta 42.*
Mantiel: *El Canónigo. Real. 949 357 502. Casona isabelina reformada con gusto.*
Zorita de los Canes: *La Posada. Real. 949 357 502. Casona isabelina reformada con gusto.*

RESTAURANTES:
La ruta se presta a realizar alguna comida de mochila en el Hundido de Armallones, en el entorno de Zorita o en las inmediaciones del castillo de Anguix. También son recomendables:
Sacedón: *Ver Ruta 41.*
Cifuentes: *Casa David. Pl. Mayor 12. 949 810 285. Morteruelo, migas alcarreñas y otros platos regionales.*
Trillo: *Mesón Víctor. La Vega. 949 815 010. Junto al puente y al pie de la cascada, con la comida propia de la zona.*
Ocentejo: *Alegre. Real 11. 949 814 035. La honrada cocina local bien resuelta.*

VISITAS:
Trillo: *Iglesia parroquial. Visita obligada para contemplar el estupendo retablo renacentista, recientemente restaurado, procedente de la aldea de Santamera.*

perfil de la poderosa torre del **castillo** roquero; desviando la vista al caserío puede verse la **torre** de la iglesia y su giratoria veleta del Mambrú. En el pueblo hay **casas** típicas y una senda que lleva al castillo.

El Tajo despeñado. Poco antes de **Villanueva de Alcorón** aparece un desvío a **Armallones**, lugar desde cuyos alrededores hay que ganar a pie el curso del Tajo por el Hundido de Armallones, paraje que pudimos contemplar en una panorámica aérea desde los alrededores de Ocentejo. Es éste un rincón salvaje, situado en el **desfiladero** de la Tormellera, sobrecogedor por la presencia del Tajo que corre por la profunda angostura y por el muro rocoso del Alar, el tramo más temido por los gancheros que en tiempos heróicos descendían la maderada por el río.

El Tajo cautivo. Por **Salmerón** (**plaza** mayor y **templo** que más parece fortaleza) y **Millana** (**iglesia** con figuras del bestiario medieval en su portada) llegamos a las tierras en las que el Tajo se remansa en los embalses de Buendía y Entrepeñas, pasando por **Alcocer**, **Córcoles** y **Sacedón** (ver Ruta 41).

Anguix. Junto a las primeras casas hay que tomar un sendero que conduce a un **castillo** roquero de romántica silueta levantado en el siglo XIV sobre un escarpado cerro cortado en vertical sobre el cauce encajonado del Tajo.

Zorita. Por fortuna aún sigue siendo válida la coplilla de Cela: *"Ya no hay ley de la gravitación sideral: el **castillo** de Zorita aún no dió el tantarantán"*. Admirables la disposición defensiva de su acceso, los arcos ojival y de herradura de su entrada principal, la capilla románica, los torreones y el **panorama** que desde sus muros se contempla: las aguas del Tajo, los tejados del caserío, las tierras que fueron campamento de Alfonso VIII desde el que sitió y rindió al castillo, junto a los advenedizos vecinos de la central nuclear.

Zorita de los Canes. *Fortaleza y caserío*

44. Cueva y Valle de los Milagros

Recorrido excepcional que nos lleva a uno de los parajes más bellos y menos conocidos de la zona centro: el Valle de Los Milagros, y a las más recónditas profundidades que sirvieron de refugio y mágico reducto a otros intrépidos excursionistas que se nos anticiparon unos 35.000 años en el descubrimiento de este paraíso.

Riba de Saelices. Se trata de un lugar apartado, fuera de los caminos que conducen a alguna parte. Quizá ello ha resguardado sus dos principales atractivos: la cueva de Los Casares y el valle de Los Milagros. Peor suerte han corrido el templo (cuyo aspecto exterior aún mantiene su aire medieval) y el castillo (cuyas ruinas hoy sirven de palomares).

Cueva de Los Casares. Descubierta en 1932, es la mejor manifestación del arte rupestre en el centro de la Península. Bien estudiada por prestigiosos especialistas ofrece un variado repertorio de la fauna que en los tiempos prehistóricos habitaban este territorio: rinoceronte lanudo, mamut, bisonte, caballo peludo, ciervo, toro, abundando también los dibujos de peces y figuras antropomorfas, y la sorprendente representación de un acto sexual sacralizado, auténtica primicia del arte rupestre que combina realismo y simbolismo en forma muy gráfica. Las siluetas de los grabados muestran gran soltura, acentuando las curvas e interrumpiendo la línea allí donde conviene el vacío para hacerlas más expresivas. En las obras más avanzadas se dibuja y colorea la silueta previamente grabada y se aprovechan las rugosidades y salientes de la roca para dar mayor realismo. Desta-

KILOMETRAJE:
Acceso (A-2)................................124
Opciones 60
Retorno (sin opciones 124) 131
Total (sin opciones 248) 315

ÉPOCA PROPICIA:
Días templados sin riesgo de lluvias.

DURACIÓN:
Recomendable: fin de semana o puente.

ALOJAMIENTOS:
Olmeda de Cobeta *(a 29 km. de Riba y a 8 km. de Buenafuente).* ***Casa Carmelo****. Las Eras. 949 835 099. Apartamentos rurales (4 plazas) para "redondear" esta ruta con tanta magia y encanto.*
Selas *(junto a la N-211, a 30 km. de Riba).* ***Eras Altas****. La Cuesta 30. 949 838 062. Preciosa casa rural, con mucho encanto, con habitaciones dobles (matrimonio).*

RESTAURANTES:
Pensando en la visita al parque y a la cueva, la mejor solución será la comida de mochila (comprar en el bar de Riba).

VISITAS:
Riba de Saélices: ***Cueva de los Casares****. Es imprescindible concertar la visita con antelación llamando al guía Emilio Moreno (949 304 006). El recorrido dura unas 3 horas. (La visita puede complementarse en las salas de prehistoria del Museo Arqueológico Nacional de Madrid donde se muestran los materiales utilizados en la cueva por el hombre de Neandertal hace 35.000 años).* ***Valle de Los Milagros****. El guía indica el camino a seguir, a pie, a partir de la cueva.*

can una soberbia cabeza de caballo salvaje, un gran ciervo, un bisonte con dardo clavado y un caballo de tamaño natural.

Valle de Los Milagros. Siguiendo la senda que nos lleva hasta la cueva, y tras un breve paseo, alcanzamos el valle, maravilla de la naturaleza que invita a perderse en él. En su interior hay que destacar un paraje al que se llega siguiendo el curso del arroyo de la Hoz, ante el que se levantan tres gigantescos monolitos naturales que impresionan por su monumentalidad, bien visibles por encima de la línea verde del pinar.

Opciones. Aunque la visita a la cueva lleva su tiempo y tampoco hay que escatimar el destinado al valle, algunos viajeros aventajados podrán arreglárselas para acercarse al monasterio de **Buenafuente** (y oír el rumor de la fuente en el interior del silencioso templo), e incluso bajar hasta el cauce salvaje del Tajo. El retorno puede hacerse por los bellos pinares de **Ablanque** y **Mazarete** (o **Ciruelos del Pinar**).

Riba de Saelices. Cueva de Los Casares y Valle de Los Milagros

45. El Señorío de Molina

Ruta de aproximación al Señorío de Molina, territorio de movida historia, del que visitaremos su monumental capital, bordearemos las tierras fronterizas, descubriremos algunas muestras de románico rural y ascenderemos a sus fortalezas más impresionantes: el alcázar y cerco de Molina y el castillo roquero de Zafra.

El románico rural molinés. Un primer desvío debe llevarnos a ver dos deliciosas muestras del románico rural molinés: en el término de **Hinojosa** (encantadora galería y ábside de una **ermita** situada en ameno sabinar) y en el lugar de **Labros** (preciosa **portada** de un ruinoso templo).

La frontera aragonesa. El bonito **valle** del Mesa invita a proseguir hasta **Villel** para ver el **castillo** de los Funes erguido sobre un roquedal que preside el pueblo. Retornando y tomando la dirección de **Milmarcos** (noble **villa** molinesa plagada de casonas y blasones) podemos llegar a otro lugar estratégico fronterizo: **Fuentelsaz** con una **fortaleza** reforzada en el siglo XV para la guerra artillera y una elevada torre vigía del siglo XII. Retornando en dirección a **Molina**, en **Cillas** se toma el desvío que conduce a **Embid** cuyo caserío se acomoda a la sombra de otra **fortaleza** fronteriza que dejaremos atrás al cruzar la raya para, de inmediato, reintegrarnos a Castilla por una solitaria carretera local.

El castillo de Zafra. Por **La Yunta** (torreón del XIV), alcanzamos la localidad de **Campillo de Dueñas**. A la salida del pueblo se toma una

KILOMETRAJE:
Acceso (A-2, N-211) 170
Ruta 144
Retorno 196
Total 510

ÉPOCA PROPICIA:
Días templados sin riesgo de lluvias.

DURACIÓN:
Recomendable: fin de semana o puente.

ALOJAMIENTOS:
Molina: *Hospedería Real Palacio de los Molina*** Mtnez. Izquierdo. 949 832 395. Casona del XVI rehabilitada con gusto. Tres Palacios. Tres Palacios. 949 831 834. Casa rural, con mucho encanto. San Francisco*. Pl. S. Francisco. 949 832 714. Económico y funcional.*
Anchuela del Pedregal *(a 5 km. de Molina). El Losar. Ermita. 616 101 685 Casa rústica reformada, confortable.*

RESTAURANTES:
Molina: *El Castillo. San Felipe 1. 949 830 519. La mejor cocina de Molina basada en productos y recetas de la tierra, acogedor.*
Villel Mesa: *Hotel El Molino. Extramuros. 949 834 678. Gastronomía de la tierra.*

VISITAS:
Molina: *Castillo-Alcázar. Desde Of. Turismo.*
Campillo Dueñas: *Castillo de Zafra. Pista forestal al final del pueblo, pasado el pairón, tras cruzar un puentecillo.*

COMPRAS:
Molina: *Pastelería El Manolongo. Pº de Adarves 28. Deliciosas "patas de vaca".*

INFORMACIÓN:
Molina: *Oficina de Turismo. Calle Las Tiendas. 949 832 098. Martes a domingo.*

pedregosa senda (de unos 6 km.) que conduce al **castillo** roquero de Zafra, majestuoso y romántico, de remoto y fecundo protagonismo guerrero, sin vestigio alguno de poblamiento que lo civilice. Es un poderoso edificio cuyos muros se levantan a plomo sobre unos cárdenos peñones, lugar para la evocación y la contemplación de una **panorámica** excepcional. La senda sigue a través de praderas hasta **Hombrados**, **aldea** característica de la sesma del Pedregal en los altos páramos molineses, con su llamativa plaza Mayor, casa palaciega blasonada, interesante arquitectura popular, el templo en lo alto y la interesante ermita de la Soledad en las afueras.

Molina de Aragón. Llegamos a la capital del Señorío protegida por su fortaleza más emblemática: el gran **castillo** de fines del siglo XIII, rodeado de un **cerco** de altos torreones, que corona la fortísima **torre** de Aragón, oteadora de caminos. Todo ello forma un magnífico conjunto cuyo alto emplazamiento permite contemplarlo desde diversas **perspectivas**. Ya dentro de la ciudad destacan otros atractivos monumentales destacando sus edificios religiosos como la esbelta **iglesia** románico-gótica de Santa Clara, los **templos** románicos reformados de Santa María a Mayor de San Gil, San Martín y San Pedro, el convento de San Francisco y su **torre** de la Veleta, o el **oratorio** barroco de San Felipe. En el ámbito civil destacan su encantador **puente** románico, numerosos **palacios** blasonados (especial encanto tiene el del virrey de Manila llamado la Casa Pintada), y su intrincado urbanismo popular con algunos rincones de gran encanto.

Castillo de ***Zafra*** *(arriba) y vista de* ***Molina*** *(abajo)*

46. Los Barrancos del Alto Tajo

Llegamos a algunos de los más inquietantes recintos mágicos de la naturaleza, cargados siempre de viejas leyendas y tradiciones, heredadas y civilizadas para la fe, en un escenario de atormentada orografía, exuberante vegetación y todas las manifestaciones conocidas del agua en libertad.

Molina de Aragón. Vuelve a ser Molina el eje de esta ruta por algunos de los parajes más bellos del Alto Tajo.

Barranco de la Hoz. Tomando la dirección señalizada hacia el Santuario avanzamos hasta dejar a un lado la entrada a **Ventosa** introduciéndonos en la del **barranco** de la Hoz que la carretera cruza siempre en paralelo con el río Gallo, entre caprichosas formas de altivas rocas de roja arenisca y un verdadero ejército de pinos agrupados en densas manchas o aislados en los mínimos espacios que la roca ofrece. En el lugar más agreste de este **paraje** se encuentra el **santuario** de la Virgen de la Hoz, construcción rehecha en el siglo XV. Por la escalinata que se inicia a su salida, se sube a los dos **miradores**, escalada que ofrece una panorámica aérea a diferentes alturas, hasta llegar a lo más alto con vistas de vértigo.

Torete. El desfiladero, la carretera y el río siguen un recorrido serpenteante atravesando **espacios naturales** de gran belleza hasta alcanzar la aldea de Torete. A la derecha, una pista conduciría a las deliciosas **aldeas** de **Lebrancón**, **Escalera** y **Cuevas Minadas**, todas ellas con hermosos alrededores de exuberante vegetación.

El Alto Tajo. Dejando atrás **Torete** hay que proseguir la carretera,

KILOMETRAJE:
Acceso (A-2, N-211) 196
Ruta 60
Retorno 226
Total 482

ÉPOCA PROPICIA:
Días templados (primavera a otoño).

DURACIÓN:
Fin de semana o puente.

ALOJAMIENTOS:
Molina de Aragón: *Ver Ruta anterior.*
Escalera: Hotel El Descansillo. *Cº Valhermoso. 949 831 252. Tranquilo, confortable, con vistas. Buena cocina.*
Peñalén: ***El Fósil****. El Horno. 949 816 323. Modesta casa rural; dan comidas.*
Corduente: ***Casa Hipólito****. Doroteo López 26. 949 848 335. Rústico alojamiento rural, cómodo, bien situado.*
Ventosa: ***Hospedería Virgen de la Hoz****. Carretera de Torete. 949 848 306.* ***Hostal**** *, junto al propio santuario.*

RESTAURANTES:
Molina: *Ver ruta anterior.*
Otros: *También en los alojamientos citados para esta ruta.*

VISITAS:
Santuario de la Hoz*. Recomendable la dura subida al mirador panorámico.*

FIESTAS:
Ventosa *(Santuario):* ***Loa y Danzas****. Auto Sacramental, ante la explanada del Santuario, que se completa con los bailes de paloteo de los danzantes y la formación de una torre humana cuyo último eslabón (un ángel) vitorea a la Virgen. Se celebra en la Pascua de Pentecostés (confirmar fecha en la Hospedería).*

dejando a la derecha un primer desvío, para tomar el segundo que conduce a la carretera de **Zaorejas**, dejando a la izquierda el desvío a **Cuevas Labradas**. Ya por buena carretera se deja a la derecha el desvío a **Villar de Cobeta** (excelente **vistas** a poco que ganemos algo de altura) para alcanzar el **puente** de San Pedro, lugar de encuentro de las aguas del Gallo con el Tajo, **paraje** de excepcional hermosura y sugestivos alrededores que permiten realizar distintas **caminatas** (atalaya de Alpetea, fuente del Campillo,..). Poco después la carretera ofrece un desvío a la izquierda que da paso a una pista de tierra que sigue el curso del Tajo hasta **Peñalén**, ofreciendo admirables **vistas** y lugares auténticamente salvajes entre los que puede citarse como hitos sucesivos: la enorme **cascada** tobácea de La Escaleruela (cuya espectacularidad aumenta tras los períodos de intensas lluvias), la **fuente** de la Falagüera y el refugio apoyado en una preciosa **terraza**, el hermoso paraje en el que destacan tres enormes **monolitos** calizos y Peña Horadada, el refugio de Fuente de las Tobas y su mirador que ofrece una de las perspectivas más bellas del cañón del Tajo. El encuentro con la carretera asfaltada inicia el regreso a **Molina**.

Paraje del Puente de San Pedro (arriba) y barranco de la Hoz (abajo)

47. Los Orígenes del Tajo

Tras los recorridos en los que hemos sorprendido al Tajo en diversos estados de ánimo: aceptando su apresamiento, saltando sobre cataclismos y reinando sobre la alta sierra, buscamos ahora el lugar de su nacimiento, capricho que nos lleva a los lejanos Montes Universales descubriendo algunas travesuras del joven río.

Molina de Aragón. Estratégico punto de partida para incursiones por la alta sierra en busca de los orígenes del Tajo.

Laguna de Taravilla. Pasado el pueblo surge una pista señalizada que, tras atravesar el Cabrillas y bordearlo durante un corto tramo se interna en el bosque en busca del Alto Tajo junto al que se encuentra esta intrincada **laguna** situada en un **paraje** de especial belleza con aguas calmas que contrastan con el estrepitoso Tajo que fluye a sus pies. La continuación hasta el puente del Martinete es algo más larga pero el paisaje de **vistas** aéreas sobre el abrupto Tajo compensa la pedregosa senda, abierta sobre un soberbio espacio natural de largos tramos por los que se circula entre estrechos barrancos.

Puente del Martinete. Paraje de impresionante grandeza, a riesgo de abortar el propósito de la ruta de llegar a las fuentes del joven Tajo. Es uno de sus tramos de más salvaje belleza y punto de encuentro con itinerarios por la serranía de Cuenca.

Peralejos de las Truchas. Aunque se trata de un pintoresco pueblo serrano, lo más bello es el **itinera-**

KILOMETRAJE:

Acceso (A-2, N-211)	*196*
Ruta	*130*
Retorno	*300*
Total (variable según opciones)	*600*

ÉPOCA PROPICIA:
Días templados (primavera a otoño).

DURACIÓN:
Vacaciones, fin de semana o puente.

ALOJAMIENTOS:
Molina de Aragón: *Ver Ruta 45.*
Peralejo de las Truchas: ***Hostal El Tajo****. Hotel 7. 949 387 034. Funcional.* ***Casa Chon****. Cerrillo 19. 949 837 067. Apartamentos rurales (de 2 a 6 plazas), con encanto rústico, confortables.* ***Los Quiñones****. 949 837 050. Son apartamentos rústicos; sirven comidas.*
Orihuela del Tremedal: ***Hostal San Millán****. Camino Vallejuelo. 978 714 016. Funcional, buen precio. Comedor y bar.*
Tramacastilla: ***El Batán***** *. A-1512, km. 43 (dirección a Albarracín). 978 706 070. En antiguo caserón rehabilitado con gusto, en un grato paraje de la vega del Guadalaviar.*

RESTAURANTES:
Los indicados en los alojamientos citados, especialmente destacable el del ***Batán****, uno de los mejores restaurantes de la provincia de Teruel.*

rio hasta él, entre una amplia hondonada que acompaña al río escoltada por una densa masa forestal y por altísimos farallones de dorada piedra.

Chequilla. Por un camino en no muy buen estado, o dando un amplio rodeo por **Terzaga**, llegamos a este lugar **pintoresco** flanqueado por gigantescos monolitos. Casas populares, plaza de toros con tendidos de roca viva, iglesia, cementerio, ...todo lo habitual tiene aquí otro color.

Pueblos veraniegos. Tanto **Checa**, animado lugar de movida orografía, como **Orea**, el pueblo más elevado de la provincia (1500 metros), son lugares muy concurridos en verano que cuentan con numerosos parajes sugestivos para abordar atractivas caminatas a las numerosas fuentes y parajes singulares del entorno.

Las fuentes del Tajo. Este objetivo nos obliga a traspasar el límite provincial por **Orihuela del Tremedal** (lugar de marcado tipismo y sorpresas artísticas), atravesar el Pinar del Puerto y bajar por **Griegos** y **Guadalaviar** para cruzar el primer puente sobre el Tajo, ganar su orilla izquierda y buscar el macizo de la Muela de San Juan en cuya ladera (Casas de Fuente García) se encuentra el manantial del Tajo. Aquí puede enlazarse con itinerarios por la Serranía de Cuenca (ver ruta 29) y con una muy recomendable visita a pocos kilómetros: **Albarracín**.

*Rincón de **Chequilla** (arriba) y paraje del Puente del Martinete (**Peralejos**) (abajo)*

Madrid

Una muestra de los *objetivos* madrileños. El arte (*Cristo* de Cellini de **El Escorial**), la naturaleza dominada (rincón del jardín del Príncipe de **Aranjuez**) y la pervivencia del pasado (puente de Canto de **Canencia**).

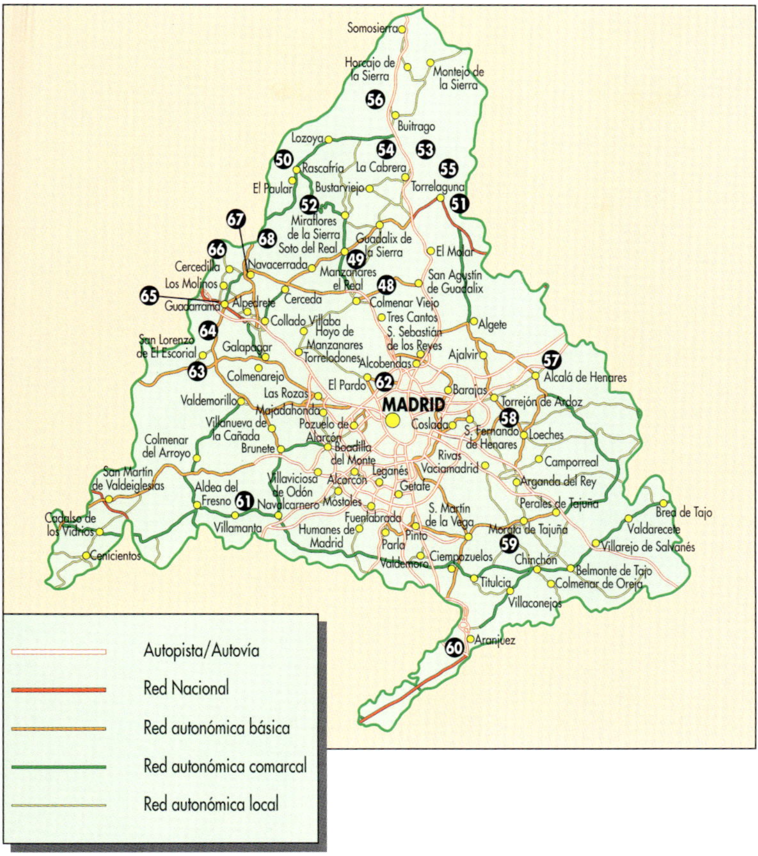

55. La Sierra Norte: Patrimonio Histórico
56. La Sierra Norte: Espacios Naturales
57. Alcalá de Henares: Ciudad Universitaria
58. Sorpresas de Cercanías
59. Plazas Mayores Madrileñas
60. Aranjuez: Jardines y Palacios
61. Villas y Tierras del Alberche
62. El Real Sitio de El Pardo
63. El Escorial: Refugio del Todopoderoso
64. El Valle de los Caidos: Emulación Escurialense
65. Guadarrama: de Madrid al Cielo
66. La Fuenfría: las Atalayas de los Poetas
67. Navacerrada: Subir a la Sierra
68. Peñalara: Parque Natural

48. El Real de Manzanares

Lugar de conflictos entre segovianos y madrileños hasta que Alfonso X anexiona a la Corona todo el sexmo de Manzanares, territorio que en la Alta Edad Media dominan y engalanan los Mendoza con soberbias construcciones de cantería del mejor gótico de la época.

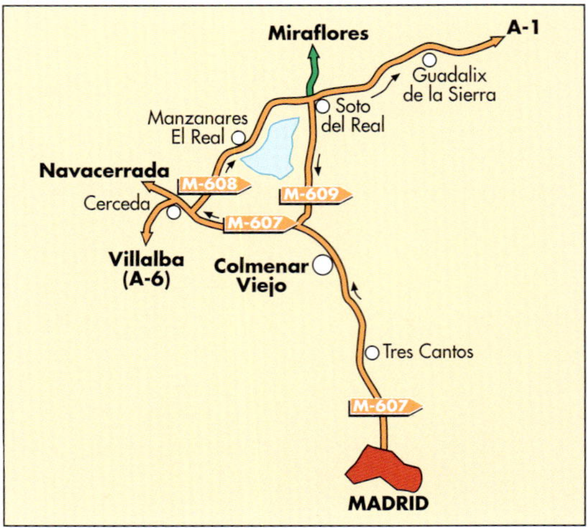

Colmenar Viejo. Un taller de canteros procedentes del norte de España, relacionados e influidos por las obras que Juan Guas realizaba en la zona (El Paular, Manzanares), edifican un gran **templo** de tres amplias naves con monumental torre de bellísimo remate y tres portadas que combinan las escenas piadosas con los blasones de sus patronos. Recientemente, y tras su restauración, otra de las joyas de este templo ha pasado a engrosar su deslumbrante repertorio artístico: el retablo mayor, obra del XVI que reune excelentes muestras de escultura y pintura de los talleres toledanos y escurialenses.

Cerceda. Pequeña localidad que cuenta con un notable **templo** gótico del tiempo de los Reyes Católicos, ampliado en la segunda mitad del XVI. Ambas etapa son perceptibles: sillarejo cubierto a dos aguas con cornisa decorada con bolas y sacristía de perfecta sillería, respectivamente. Idéntica cronología puede observarse en la construcción de la torre parroquial.

Manzanares El Real. Poco antes de llegar a Manzanares, sin llegar a cruzar el puente, encontramos a la izquierda de la carretera los restos de la **fortaleza** en la que guerrearon y residieron los más notables Mendozas de la dinastía defendiendo el amplio territorio donado por Juan I. Ya en el centro de la población, hay que detenerse a visitar el **templo** que, como el de Cerceda, se construyó de mampos-

KILOMETRAJE:
Acceso (M-607) 31
Ruta 21
Retorno 72
Total 124

ÉPOCA PROPICIA:
Días de clima moderado.

DURACIÓN:
Ruta realizable en el día.

RESTAURANTES:
Manzanares: ***Casa Goyo***. *Pl. Sagrado Corazón 2. 918 539 484. Asados y cocina natural en un atractivo marco.* ***La Taberna de Antioquía***. *Santa Teresa 12. 918 527 079. Cocina mediterránea con platos de temporada.* ***Rincón de Alba***. *Paloma 2. 918 539 111. Especializado en pescados.*
Mataelpino *(a 7 km. de Manzanares):* ***Azaya***. *Muñoz Grandes 7. 918 573 395. Atractiva carta de recetas clásicas.*

VISITAS:
Colmenar Viejo: ***Templo parroquial***. *Generalmente abierto. Ver fachadas y retablo mayor.*
Manzanares: ***Castillo primitivo***. *Ruinas. A la salida en dirección a Cerceda.* ***Castillo-palacio***. *Abierto salvo lunes, con visitas guiadas en horas solares.*

tería a fines del siglo XV, ampliándose la torre y edificándose la sacristía en el XVI en piedra de sillería. También en el XVI se adosa un pórtico renacentista y se transforman las naves, manteniéndose del gótico inicial la cabecera y unos bellísimos antepechos con forma de celosías góticas situados en el presbiterio. En la acera contraria, presidiendo la plaza mayor, se alza el **ayuntamiento**, edificio de dos plantas reedificado en 1954 aprovechando elementos de una construcción palaciega del XVI. Se trata de un pórtico de granito con cuatro vanos adintelados con columnas de fuste liso que soportan unas bien labradas zapatas de gran tamaño sobre las que descansa un friso decorado con flores de cuatro pétalos dentro de medallones, sin que falte el escudo de los Mendoza. Finalmente, antes de abandonar el pueblo, en un promontorio que domina las aguas del embalse, y teniendo como fondo las paredes graníticas de La Pedriza, encontramos el bellísimo **castillo-palacio** de los Mendoza, una de las obras más trascendentales de la arquitectura civil del siglo XV, en la que resulta indudable la intervención de Juan Guas, arquitecto de los Reyes Católicos. El núcleo primitivo sobre el que se proyecta la fortaleza fue una solitaria ermita románico-mudéjar de recios muros, pero tal vez la prohibición real de edificar nuevos castillos obliga a acentuar el carácter palaciego del edificio. El cuerpo principal es cuadrado con cubos en tres de sus ángulos y torre del homenaje cuadrada en el cuarto; el segundo, más pequeño y adosado al primero incluye los muros de la vieja ermita. Rodea al castillo una barrera exterior totalmente almenada y salpicada por saeteras, cuyo único acceso se logra a través de una doble arquería que se apoya en dos torreones. A toda esta tramoya se superpone un fantástico artificio decorativo de seductora belleza, con un adarve muy volado, apoyado sobre doble cornisa de matacanes simulados, una preciosista galería, ventanales con tracería flamígera, torrecillas rematando los torreones, …

Retorno. Puede completarse el recorrido por las tierras del Real de Manzanares retornando por **Soto del Real** y **Guadalix** cuyos mutilados **templos** conservan sus viejas **torres** góticas acomplejadas ante la dimensión de sus cabeceras renacentistas que aspiraban a convertirse en templos con naves de salón (ver modelo completo en **Meco**, ruta 58).

Manzanares el Real. El castillo-palacio

49. La Pedriza: Senderos y Riscos

La Pedriza es un pintoresco paraje de notable interés paisajístico, con espectaculares formaciones graníticas y bellos cursos de agua; el viajero tendrá que echar pie a tierra para tratar de acercarse todo lo posible a sus riscos más sobresalientes.

Desde Canto Cochino. Por la pista del Parque Regional del Alto Manzanares (acceso señalizado a la salida de Manzanares por la carretera de Cerceda) se pasa por el Centro de Interpretación, y tras cruzar el bello paraje del collado de Quebrantaherraduras, se llega al aparcamiento y merenderos (unos 5 km. en total).

La Charca Verde (por la orilla derecha del Manzanares). Paseo de poco más de 30 minutos de suave subida, a partir del aparcamiento, a través de la pista asfaltada, dejando a la izquierda un puesto de la Cruz Roja y sin cruzar ninguno de los dos puentes que se nos ofrecen para atravesar el río. Al llegar al refugio de pescadores de ICONA, hay que aproximarse al río para salvar la escasa distancia que nos separa de la Charca (unos 200

KILOMETRAJE:
Ruta de unos 100 km. (acceso/retorno).

DURACIÓN Y ÉPOCA PROPICIA:
En el día, aprovechando días templados.

COMIDAS:
El recurso recomendado es la comida de mochila, completando la provisión en el pueblo de Manzanares o en los bares del aparcamiento de Canto Cochino.
Si se va en plan de darse un simple paseo, sin renunciar a la tentación de la cocina de mesa y mantel, pueden recomendarse los establecimientos citados en la ruta anterior.

VISITAS:
La Pedriza: *Centro de Interpretación del Parque*. *918 539 978. Al inicio de la pista que conduce a Canto Cochino. Abierto en horario de 10 a 18 horas. Proyectan vídeo sobre el Parque y venden el útil plano para itinerarios a pie.*

INFORMACIÓN:
Una web útil con sendas detalladas:
www.revistaiberica.com/pedriza/index.htm

La Pedriza. Pedriza Posterior desde Prado Peluca

metros), bello **paraje** donde puede disfrutarse del paisaje de la amplia lámina de agua y las grandes rocas y cascada que la delimitan.

La Charca Verde (por la orilla izquierda del Manzanares). **Itinerario** más ecológico de unos 45 minutos, que se desmarca del asfalto cruzando la pasarela peatonal situada junto al aparcamiento y girando a la izquierda para seguir siempre la orilla izquierda del río para, una vez pasado el vivero, alcanzar la Charca por su orilla izquierda. Los tres puentes del recorrido enlazan las dos vías de acceso a la Charca.

La Pedriza Anterior. Cruzada la pasarela peatonal situada junto a la zona baja del aparcamiento, tomaremos el ramal izquierdo y bordeando las casas forestales, enfilaremos la llamada **Autopista** de La Pedriza que, siempre muy próxima a la margen derecha del arroyo de la Majadilla, y sin perder de vista las marcas blancas y rojas del **GR-10**, se llega a la pasarela que cruza el arroyo y ganando los espacios abiertos de la **explanada** (Prado Peluca), se pasa junto al **refugio** Giner y la **fuente** Acuña, enfilando la vaguada Dehesilla donde nos espera el gigantesco **canto** del Tolmo, pudiendo prolongar el itinerario hasta el collado de la Dehesilla (unos 45 minutos hasta el refugio y otro tanto hasta el collado).

La Pedriza Posterior. Idéntico inicio se sigue para emprender otro **itinerario** atractivo como es el que conduce al collado del Cabrón siguiendo las marcas blancas y amarillas del **C-1**, pero tomando el ramal izquierdo (en lugar del derecho) al pasar junto a las Casas Forestales. Se trata de un excelente **mirador** sobre los riscos de la Pedriza Anterior, los canchales de la Pedriza Posterior, el curso alto del Manzanares y la mole de la Maliciosa (unos 60 minutos en total).

Desde El Tranco. La carretera que desde el pueblo conduce al **camping** podría acercarnos a la **ermita** de Peña Sacra, edificio de sillería del XVI sobre una gigantesca roca, con buenas **vistas** panorámicas, y a la **explanada** del Tranco, plataforma que permite **marchas** a la Charca Verde (por la orilla izquierda del río), al **mirador** del Tranco y a las proximidades del impresionante **risco** del Yelmo (en torno a 1 hora).

50. Los Puertos: un Circuito de Altura

Uno de los encantos de Madrid radica en la cercanía de la Sierra. Esta ruta ascienda a sus cotas menos frecuentadas, oteando grandes perspectivas, recorriendo un atractivo sendero ecológico y descubriendo uno de los pinares más bellos del país.

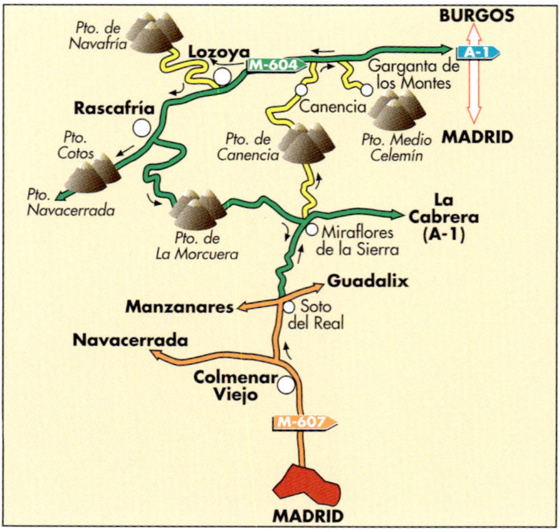

Miraflores de la Sierra. Desde **Soto** hay que enfilar los escasos kilómetros de ascendente carretera que conducen a Miraflores, la antigua Porquerizas cuya denominación cambió doña Isabel de Borbón (veraneante precoz por estas tierras) por el poético nombre actual. Casi en el centro del pueblo aparece una brusca bifurcación que obliga a llevar decidido el rumbo: puerto de La Morcuera o puerto de Canencia

Puerto de Canencia. La ruta enfila este último, que pronto se convierte en tortuosa **carretera** que va ganando altura, cruzando arroyos y torrenteras, bordeando una densa mancha de pinar y dominando una dilatada **vista** panorámica de amplios horizontes. Al llegar a la cumbre del puerto, una amplia explanada permite dilatar y mejorar el repertorio de vistas e iniciar el **sendero ecológico**, tomando la pista forestal (cortada al tráfico de vehículos de motor por una barrera) que sale hacia la izquierda de la carretera, pasa por detrás de una gran fuente de piedra y hay que seguir entre espeso **pinar** hasta alcanzar la casa forestal del Hornillo (unos 15 minutos). Pocos metros antes de dicha casas, hay un corto ramal a la derecha que

KILOMETRAJE:
Acceso (M-607, M-611) 49
Ruta 113
Retorno 49
Total 211

ÉPOCA PROPICIA:
Días templados, sin riesgo de lluvias.

DURACIÓN:
En el día o fin de semana.

ALOJAMIENTOS:
Navafría: ***El Chorro****. La Mateja. 921 506 907. Encantador centro de turismo rural en plena naturaleza. Facilitan turismo activo.*

RESTAURANTES:
Aunque la opción mas recomendable es la de comida de mochila, puede citarse las referencias de la ruta 52 y también:
Miraflores Sierra: ***Mesón Maíto****. Calvo Sotelo 5. 918 443 567. Carnes y asados.*

VISITAS:
Navafría: ***Parque recreativo de El Chorro****. Km. 20,5 de la carretera del puerto. Abierto de junio a septiembre (confirmar en 921 509 817). Espacio de 27 hectáreas de pinar acondicionado con el mobiliario rústico habitual y otras atracciones como una gran laguna artificial que sirve de piscina, y merendero.*

ÁREAS RECREATIVAS:
Lozoya *(carretera del puerto de Navafría): Peña Alta (km. 6,9), El Mirador (km. 9,5) y Las Lagunillas (km. 11,1).*
Miraflores *(M-609, km. 1): Fuente del Cura. Paraje formado por robles y el río. Canencia (M-629, km. 8). Puerto de* Canencia: *Bancos, fuentes, panorámicas.*

lleva a la entrada del sendero que sale a media ladera metiéndose en el pinar. El sendero, bien visible, está señalizado con marcas amarillas. La **marcha** ofrece amena vegetación de matorral y árboles, especialmente junto al arroyo del Maillo que baja formando pequeñas **cascadas** por una zona rocosa. La continuación conduce a un **paraje** de grandes acebos y poco después se desemboca en la carretera asfaltada que puede utilizarse para retornar al puerto (en torno a 1 hora de marcha). Otras **marchas** más esforzadas conducirían a prolongar el sendero anterior hasta las proximidades del puerto de la Morcuera (unas 2 horas más) o el enlace del puerto de Canencia con la localidad de **Bustarviejo** siguiendo las marcas blancas y rojas del **GR-10** (unas 3 horas de marcha).

Puerto de Navafría. A través del pueblo de Canencia y de la carretera del valle de **Lozoya** llegamos a su capital, lo que nos permitirá una apretada subida al puerto de Navafría que rápidamente gana altura y permite disfrutar de asombrosas **panorámicas** sobre el valle y embalse de Lozoya y de tres **áreas** recreativas en los km. 7, 9 y 11.

Pinar de Navafría. Hay que singularizar este **pinar** entre las numerosas manchas forestales por las que esta ruta discurre ya que se trata de uno de los más bellos de nuestro país. Situado en el lado segoviano, se extiende por un gran circo montañoso en el que se hallan las fuentes del río Cega, ocupando terrenos de la Comunidad de Villa y Tierra de Pedraza. Para disfrutar ordenadamente de los encantos del pinar el **parque** recreativo El Chorro (acceso por un desvío señalizado de 2,5 km. a partir del km. 20,5 de la carretera del puerto) ofrece, además de su belleza natural, una amplia gama de atracciones.

Puerto de La Morcuera. Retornando al valle madrileño del Lozoya y tomando en **Rascafría** el desvío de la M-611 iniciamos un nuevo tobogán de subidas por nuevas manchas forestales que bordean las laderas de las más altas cotas de la Sierra de la Morcuera, por parajes de amplias **panorámicas**, hasta alcanzar de nuevo el punto de partida: **Miraflores de la Sierra** y el retorno a **Madrid**.

Canencia. Puente de Canto

51. Romanos, Moros y Cristianos

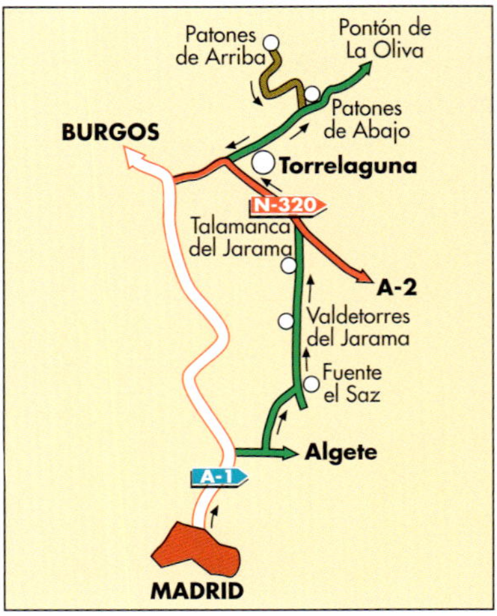

El Valle del Alto Jarama es una zona de primitivo poblamiento, que conserva muestras de monumentales obras de romanos, árabes y cristianos que se concentran en dos villas de rutilante pasado: Talamanca, gemela de Madrid en tiempos árabes y Torrelaguna, cuna de Cisneros.

Valdetorres del Jarama. Un breve paseo por el pueblo permite admirar la magnífica portada plateresca de su **iglesia** y la **plaza** Mayor con dos caserones palaciegos y algunas rejas de disparatado tamaño.

Talamanca del Jarama. Restos romanos y vestigios visigodos nos hablan de su primitivo origen, y consta que Muhammad I –el fundador de Madrid– consolidó el lugar poco antes del 860. Al siglo X corresponde el gran momento de esplendor de la Talamanca musulmana. En el XI pasa a manos cristianas y continúa siendo una población fortificada del camino que conducía desde la Meseta a Alcalá y Toledo. Entre los más notables vestigios del pasado destaca el llamado **puente romano** (reformado en la edad media y en el XVI) que aún sin el brillo de las aguas del Jarama bajo sus arcos, sigue siendo un bellísimo puente que todavía conserva parte del enlosado primitivo. El recinto de la **muralla** y la puerta llamada de La Tostonera permiten apreciar el cerco musulmán en el que pueden observarse también las verdugadas de ladrillo que se añadirían en el siglo XIV, época de dominio de los obispos toledanos. Obra plenamente cristiana es el **templo**, de bien labrado ábside románico, cabecera protogótica y portada y naves renacentistas de gran mérito artístico. En la plaza mayor puede verse una reliquia: el **ábside mudéjar** de los Milagros que se remonta al siglo XIII guardando estrecho parentesco con el estilo de los templos de la Moraña abulense. Edificio singular es el caserón denominado **La Cartuja**, levantado por los monjes del Paular para granero y bodega de sus cosechas, del que sobresalen: el portalón, la capilla y la bodega, lugar de rodaje de numerosas películas de época.

KILOMETRAJE:
Acceso (A-1, M-100/111/103) 38
Ruta 25
Retorno (M-102, N-320, A-1) 64
Total 127

ÉPOCA PROPICIA:
Días templados, sin riesgo de lluvias.

DURACIÓN:
En el día, salvo el lujo de una noche inolvidable en Patones.

ALOJAMIENTOS:
*Patones de Arriba: Hotel El Tiempo Perdido**** (Travesía del Ayuntamiento 7. 918 432 152). Encantador y selectivo.*

RESTAURANTES:
Patones de Arriba: *El Poleo. Travesía Arroyo. 918 432 101. Imaginativo. La Terraza. Pizarro. 607 488 901. Vistas.*
Torrelaguna: *Antigua Casa Patata. Malacuera. 918 430 002. Calidad, precio.*

INFORMACIÓN Y VISITAS:
Torrelaguna: *Oficina de Turismo. 918 431 945. Colegiata, museo. También: www8.madrid.org/gema/goc/151/turismo.htm*

Talamanca del Jarama. Calzada del puente romano-medieval y torreón de la muralla

Torrelaguna. Las tierras calizas de la depresión del Jarama han sido aprovechadas por el hombre desde tiempos remotos. También la historia, a partir de las campañas reconquistadoras de Alfonso VI en el siglo XI dan noticias que evidencian la importancia de este lugar, con continuos cambios de jurisdicción entre la corona y los arzobispos toledanos. El dominio de estos últimos y, en especial, la protección de los cardenales Contreras, Mendoza, Cisneros y Fonseca, justifican el soberbio **templo** que hoy admiramos. La torre, de tiempos de Cisneros, hereda un cierto aire militar, con amplia base y escasa altura, desequilibrio que compensa con una generosa riqueza ornamental. Junto a ella se sitúa la triple portada de los pies. La portada gótica de la epístola, da acceso al interior y sus tres amplias y altas naves con cinco tramos, ábsides cerrando las cabeceras de las naves y un coro alto a los pies. Las naves están separadas por pilares con medias columnas y arcos apuntados y se cubren con bóvedas de crucería. El interior, del que hay que destacar su soberbio coro y la palaciega escalera que le sirve de acceso, ofrece una completa visita museística con la joya de la capilla y retablo de San Gregorio y un amplio repertorio de capiteles, púlpitos, retablos, enterramientos, rejas, tallas, pinturas, ropas de culto,... Un paseo por Torrelaguna permite admirar también **otros edificios** religiosos (hospital, conventos y ermitas), y civiles (el ayuntamiento con doble galería adintelada y puerta ojival, el pósito fundado por Cisneros y otros palacios y caserones), así como una muestra aún notable de arquitectura popular.

Patones de Arriba. Lugar distinto y escondido, de aspecto hurdano con tortuosas calles adaptadas al perfil del terreno y casas de oscura piedra sin la menor concesión al encalado. Tan singular **lugar** constituye una obligada visita turística cuya oferta gastronómica retiene al visitante que también resulta tentado por el encanto de un hotel de ensueño.

Torremocha del Jarama. Una reciente restauración ha puesto en valor un **templo** que utiliza como presbiterio una ermita románica bien conservada a la que se añade nave y doble galería renacentistas.

52. El Lozoya: Paraíso Terrenal

Ruta cuya hermosura ofrece al fugitivo de la gran ciudad un anticipo del paraíso. En este marco idílico (cumbres, arroyos, praderas, bosques, miradores) los cartujos, con la protección real, pusieron la guinda de la perfección artística a la insuperable belleza natural del Valle.

Garganta de los Montes. Un breve ramal conduce a este pintoresco pueblo serrano rodeado de montes, arboledas, fuentes y **parajes panorámicos**, cuyo recóndito emplazamiento ha contribuido a preservar su fisonomía rural, con **casas populares** de grandes aleros.

Lozoya. Antes de llegar a la capital del Valle podemos detenernos poco antes de llegar a los km. 10, 12 y 13 y tomar breves sendas a la izquierda que conducen a los hermosos **parajes** de la Garganta, puente Canto y presa del Embalse. En la villa, cuyas obras y blasones testimonian su noble pasado, podemos admirar bellas **casonas** (magnífica una en la calle Juan Martín con portada renacentista y el edificio barroco del ayuntamiento). La **plaza** de la iglesia muestra viejos soportales y casas de piedra de cantería con aleros muy salientes. El **templo** es una construcción del XVI ligada al arte de Gil de Hontañón que atesora un extraordinario púlpito plateresco y un bello retablo de azulejos obra de Zuloaga.

Pinilla del Valle. Pueblo serrano situado en la cola del embalse que conserva su aire de **aldea** tranquila y acogedora. Sorprende por ello la dimensión del **templo**, edificado en el XVI, con fuerte torreón de aspecto militar, interesante portada gótica y algunos detalles constructivos y ornamentales del interior.

Alameda del Valle. En el centro del Valle se encuentra un pueblo

KILOMETRAJE:
Acceso (A-1)....67
Ruta....35
Retorno (M-607 o A-6)....85
Total....187

ÉPOCA PROPICIA:
Días templados, sin riesgo de lluvias.

DURACIÓN:
Realizable en el día o en fin de semana.

ALOJAMIENTOS:
Alameda del Valle: ***Hotel La Posada**** *Grande 34. 918 691 337. Atractivo.*
Rascafría: ***Hotel Stª Mª del Paular***** *M-604, km. 26. 918 691 011. Estilo Parador.* ***El Caserón de Trastamara****. Plaza de Trastamara. 620 233 266. Hotel rural encantador.* ***El Tuerto Pirón****. Pl. 2 de mayo. 660 474 171. Estilo y superlujo.* ***Los Calizos****. M-611, km. 22. 918 691 112. Hotel rural tranquilo y atractivo.*

RESTAURANTES:
Rascafría: ***Los Calizos*** *(ver los alojamientos).* ***El Candil****. Av. Valle. 918 691 920. Guisos, setas, asados, terraza.*
Pinilla del Valle: ***Corralón del Embalse****. Presa 26. 918 693 438. Un feliz hallazgo.*

VISITAS:
Rascafría. Monasterio Paular. Visitas: 12, 13 y 17 horas (salvo jueves tarde); domingos: 13, 16, 17 y 18.

cuyo nombre ya habla de su atractivo emplazamiento. No por ello hay que dejar de prestar atención a su **caserío** que hay que pasear para descubrir la portada de estilo renacimiento purista de su **iglesia**.

Oteruelo del Valle. Salvando una pequeña rampa nos situamos en otro de los pequeños lugares del Valle. Oteruelo es paso obligado para ascender al puerto de Malagosto, escenario de las andanzas del Arcipreste y punto de cruce de las dos Castillas en la Baja Edad Media. La **pista** medieval que subía desde Oteruelo fue afirmada durante la pasada guerra para permitir el acceso al puerto de las carretas que abastecían las posiciones republicanas.

Rascafría. Lugar de mayor densidad, situado en un **paraje** hermosísimo rodeado de pinares, praderas y arroyos. El pueblo, dañado en la última guerra, aún conserva rincones tradicionales, **casas** blasonadas y un buen **templo** que conserva buenas tallas procedentes del Monasterio.

Monasterio de El Paular. Aún puede suscribirse la descripción de un viajero de principios de siglo: "El lugar es extremadamente pintoresco, como elegido por frailes; las tierras feraces; el aire, puro y limpio; las aguas, superabundantes, y todo ello retirado del mundanal ruido". La obra del monasterio se inició en 1390 contando siempre con generosa protección real que mantienen pujante el cenobio hasta mediados del XVIII. Las bellezas del recinto habremos de extractarlas telegráficamente comenzando por el **exterior**: el bello jardín y patio de la Cadena, el elegantísimo pórtico plateresco que da paso al patio del Ave María. Tras penetrar por la galería que deja a un lado el primitivo **claustro** gótico, se llega al **atrio** que aloja la portada del templo con una emotiva Piedad policromada. La **iglesia** conserva dos obras maestras del arte gótico: la reja y el retablo mayor de alabastro policromado. Tras él se levanta el Sagrario o Transparente obra soberbia del barroco andaluz. **Otras dependencias** notables son la sala capitular, el claustro principal, refectorio, claustrillo, biblioteca y archivo.

Retorno. Por el puerto de **La Morcuera** o, mejor, por el de **Cotos**, con parada en el panorámico **mirador** de Los Robledos (desvío km. 31).

Rascafría. Monasterio de El Paular

53. Los Embalses del Canal

El abastecimiento de Madrid con las exquisitas aguas del Lozoya, ha ido escalonando embalses a lo largo de los 70 km del río, durante más de un siglo. La ruta recorre este interesante conjunto de presas admirando la diversidad de sus diseños y los parajes que las enmarcan.

Patones *(El Pontón de la Oliva)*. Sobrepasando esta localidad y acatando la señalización llegamos al Pontón, la más antigua de las presas del Canal, concluida en 1885 en cuya obra trabajaron 2000 presidiarios y 200 obreros libres que ejecutaron una **presa** de vertedero de 72 metros de largo y 27 de altura para retener tres millones de metros cúbicos de agua. Las filtraciones anularon la utilidad del proyecto, pero ahí queda el testimonio de tamaño esfuerzo que puede contemplarse desde el puentecillo situado a pie de presa; si se sube a la coronación aún pueden verse argollas de algunos de sus *desinteresados* autores.

El Atazar *(El Atazar)*. La carretera que bordea el inhóspito Cacho de la Cabeza para llegar a la gran **presa** de El Atazar, se retuerce en continuo ascenso, alternando los paisajes pelados con las superficies repobladas de pino negral, de modo que al llegar al poblado del Canal y subir a lo más alto (un mirador cubierto) puede contemplarse un asombroso **panorama**; por un lado el mínimo cauce del Lozoya entre tierras de labor y matorrales, por otro la poderosa presa. Es, sin duda, la mejor vista del conjunto embalse-presa que nos permite contemplar el gigantesco depósito de agua que apaga la

KILOMETRAJE:

Acceso (A-1, N-320, M-102)	*62*
Ruta	*60*
Retorno (A-1)	*75*
Total	*197*

ÉPOCA PROPICIA:
Días templados, sin riesgo de lluvias.

DURACIÓN:
Realizable en el día o en fin de semana.

ALOJAMIENTOS:
Torremocha del Jarama: *Casa del Puente Colgante*. *M-128, km. 3. 918 430 595. Un tranquilo y encantador refugio.*
Puentes Viejas: *Posada Peñaparda* *Pl. Constitución 2. 918 687 087. Sin lujos.*
Piñuécar: *La Vaca Gandula*. *Bellidas 11. 918 681 062. Plenamente rústico.*

RESTAURANTES:
Piñuécar: *La Vaca Gandula* *(ver los alojamientos). Buena cocina casera con sugerencias apetitosas, postres caseros.*

VISITAS Y USOS RECREATIVOS:
En los embalses del Canal está prohibido el baño y las embarcaciones de motor y autorizada la vela, el piragüismo y el windsurfing. Existen áreas recreativas supervisadas por el Canal junto al Atazar (actividades náuticas) y Riosequillo (piscina e instalaciones deportivas). También es posible integrarse en alguna de las visitas semanales guiadas que organiza el Canal (914 452 270).

sed de los madrileños, un pequeño mar apresado entre las laderas de una interminable sucesión de lomas, que cuando baja de nivel descubre maléficos islotes que amenazan restricciones. La visita al embalse debe completarse pasando por la carretera que cruza el **coronamiento** para tomar el camino que, poco después, nos lleva hasta la base de la presa, un muro de 484 metros de longitud y 128 de altura, con una **bóveda** de doble curvatura que alcanza un máximo de 36 metros de ancho en la base y 6 en la coronación, todo ello dispuesto para contener unas reservas de más de 425 millones de metros cúbicos de agua.Frente a tanto despliegue tecnológico no hay que olvidar a los vecinos más cercanos que dieron nombre y tierras a obra de tan benéfica utilidad. La pequeña **aldea** se compone de casas de lajas de piedra con largos aleros que sostienen fuertes vigas junto a algunas casas encaladas y la inevitable ruptura de las nuevas construcciones.

El Atazar. Presa y embalse desde el mirador de la antigua Colonia del Canal

Manjirón *(El Villar).* Retrocediendo y tomando la dirección de **El Berrueco**, villa que cruzaremos deteniéndonos brevemente en su plaza para contemplar su **picota** del siglo XVI (cuyo traslado unos pocos metros en la plaza ha causado tanto alboroto). Antes de llegar a **Manjirón** (integrada en la municipalidad de **Puentes Viejas**) llegamos a lo que fue despoblado de El Villar donde se remansan las aguas del embalse más pequeño y antiguo (1879) de los actualmente en servicio. La **presa** construida en una estrecha y profunda garganta pertenece al tipo de las llamadas de gravedad; tras el coronamiento, se sitúa un **mirador** con excelente panorama del embalse y el río.

Paredes de Buitrago *(Puentes Viejas).* Antes de llegar a esta localidad encontramos otro aprovechamiento de un cañón del Lozoya para embalsar sus aguas con otra **presa** de gravedad en servicio desde 1936.

Buitrago *(Riosequillo).* Ya en la N-I (en el km. 75 de la dirección hacia Madrid) se toma el desvío que conduce a las instalaciones recreativas y a la **presa** de más de un kilómetro de longitud que ofrece la perspectiva de una extensa lámina de agua y su horizonte de montaña, por un lado, y el llamativo contraste habitual entre el embalse y río que la alimenta.

54. La Cabrera: un Islote en la Meseta

Al viajero habitual de la N-I le resulta ya familiar el espectacular paisaje granítico de La Cabrera, de apariencia inaccesible. Esta ruta propone algunas incursiones en el roquedal, sin recurrir a alardes montañeros, para observar de cerca el singular ecosistema.

La Cabrera. Abandonando la circunvalación de la N-I hay que entrar en La Cabrera para recoger en Villa San Roque el planito de la Sierra y, un poco más adelante, todavía en el tramo de carretera antigua, admirar la **panorámica** de los casi 400 metros de paredes verticales del Pico de la Miel.

El Convento. La forma más cómoda de penetrar en la Sierra es la visita al Convento de San Antonio. Fundación benedictina del siglo XI (quedan restos de su antiguo eremitorio, uno de los primeros ejemplos de la arquitectura religiosa de la Comunidad de Madrid) convertido en **convento** franciscano en el XIV (torre, cerramiento exterior y canalización que trae el agua desde el Pico de la Miel). Todo ello se acrecienta con el valor añadido del apartado y cautivador paraje en el que se encuentra emplazado y las **vistas** de las que se goza.

La carretera a Valdemanco. Atractivo itinerario que bordea la Sierra y permite realizar algunas paradas de interés: poco antes del km. 2, al borde de la carretera, una **tumba** antropomorfa ("tumba del moro"); pasado el km. 4, el camino de "La Solana", permite bordear la sierra y acercarse a algunos de sus más singulares "cabalgaduras", "canchos" y "bolos" de los **enclaves** graníticos, a

KILOMETRAJE:

Acceso (A-1)....56
Ruta....14
Retorno....56
Total....126

DURACIÓN Y ÉPOCA PROPICIA:
Cualquier día templado, no lluvioso.

ALOJAMIENTOS:
La Cabrera: *Hotel Sara de Ur****. *Corcho 26. 918 689 509. Una preciosa villa de recreo convertida en encantador hotelito.*

RESTAURANTES:
La Cabrera: *Gaudium* (ver Hotel). *Cocina refinada en un marco de plena excelencia. En otro nivel, puede recurrirse a:* *Los Arcos de La Cabrera*. *Luceros 1. 918 688 816. Amplia carta en local muy agradable.* *Machaco*. *Dr. Jiménez Díaz 19. 918 688 228. Asados en sala y terraza.*

VISITAS:
Convento de San Antonio. *918 688 698. Por una pista (unos 2 km.) que trepa a partir de la Embotelladora. Visitas jueves (entre 11 y 12 horas) y sábados domingos y festivos (entre 18 y 19 h., una menos en invierno). Ocasionalmente se celebran conciertos.*

INFORMACIÓN:
La Cabrera: *Información Turística Sierra Norte*. *Generalísimo 36. Villa San Roque. 918 688 698. De 9 a 17 h.*

veces en fantástico equilibrio; por último, la zona alta del pueblo de Valdemanco, permite también acercarse al **puerto** del Medio Celemín y otras alturas de las laderas occidentales de la Sierra que ofrecen excelentes **panorámicas**.

El sendero GR-10. Este Sendero de Gran Recorrido que atraviesa la Comunidad de Madrid por la Sierra, conectando con Guadalajara por el Pontón de la Oliva y con Ávila a través de El Escorial, cruza la Sierra de la Cabrera, constituyendo una valiosa ayuda para, tras superar el Convento, seguir hasta el punto donde puede ganarse El Mojón o Cerro de La Cabeza, lugar dominador de amplias **vistas** que sirvió de emplazamiento a un primitivo castro ("Poblado Moro"), cuyas derruidas edificaciones pueden observarse, especialmente si se contemplan desde cualquiera de los promontorios que lo rodean.

El sendero PR-13. Este Sendero de Pequeño Recorrido se inicia entre los km. 60 y 61 de la antigua carretera, bordeando el Pico de La Miel, buen **observatorio** de la Sierra, para atravesar la cadena montañosa hasta las estribaciones del Cancho Gordo, techo de La Cabrera.

El pinar. La vertiente norte de la Sierra, la umbría, permite descubrir otro escenario en el que la apariencia de una inmensa aglomeración de canchos graníticos se sustituye por el denso color de los **pinares** que sólo desaparece en las crestas y roquedos. Hay que tomar una senda, poco después del km. 62 de la N-I, y tras atravesar una zona llana, iniciar las suaves rampas que hermanan roca y pinar.

La Cabrera. Pico de la Miel y mirador del Convento de San Antonio

55. La Sierra Norte: Patrimonio Histórico

Recorremos las estratégicas posesiones del señor de Buitrago visitando su villa y fortaleza, así como algunos de los monumentos y joyas artísticas de las pintorescas aldeas serranas que formaron parte en el pasado de la Comunidad de Villa y Tierra.

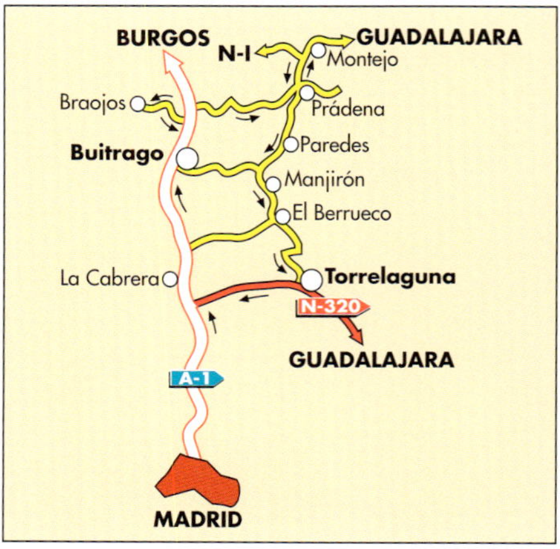

Buitrago de Lozoya. El conjunto defensivo de Buitrago, compuesto por su recinto amurallado, puertas, torreones y el castillo, es el monumento de arquitectura militar más importante de la provincia de Madrid. La **muralla** se adapta al terreno, bordeando el cauce del río Lozoya, defendiendo el recinto y reforzando los puntos vulnerables con obras como la gran torre pentagonal en que se abre la puerta principal del recinto, con paso en recodo, recientemente restaurada y dotada de una escalera de acceso al adarve y al balcón-mirador. El **castillo** es una ruda alcazaba perfectamente emplazada y comunicada con el río a través de una singular *coracha*. Próximo se encuentra el **templo** de Santa María con portada gótica y airosa torre con elegantes ventanales de ladrillo de tracería mudéjar. Del viejo **hospital** se ha recuperado un buen artesonado insertado en el presbiterio del templo (el resto de la cubierta y decoración del templo, es un abigarrado *pastiche* creado con mejor voluntad que acierto). El contrapunto perfecto de estas reliquias es el nuevo **Museo Picasso** donado por el barbero del pintor e hijo del pueblo Eugenio Arias con recuerdos y obras vanguardistas dedicadas por el pintor.

Braojos. Esta escondida aldea atesora un **templo** edificado entre los siglos XV y XVIII (restaurado a principios de los 90) posiblemente sobre una

KILOMETRAJE:
Acceso (a-1)....................74
Ruta 50
Retorno 63
Total 187

DURACIÓN Y ÉPOCA PROPICIA:
En el día o fin de semana, clima templado.

ALOJAMIENTOS:
Buitrago: ***El Andarrío***. *Huerta Flores 1. 679 407 794. Habitaciones rurales.*
Acebeda: ***Posada Vientos***. *Encerradero. 918 699 195. Vaquería rehabilitada.*
Villavieja de Lozoya: ***Hospedería El Arco***. *Arco 6. 918 680 911. Buen hotelito.*

RESTAURANTES:
Además de los alojamientos citados:
La Acebeda: ***El Molino***. *Cº Robregordo. 609 766 441. Cocina imaginativa.* ***San Mamés***. *La Becada. 918 695 315. Cocina de temporada en antiguo pajar.*
Buitrago: ***Asador Las Murallas***. *Pl. Constitución. 918 680 484. Carnes.* ***El Andarrío***. *Alojtº. 918 680 494. Carnes. También los de las rutas 51, 53 y 54.*

VISITAS:
Buitrago: ***Museo Picasso***. *Pl. Ayuntº. de 11 a 13,45 h y de 16 a 18. Cierra lunes y miércoles/domingos tarde.* ***Muralla***. *Recorrido de las almenas, consultar en el Ayuntamiento o Museo.* ***Iglesia de Santa María***. *Suele estar abierta. Artesonado del Hospital, complementado con dudoso acierto.*
Braojos: ***Iglesia de San Vicente Mártir***. *Preguntar en el entorno del templo. Visita obligada. Algunos de los mejores retablos de la Comunidad.*

Braojos. Retablo de San Miguel en la capilla de los Vargas del templo parroquial

atalaya-torreón tardomedieval. Su interior guarda un conjunto excepcional de **retablos** castellanos entre los que destaca el de San Miguel, con tallas debida al mejor arte de Gregorio Fernández y soberbias pinturas de Vicente Carducho, otro con pinturas del estilo de Carreño y dos más plenamente barrocos de gran encanto popular (uno de los cuales inserta dos pequeñas tablas de fines del XV de excepcional calidad).

Montejo. A medida que vamos adentrándonos en el corazón de la Sierra, las aldeas y sus templos se edifican para la posteridad con fortísimos muros de piedra y espadañas acorazadas. Esto ocurre también en Montejo cuyo **templo** (restaurado a finales de los 80) ofrece varias notables joyas artísticas en su presbiterio: un precioso artesonado de lacería, dos magníficos retablos (uno renacentista encantador y otro barroco deslumbrante), tallas medievales y antiguos sepulcros.

Prádena del Rincón. Lugar cuyos recursos no alcanzarían para reedificar su viejo **templo** de arquitectura popular románico-mudéjar, con fortísima espadaña, bello ábside de tambor y elegante pórtico mudéjar de ladrillo, estilo que se repite en los modestos templos de las siguientes aldeas de **Paredes de Buitrago** y **Manjirón**.

El Berrueco. En el camino a esta localidad encontramos uno de los ejemplos de torres-**atalayas** de época medieval de una red que desplegada por este territorio y que, en una interpretación muy del gusto popular, servían para avisar a los vecinos de Uceda la presencia de los moros de Talamanca. En la plaza podemos ver el **rollo** jurisdiccional (s. XVI), uno de los escasos ejemplares de la Comunidad de Madrid.

Retorno. Por la N-I y, opcionalmente, por **Torrelaguna** para recordar y enfrentar en la retina el **retablo** de San Gregorio de su parroquial (ver ruta 51) con el de San Miguel visto en **Braojos**, piezas soberbias y próximas pese a sus diferencias de estilo y cronología.

56. La Sierra Norte: Espacios Naturales

Recorrido por parajes perdidos de singular belleza, como el hayedo de Montejo, así como por soberbios puertos panorámicos y modestas aldeas serranas plegadas al dictado de una Naturaleza que por estas tierras aún impone su ley.

Ecomuseo. Esta ruta aconseja tomar el desvío del km. 58 para detenernos en el Centro de Turismo de la Sierra Norte instalado en el chalet Villa San Roque de la localidad de **La Cabrera**, donde puede recorrerse una **exposición** panorámica que sitúa al visitante sobre los recursos naturales y huellas culturales del territorio. Al abandonar el edificio y utilizando el folleto que facilitan a los visitantes hay que recorrer su **jardín botánico** realizado sobre la base del jardín tradicional de la antigua casas de recreo que sirve de sede al Centro. Ofrece una muestra de las especies vegetales de la Sierra Norte agrupadas según sus afinidades ecológicas.

Dehesas. Dejando atrás la localidad de **Buitrago**, se toma el desvío que conduce a la aldea de **Gandullas** cuyos limpios cielos rastrean las inmensas pantallas parabólicas de seguimiento de satélites de comunicaciones de Telefónica, en el **paraje** que a comienzos del XVI ofreció el duque del Infantado al "*concejo e omes buenos e mugeres biudas*" del lugar en compensación de los daños que sus prados y linares recibían de la caza mayor.

Minerales. Para ir introduciéndonos en los parajes más salvajes de

KILOMETRAJE:
Acceso y Ruta 153
Retorno 105
Total 258

ÉPOCA PROPICIA:
Días templados, sin riesgo de lluvias.

DURACIÓN:
En el día, también en fin de semana.

ALOJAMIENTOS:
Montejo de la Sierra: ***La Hontanilla***. *El Soto 34 y 36. 616 088 088. 918 697 161. Apartamentos rústicos y confortables.*
Horcajuelo de la Sierra: ***La Posada de Horcajuelo***. *Blanca 17. 670 333 977. Precioso hotelito rural con mucho encanto.*
La Hiruela: ***Los Cerezos***. *Pl. Pastores. 649 468 882. Apartamentos paradisíacos.*

RESTAURANTES:
En las proximidades del Hayedo puede comerse de mochila en Área Recreativa. También en los alojamientos citados y en:
Horcajuelo: ***El Pajar de Carmina***. *918 697 152. Cocina imaginativa. Ambiente.*
La Hiruela: ***Ad Libitum***. *Arriba 64. 918 697 320 (fines semana), 917 737 768 (diario). Exquisita cocina casera.*
La Puebla: ***El Parador***. *661 611 695. También los de las rutas 53, 54 y 55.*

VISITAS:
Montejo: ***Hayedo***. *Las visitas, formando grupos (hasta 25 personas), al mediodía y por la tarde. Duran unos 90 minutos. Reservar previamente (918 697 058); sin reserva o con ella, hay que pasarse previamente por el C.R.M. de Montejo para retirar la autorización que le pedirán a la entrada del Hayedo.*

la Sierra Norte podemos tomar el desvío de **Madarcos**, aldea situada en la falda del cerro Majada de la Peña y regada por el río Madarquillos para tomar el tramo de pista que enlaza otras dos características aldeas de la zona: **Horcajo** y **Horcajuelo**, en un terreno tortuoso y enriscado, perforado en el pasado para la explotación argentífera (en la ladera del cerro de La Parrilla) y que ofrece al visitante de nuestros días una atractiva cosecha para los amigos de los **minerales** (cristal de roca, granates, turmalinas).

El Hayedo. Hay que detenerse en el Centro de Recursos de Montaña situado en la localidad de **Montejo** para gestionar o confirmar la autorización de visita al Hayedo. Con el salvoconducto en el bolsillo y, atendiendo a la hora concertada, habrá de planificarse el tiempo disponible. El acceso se realiza a través del desvío a El Cardoso, pasando ante el camping de La Dehesilla y el Puerto del Cardoso y poco antes de cruzar el río Jarama. Se trata de un excepcional **ecosistema**, refugio de las hayas más meridionales de Europa, que conviven con otras interesantes especies forestales (roble albar, acebo, serbal de cazadores, abedul), especies que el profano podrá ir identificando a través de las indicaciones del guía que acompaña a los visitantes.

El Puerto. Tras atravesar de nuevo el suave puerto de El Cardoso hay que tomar el desvío a La Hiruela y ganar el puerto, magnífico **mirador** sobre ambas laderas, por un lado la Sierra de Guadarrama y por otro la de Ayllón. Ambas visiones pueden acotarse por las ventanillas de una casilla de observación panorámica y de las aves a pocos metros de la carretera. También el puerto se presta a emprender amenos **paseos** y recogida de **minerales**. Un poco más adelante se encuentra el pintoresco pueblo de **La Hiruela**.

La Aldea Remota. En el retorno, la localidad de **Prádena** ofrece la opción de visitar la apartada localidad de **Puebla de la Sierra** que requiere ganar el puerto de Cerro Montejo y toda una propina de curvas y contracurvas hasta llegar a la capital del fin del mundo, a la Puebla de la Mujer Muerta, hoy simplemente, **La Puebla**, una de las aldeas más pintorescas y escarpadas de la provincia.

El puerto de ***La Hiruela*** *en tiempo otoñal (arriba) y* ***Prádena del Rincón,*** *tras una nevada primaveral (derecha)*

57. Alcalá de Henares: Ciudad Universitaria

El casco complutense reúne: el recinto medieval amurallado, la ciudad renacentista arzobispal y universitaria, la estela cervantina y el entramado barroco conventual, colegial y palaciego, una auténtica misión imposible para una visita apresurada.

El recinto amurallado. Corresponde al lejano tiempo de los primeros arzobispos guerreros, aunque reformas y añadidos importantes llegan hasta el siglo XVIII en que se levanta la Puerta de Madrid, totalizando el recinto 14 torreones y la base de una torre albarrana.

La Universidad. Pocos vestigios quedan de los primeros edificios de la Universidad fundada por Cisneros e inaugurada en 1508 ya que, tal como el mismo predijo, otros harían en piedra lo que él construyó en barro. Así, la gran **fachada principal** obra maestra del arte plateresco debida a Gil de Hontañón se termina en torno a 1553, el encantador **patio Trilingüe** en 1570 y el espectacular **patio Mayor** en 1662. Sólo el **Paraninfo** (artesonado morisco, balcones plate-

KILOMETRAJE:
Acceso (A-2) y Retorno (A-2) 64

DURACIÓN Y ÉPOCA PROPICIA:
Cualquier día, salvo días extremos.

RESTAURANTES:
***Hostería del Estudiante**: Colegios 3. 918 880 330. De la Red de Paradores. Elegante salón castellano, ricas migas. **Miguel de Cervantes**. Imagen 12. 918 831 277. Cocina tradicional ambientada. **Asador Santiago**. Santiago 32. 918 890 022. Mesón castellano; asados y más. **Mesón La Casa Vieja**. San Felipe Neri 7. 918 836 261. Tipismo y clásicos asados. **San Diego**. Frente fachada Universidad. 918 883 097. Cocina de cuchara y carnes.*

COMPRAS:
***El Postre**. Tinte 15. La rica "costrada".*
***Clarisas San Diego**. Beata. Almendras.*

VISITAS:
Visitas guiadas y libres al casco antiguo a la Casa de Hippolytus y a otros recintos. Consultar página web: http://www.portal-local.com/tuho_rut.asp

INFORMACIÓN:
***Oficinas de Turismo**. Pl. Cervantes (918 892 694) y pl. Santos Niños (918 810 634). **Tren de Cervantes**. Sábados y domingos: 11 h. desde Atocha (entre fines de septiembre y principios de diciembre).*

Alcalá de Henares. *Sepulcro de Cisneros (detalle) en la capilla universitaria de San Ildefonso*

rescos y tribuna doctoral) y el interior de la **Iglesia** (artesonado y yeserías) son construcciones de la primera época, donde todavía el material básico es el yeso y el estilo corresponde al tránsito del gótico al renacimiento con notable influencia mudéjar. En el centro del templo el soberbio **sepulcro** de Cisneros, joya renacentista.

La Iglesia Magistral. Convaleciente de las gravísimas heridas recibidas en la guerra civil luce aún una buena parte de su solemne arquitectura de colegiata magistral. Presenta tres **naves** con girola poligonal y bóvedas de crucería sostenidas por gruesos pilares con picuda **torre** de tres cuerpos rematada en chapitel. Sobresale entre sus gloriosos restos la extraordinaria **reja** que Juan Francés firma como *"maestro maior de las obras de fierro en España"*, una de las mejores cancelas del arte del siglo XVI. El altar mayor aloja la **urna** de San Diego de Alcalá que se superpone a la **cripta** de los Santos Niños, Justo y Pastor, y cerrando el itinerario necrológico, hay que destacar un bello **sepulcro** plateresco en la girola. Finalmente en la nave de la epístola hay varias **capillas** de interés destacando la del Cristo de la Agonía.

El Palacio Arzobispal. Soberbio edificio cuya grandeza queda reflejada en su **fachada** principal, de un exquisito estilo renacentista, cuya moderación solo interrumpe el agresivo escudo del arzobispo-infante. Otra **fachada** muestra la cronología y estilo del arzobispo Tenorio (XIV), enlazando con el convento de Bernardas mediante un frente de **ventanales** con preciosos calados.

Los Conventos. Muestra de la magnificencia (arquitectónica y ornamental) el de **Bernardas**; otros, de apariencia más contenida, ofrecen bellas fachadas renacentistas (**Sta. Úrsula** y de la **Imagen**).

Los Colegios. Sólo en las calles de los Colegios y la de Escritorios ya puede contemplarse una amplia selección.

Otros edificios. Ermita de los Doctrinos, Casa y Teatro Cervantes, Hospital de Antezana , Casa de los Lizana, Iglesia de Jesuítas,Oratorio de los Felipenses, Casa de la Entrevista, Hostería del Estudiante, ...

58. Sorpresas de Cercanías

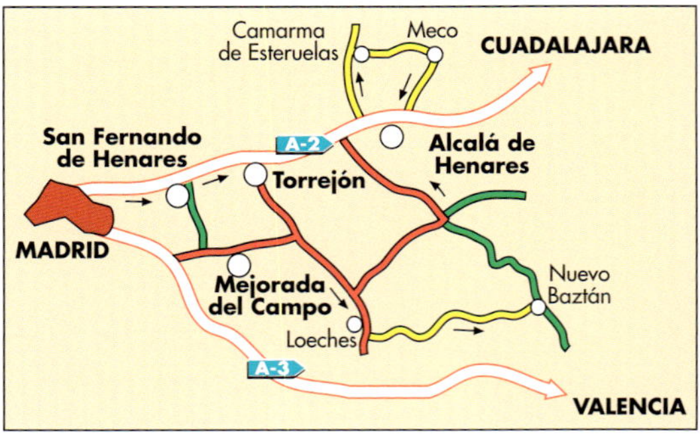

Tan misterioso título quiere llamar la atención sobre auténticos tesoros poco conocidos que sorprenderán al viajero que, en una o varias cortas escapadas, se deje llevar por este gratificante itinerario que discurre por la N-II, a las puertas del gran Madrid.

Torrejón. Insospechada colección equiparable a las mejores de los museos y monasterios griegos, rusos o búlgaros, con **iconos** de los siglos XII a XX de las escuelas de Moscú, Bizancio, Monte Athos, Kiev, ... de los que exhiben más de 800 piezas de altísimo mérito en la gran sala de los sótanos de la Casa Grande, antigua granja del colegio jesuítico de San Isidro.

Mejorada. La **capilla** de San Fausto, anexo de la iglesia de la Natividad, es un sorprendente y original experimento de concepción neoclásica tardía, ejemplo casi único en España de edificio centralizado en su forma arquitectónica más pura, de planta griega y cúpula central con cuatro ábsides menores. Tras su restauración, a principios de los 90, luce su grandeza original.

Loeches. El convento de Dominicas, fundado por el conde-duque de Olivares, muestra una magnífica y elegante fachada barroca. La sorpresa, sin embargo, aguarda dentro en la escurialense capilla-**panteón** de la Casa de Alba donde puede admirarse el seductor sepulcro en mármol blanco de la duquesa de Montijo, cuya imagen de juventud, más parece "*dormida para el amor que muerta para el deseo*".

Nuevo Baztán. Pasamos ahora a un raro ejemplo de urbanismo fruto de la mentalidad preilustrada del banquero navarro Goyeneche que encarga a Churriguera la creación de una

KILOMETRAJE:
Acceso (A-2)......20
Ruta (itinerario completo)......77
Retorno......31
Total......128

ÉPOCA PROPICIA:
Días templados, sin riesgo de lluvias.

DURACIÓN:
En el día, fraccionable en función horarios.

RESTAURANTES:
Torrejón de Ardoz: ***La Casa Grande***. *Madrid 2. 916 753 900. Gran comedor.*
Mejorada: ***Palacio Negralejo***. *Ctra. San Fernando-Mejorada, km. 3. 916 691 125. Cocina castellana, marco rústico, encanto.*
Valdilecha: ***La Ochava***. *Mayor 58. 918 738 069. Rústico. Acreditados asados.*
Nuevo Baztán: ***La Cabaña***. *Ctra. Valverde. 918 734 343. Parrilla, asados.*

VISITAS:
Torrejón: ***Museo de Iconos***. *Casa Grande. De 11/14 y 15/19, cierra lunes.*
Mejorada del Campo: *Iglesia Natividad.* ***Capilla de San Fausto***. *916 790 805.* ***Basílica del Pilar***. *Templo neo-románico de empeño privado, de locura.*
Loeches: *Convento de Dominicas.* ***Panteón de los Alba***. *Accesible a diario (10 a 13,30 y 16,30 a 18,30). Dulces en el torno. Interesante web: www.terra.es/personal7/historialoeches/panteon.htm*
Camarma: ***Parroquia***. *Suele estar abierta (si no acudir a casa parroquial).*
Meco: ***Iglesia de la Asunción***. *Cerrada por obras hasta fin 2004. 918 860 879.*
Nuevo Baztán: ***Iglesia***. *Culto sábados (20 h.) y domingos/festivos (13 h.).* ***Bodegas***. *Centro de Interpretación y Museo Etnográfico; proyecto en palacio.*

ciudad industrial, en la que todavía los elementos dominantes son la iglesia y el palacio, y en la que se logra un arriesgado equilibrio entre lo clásico y lo barroco, sin renunciar a la variedad y a la sorpresa. La aventura industrial no tuvo continuidad perdurando, sin embargo, el **urbanismo**, las viviendas de los colonos, la iglesia, el palacio y los jardines. La **iglesia** y el palacio, unidos en el exterior y comunicados interiormente, forman una armoniosa fachada en la que destacan las torres con chapitel de pizarra que flanquean el templo, presidido por una sobresaliente escultura de San Francisco Javier, tema que se repite en el retablo mayor entre jaspes y mármoles. El **palacio** ofrece una bella portada, que da paso a una señorial escalera. Este conjunto constituye el centro urbano en torno al cual se articulan tres **plazas** de distinta función y carácter, plenamente interrelacionadas y encantadoras.

Camarma. Bajando el Gurugú y entrando en Alcalá hay que cruzar la pista para dirigirse a esta localidad que, en los últimos años, ha recuperado un notable y sorprendente **templo** románico-mudéjar con ábside de ladrillo de tres cuerpos de arcos de medio punto; la recuperación, para mayor gozo del visitante, ha logrado desvelar unas pinturas murales de encantandora rusticidad y un valioso artesonado de par y nudillo.

Meco. Localidad que ofrece un buen repertorio de casonas y palacios barrocos, pero cuya sorpresa pronto queda desvelada pues el gigantesco templo (conocido en la comarca como "la catedral") se perfila nítidamente sobre el caserío. Se trata de un **templo** de los llamados columnarios, de tres naves de la misma altura, con cinco tramos y grandes columnas toscanas sosteniendo arcos de medio punto. La cubierta es de crucería con una gran cúpula sobre el crucero. En lo ornamental destaca el retablo mayor, una capilla con interesante reja del siglo XVI (en el interior inquietante lápida sepulcral) y, a buen recaudo, seis tablas magníficas de la escuela toledana con escenas de la vida de la Virgen de hacia 1530. Y como no hablar del privilegio eclesial popularizado por la frase *"no te valdrá ni la bula de Meco"*.

Camarma de Esteruelas. *El martirio de San Sebastián (pintura mural recientemente recuperada, aunque ha perdido algo de la calidad que tendría al ser pintada allá en el lejano siglo XIII)*

59. Plazas Mayores Madrileñas

Visitamos Chinchón la más espectacular de las plazas mayores madrileñas y una de las más bellas de España y, seguidamente, Colmenar de Oreja que presenta otro modelo castizo y encantador, completando la ruta con visitas a templos y casonas y a los reparadores mesones y parador de Chinchón.

Arganda del Rey. Localidad que marca el desvío y comienzo de la ruta con parada para ver un buen ejemplo de **plaza** mayor presidida por ayuntamiento del XVIII con torreón y cubiertas, que se confunden con las del templo situado a su espalda, y casas con balconajes corridos y flagrantes desaguisados. El **templo** ofrece un valioso retablo mayor de principios del XVII de escuela aragonesa. También merece una visita su **fuente** neoclásica, de seis caños, obelisco central y bella distribución de abrevadero y pileta.

Chinchón. La visita a esta famosa localidad gira en torno a la mejor **plaza** madrileña de galerías y soportales, genuina representación de arquitectura popular. Se trata de una gran plaza ovalada en la que pueden discernirse varias épocas, desde el siglo XV al XIX. A lo largo del tiempo, ha servido de marco para celebrar ferias de ganado, autos sacramentales y corridas de toros (estos dos últimos festejos en forma de la Pasión viviente durante la Semana Santa y los festivales taurinos en torno al Pilar, mantienen su vigencia). Una reciente rehabilitación, ha saneado la plaza y los edificios, recuperando el color primitivo y limitando la invasión de los vehículos que la utilizaban como inmenso aparca-

KILOMETRAJE:

Acceso (A-3)	*20*
Ruta	*50*
Retorno	*54*
Total	*124*

DURACIÓN Y ÉPOCA PROPICIA:
En el día , con tiempo templado.

ALOJAMIENTOS:
Chinchón: ***Parador de Turismo******. *Av. Generalísimo 1. 918 940 836. Antiguo convento del XVII rehabilitado con gusto.* ***Hotel Condesa de Chinchón*****.* *Generalísimo 26. 918 935 400. Un lujo, competitivo.* ***Hotel La Cerca*****.* *La Cerca 9. 918 941 300. Cierta austeridad, buen precio.* ***La Graja****. Paje 7. 687 317 866. Casona rehabilitada como casa rural con encanto.*

RESTAURANTES:
Chinchón: ***Mesón de la Virreina****. Plaza Mayor 28. 918 940 015. Mesón típico con balconada sobre la plaza, con asados y otras recetas de la cocina tradicional.* ***Cuevas del Vino****. Benito Hortelano 13. 918 949 206. Mesón típico. Sopa del Mesón, judías chinchoneras, asados.*

COMPRAS:
Chinchón: ***Ardulchín****. Travesía Alta 5. 918 940 200. El paraíso del chocolate.*
Pan, ajos, licor, artesanía y otros productos típicos, en la plaza y entorno.
Colmenar: *Vinos y queso de oveja.*

INFORMACIÓN Y VISITAS:
Chinchón: ***Oficina de Turismo****. Pl. Mayor 6. 918 935 323. Visitas guiadas.*
Colmenar de Oreja: ***Visitas****. Plaza Mayor, museo Ulpiano Checa, templo.*

miento. Respecto a edificios religiosos no hace falta glosar la robustez del **templo** gótico-renacentista que se asoma a la plaza. Para admirar desde otro ángulo la plaza hay que subir al templo, lo que también permitirá descubrir la hermosa portada plateresca del templo y, ya en el interior, el gran lienzo de la Asunción pintado por Goya. Callejeando por la villa iremos descubriendo el **convento** de clarisas, así como otros edificios religiosos, entre ellos el convento de agustinos reconvertido en atractivo **Parador**, así como **casonas** hidalgas blasonadas, entre las que habría que destacar la llamada de la Cadena, con fachada a cuatro calles. Mayor perspectiva se gana desde la posición dominante del **castillo** de los condes, construido sobre las ruinas de otro más antiguo.

Colmenar de Oreja. En este apartado lugar de los confines madrileños, de remoto origen, que Felipe II quiso convertir en Sitio Real, mandando construir su iglesia, encontramos otro notable ejemplo de **plaza Mayor**, porticada y castiza, una de las más bellas de la provincia, a pesar de la delicada comparación con su vecina Chinchón. Algunas casas de uno de sus lados tienen más pisos en las fachadas posteriores que en las delanteras y caen sobre un derrumbadero con cauce, fuente y lavadero y el **arco** de Zacatín, galería subterránea de sillería y gran amplitud que atraviesa la plaza y la enlaza con el arrabal. El **templo**, gótico-renacentista, con muros de mampostería y contrafuertes cilíndricos, da la sensación de pesada fortaleza. Tiene también interés artístico el **convento** de agustinas cuya iglesia se asemeja a la de la Encarnación de Madrid. Fuera del casco urbano hay que destacar, en ameno paraje, la **ermita** del Santo Cristo del Humilladero, pieza representativa de la arquitectura religiosa popular cuyo conjunto se integra armónicamente en el paisaje.

Retorno. Por **Villarejo de Salvanés**, localidad en cuya plaza puede admirarse el patio de columnas toscanas de la **posada** de la Victoria, así como un buen **templo** gótico del XVI y la soberbia **torre** del homenaje, de una desaparecida fortaleza, que muestra su notable altura de cuatro plantas formada por cubillos agrupados (tres en cada frente) coronados por una corona de matacanes simulados.

Chinchón (arriba) y Colmenar de Oreja (izquierda). Plazas Mayores

60. Aranjuez: Jardines y Palacios

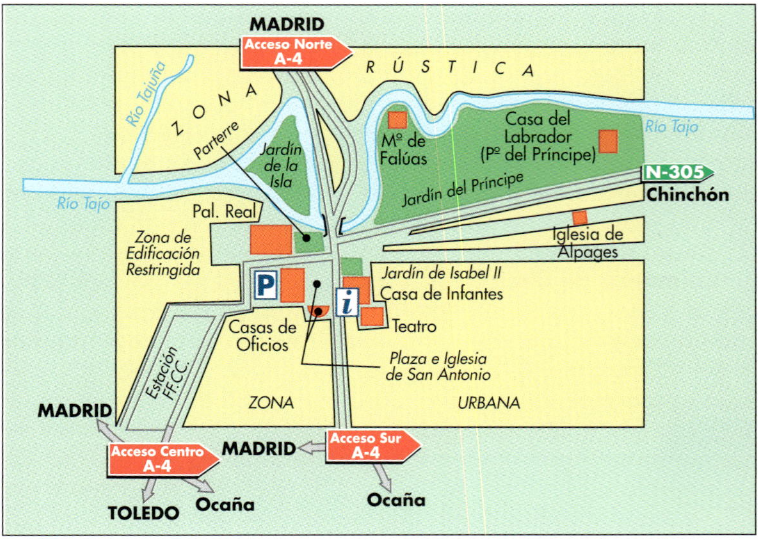

Aranjuez es un lugar a cuyos jardines hay que peregrinar puntualmente a lo largo de las cuatro estaciones para pasear sin prisas, observando su inagotable cromatismo, caminando por las amplias arboledas y descubriendo sus rincones más recónditos.

Los Jardines. Cuatro extraordinarios jardines, de fascinante belleza, consecuencia de siglos de esfuerzos en busca de la perfección se ofrecen al viajero que deberá dosificar su recorrido en varias visitas en diferentes épocas del año para disfrutar de los matices cromáticos propios de cada estación. El del **Príncipe** es un auténtico bosque de 150 hectáreas con una sorprendente variedad de árboles, muchos de ellos traídos de América por deseo de Carlos IV; espaciosos paseos, estanques, fuentes, cenadores, templetes y estatuas componen un paraíso ideal para caminar sin rumbo. El del **Parterre**, entre el palacio y el río, es un fantástico ejemplo de la jardinería francesa, con monumentales fuentes y gran variedad y profusión de flores. El de **La Isla** es el de más lejanos orígenes, constituyendo un amplio espacio verde de espléndido arbolado, grandes avenidas y numerosas fuentes de piedra y mármol dedicadas a personajes y escenas de la mitología

KILOMETRAJE, DURACIÓN Y ÉPOCA:
Unos 100 km, cualquier día del año.

RESTAURANTES:
Casa José. Abastos 32. 918 911 488. Una cocina de alto nivel gastronómico. Casa Pablo. Almíbar 42. 918 911 451. Cocina clásica, ambiente taurino.

VISITAS:
Palacio Real, Casa Labrador y Falúas, diaria 10 a 17,15/18,15. Cierra lunes. Jardines. A diario de 8 a 18,30/20,30 h. Museo "Aranjuez: una gran fiesta". Pl. Toros. 11 a 17,30 /19,30. Cierra lunes. Turismo recreativo. Chiquitrén, Barco, globos. 902 088 089. www.arantour.com

INFORMACIÓN:
Oficina de Turismo. Pl. San Antonio 9. 918 910 427. Planos y datos Real Sitio. Tren de la Fresa. Mayo a octubre. Información y reservas: 902 240 202.

FESTIVALES:
Música Antigua de Aranjuez. Festival (mayo/junio) conciertos y paseos. Ver: www.musicaantiguaaranjuez.net

griega. Más modesto es el de **Isabel II** que cierra uno de los laterales de la plaza de San Antonio.

El Palacio Real. Fruto de las arquitecturas sucesivas imperantes en tiempos de Austrias y Borbones (las estatuas de Felipe II, Felipe V y Fernando VI presiden el frontispicio de la fachada principal). El interior también refleja variedad de estilos con motivos decorativos árabes, chinescos, isabelinos y rococós. La majestuosa escalera principal precede a la **visita** guiada que discurre por una selección de salas, regiamente ornamentadas, cuyos puntos culminantes son el solemne salón del trono y la sorprendente sala de porcelana.

Palacetes y Casas. La casa del **Labrador** es el palacete que resume toda la grandeza y refinamiento de la dinastía borbónica; fue primero alojamiento del príncipe (Carlos IV) y más tarde recinto para las fiestas de la Corte, destacando su gabinete de platino y la galería pompeyana, con una extraordinaria colección de bustos de filósofos procedentes de excavaciones realizadas en Tívoli. La casa de **Marinos** es una construcción moderna, que aloja el curioso museo de Falúas con las embarcaciones de la llamada "escuadra del Tajo". Otras edificaciones que cierran el urbanismo clasicista del Real Sitio son la casa de **Oficios** y Caballeros y la casa de **Infantes**, cuyas arcadas delimitan la espaciosa plaza de San Antonio, que incluye el **templo** barroco del mismo nombre.

Otras construcciones. No lejos del entorno palaciego se encuentra el **templo** barroco de Alpajés, con soberbia ventana sobre la que luce el escudo de Carlos II, el **convento** de San Pascual, obra de Sabatini y el **hospital** de San Carlos, frente al convento. Del viejo caserío destacan edificios de mediados del XVIII como el gran **teatro**, el **palacio** de los Juzgados o las **casonas** de la calle Abastos y Florida. A igual época corresponde el **puente** Largo sobre el Jarama.

Aranjuez. *Jardín del Príncipe y fachada de Carlos III*

61. Villas y Tierras del Alberche

Nos adentramos en el arco que traza el Alberche en el vértice de las tierras madrileñas, toledanas y abulenses, donde encontramos históricas villas con sus palacios, fortalezas y templos, así como intrincados parajes boscosos y las amplias láminas azules del Alberche.

Aldea del Fresno. A la salida, en dirección a Villa del Prado, encontramos el anchuroso cauce del río, que presta apellido a esta ruta, en su confluencia con el arroyo Perales, salvado por un impresionante **puente** de 24 ojos por el que aún en 1926 se pagaba un peaje de tres pesetas en concepto de *pontazgo*.

Villa del Prado. Una vez cruzadas las tierras llanas que albergan la fauna salvaje del **Safari**, nos acercamos a la villa, anunciada por el espigado chapitel de su airosa **torre**. Esta referencia debe guiarnos al **templo** que cuenta con dos notables portadas, influenciadas por las estéticas de los tres estilos que aún pervivían en el siglo XV: el arcaísmo románico (presente en las cortas columnas que sostienen el pórtico), el gótico dominante (arcos carpanel y conopial en evangelio y epístola, respectivamente, y decoración de bolas) y el anunciado plateresco (pináculos y cresterías). Notables son también su evocadora espadaña (la inicial del templo) y la soberbia torre de tres cuerpos (de la segunda mitad del XVI). El interior ofrece bóvedas de crucería y un sobresaliente conjunto de retablos barrocos. También hay que detenerse en la contigua **plaza** Mayor, que permite observar con perspectiva la gran torre parroquial y la restaurada **casa del Concejo** y su doble galería de madera de auténtico sabor popular.

KILOMETRAJE:

Acceso (A-4. M-507)	*49*
Ruta	*40*
Retorno	*68*
Total	*157*

DURACIÓN Y ÉPOCA PROPICIA:
En el día/fin de semana, con buen tiempo.

ALOJAMIENTOS:
San Martín de Valdeiglesias: ***Hotel La Corredera******. *Corredera Alta 28. 918 611 029. Hotelito rural con encanto.* ***Casa de Labranza***. *Arco 3. 918 611 653. Acogedora.*

RESTAURANTES:
San Martín de Valdeiglesias: ***Arcos de la Corredera*** *(ver alojamientos). Cocina imaginativa, en un marco muy agradable.*
Chapinería: ***El Chapín de la Reina***. *Ctra. de Colmenar. 918 652 524. Cocina creativa con algunas recetas llamativas.*
Colmenar del Arroyo: ***El Mesón de Doña Filo***. *San Juan 3. 918 651 471. Carta de menús de alto nivel gastronómico.*

VISITAS:
Villa del Prado: ***Iglesia de Santiago***. *918 622 414. Consultar horario visitas.*
Cadalso Vidrios: ***Iglesia la Asunción***. *918 640 134. Consultar horario visitas.* ***Casa de los Salvajes*** *y* ***palacio de los Villena***. *Propiedad privada. Ver exterior.*
San Martín de Valdeiglesias: ***San Martín***. *918 610 135. Consultar horario visitas.* ***Castillo de la Coracera***. *Visita fines de semana. Confirmar en 918 612 933.*
Colmenar del Arroyo: ***Iglesia de la Asunción***. *Inaugurada restauración a mediados de 2004. Recomendable.*

San Martín de Valdeiglesias. Castillo de Coracera

Carreteras panorámicas. El camino entre Villa del Prado y Cadalso ofrece dos tramos de carretera con amplias **panorámicas** sobre las tierras madrileñas, toledanas y abulenses comprendidas en la amplia curva que delimita el curso del Alberche. El primer tramo asciende rápidamente unas empinadas rampas de un **monte** de encinas que ofrece amplias **vistas** de la villa y tierras madrileñas; tras salvar las rampas descendentes se cruza la carretera Ávila-Toledo, para penetrar en un atractivo **pinar** que nos sitúa en la histórica población de Cadalso.

Cadalso de los Vidrios. En la arteria principal del pueblo, la calle Real, hay que detenerse ante la llamativa fachada del **palacio** conocido como Casa de los Salvajes por las dos grandes figuras que sostienen el escudo de armas de su propietario. Muy cerca, la calle de la Iglesia nos permite detenernos a admirar las solemnes dimensiones de su **templo** de nave única muy elevada que concluye con cabecera cubierta por nervaduras gótica. No lejos, en el inicio de la salida a Cenicientos hay que detenerse en la gasolinera para admirar la fachada del soberbio **palacio** que fue residencia de don Álvaro de Luna en los felices años de su privanza. Tras su ejecución pasó por diversos propietarios del más alto rango: monarcas (Reyes Católicos, Reyes de Portugal) y nobles (marqués de Villena, duque de Frías). Hoy puede admirarse su atractiva **portada**, plenamente palaciega, y muros laterales que recuerdan su primitivo origen defensivo. Tras el pórtico y defensas, se nos ocultan la elegantísima galería adintelada y los encantadores **jardines**. Si rodeamos la finca, en la parte más alta puede verse, en terrenos municipales abiertos al público, el primitivo **estanque** renacentista con sus balaustradas, asientos y hornacinas.

San Martín de Valdeiglesias. Atravesando otro monte de pinar, llegamos a esta populosa localidad, poseída en los tiempos heroicos por abades, monarcas y nobles. Del pasado perviven dos monumentos situados en lugares prominentes: el **castillo** de Coracera, del siglo XV bien conservado, y un grandioso **templo** herreriano sin rematar, situado entre la plaza del Concejo y un ameno jardincito con **vistas** sobre el caserío.

Pantanos. Desde las inmediaciones de **Pelayos**, o desde la localidad abulense de **El Tiemblo** pueden alcanzarse las orillas de los **pantanos** de San Juan o del Burguillo donde se embalsan las aguas del Alberche.

62. El Real Sitio de El Pardo

Histórico palacio cuyo pasado pareciera sólo ligado a la estancia de Franco, tratándose sin embargo de un gran edificio que conserva foso medieval, artes renacentistas y galas borbónicas, bordeado por lujosos jardines, palacetes y una extraordinaria reserva ecológica: el Monte del Pardo.

El Palacio de El Pardo. Casa Real de remoto origen (principios del siglo XV), ampliada por Carlos V como recuerda la inscripción que preside el **pórtico** de granito labrado al gusto renacentista, en cuyo frontón figura el águila bicéfala característica del imperio. La terminación y decoración interior fue supervisada por Felipe II alojando numerosas obras de arte que se perdieron con el catastrófico incendio de 1604. La reconstrucción en tiempos de Felipe III se hizo respetando algunos de sus espacios más característicos como el **foso** medieval o el **patio** renacentista, elegantísima obra con arcos escarzanos que apoyan sobre columnas jónicas y piso alto con dinteles sobre castizas zapatas. Sabatini, por encargo de Carlos III amplia el palacio añadiendo una nueva planta cuadrada que da la forma rectangular actual con tres patios en lugar del úni-

KILOMETRAJE, DURACIÓN Y ÉPOCA:
Unos 30 km, cualquier día del año.
RESTAURANTES:
*Asador Ricardo. Pte. de Capuchinos. 913 761 683. Faisán, gamo, perdiz y corzo. El Gamo. La Guardia 6. 913 760 327. Cocina casera y caza mayor y menor. **La Marquesita**. La Guardia 29. 913 760 377. Hojaldre trigueros, gambas. **El Torreón**. Carretera del Cristo. 913 760 946. Gamo y otros platos de caza. **Pedro's**. Av. de la Guardia. 913 760 883. Arroces, fideuá y platos de caza.*
MERIENDAS Y COMPRAS:
La Marquesita (ver restaurantes). Chocolate con su tentadora repostería.
VISITAS:
Palacio: 10,30 a 17/18 h. Jardines Palacio y Casita Príncipe: 10,30 a 17,45/ 18,45. Cierran domingos tarde. Jardines de La Quinta: 7 a 19/20 horas. Monte del Pardo. Sólo el entorno de la carretera y área recreativa (zona del puente del ferrocarril) y el jardín y casita de La Quinta.

co primitivo. Por fin, Carlos IV encargó nuevas decoraciones para los interiores a pintores afamados de la Corte, entre ellos Goya, autor de los modelos sobre los que se tejieron los tapices que cubren las paredes de muchas de las salas.

Casita del Príncipe. Pequeña joya, encargo del príncipe que reinaría como Carlos IV al arquitecto Juan de Villanueva, para apartarse con su esposa María Luisa de Parma de la rigurosa etiqueta de Carlos III. Se trata de una pequeña joya extraordinariamente decorada con mármoles, sedas, estucos, maderas, porcelanas, así como pinturas de Lucas Jordán, Maella, Bayeu y Mengs.

Palacete de La Quinta. Casa de recreo del duque del Arco, montero mayor del rey Felipe V. El **palacete** sirvió de residencia a los príncipes Juan Carlos y Sofía antes de ocupar La Zarzuela. Lo más característico de su decoración son los papeles pintados de principios del XIX de influencia francesa. Su **jardín** tiene mucho encanto aprovechando el desnivel del terreno para componer el artificio de La Cascada que enlaza los dos niveles adornados con cuadros de boj y árboles centenarios y gigantescos (secuoyas y pinsapos).

Convento de Capuchinos. Siguiendo la indicación del "Cristo del Pardo" se sube a la colina en la que se alza el convento, cuyo edificio se enmarca en el barroco madrileño de tiempos de Felipe IV. Sin duda la fama del lugar se centra en el **Cristo** yacente de Gregorio Fernández aunque también hay buenas **pinturas** de Ribera, Rizi, Bartolomé González y Bellver.

El Monte de El Pardo. Increible reserva que, a pesar de los acosos, conserva gran parte de los valores naturales heredados de la Edad Media. Los escasos espacios accesibles apenas permiten darse idea de la riqueza que verjas y tapias protegen. Debe consolarnos el breve paseo por la zona abierta en el entorno de La Quinta, con magníficos miradores en la explanada del palacio y el breve camino cortado que sube algo más y permite una amplia visión del perfil de Madrid tras el Monte.

El Pardo. Palacio y entorno del palacete de La Quinta

63. El Escorial: Refugio del Todopoderoso

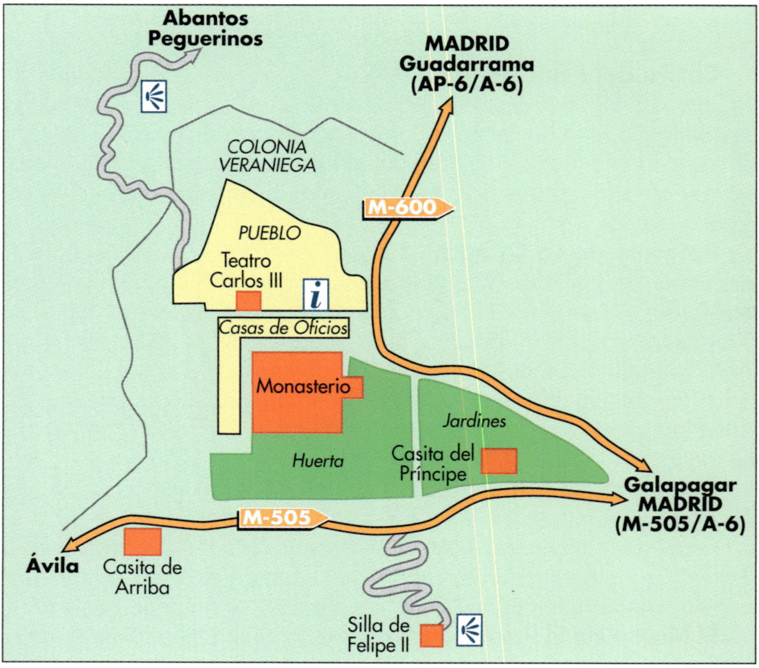

Obra para ensalzar a Dios de su todopoderoso servidor: Felipe II. El emplazamiento conecta lo terrenal –la llanura que se extiende a sus pies– y lo divino –representado por las estribaciones que comienzan donde acaba su traza–. Una visita siempre fascinante.

La Obra de El Escorial. Iniciativa de Felipe II tras la euforia de la victoria en San Quintín, dedicando el templo a San Lorenzo, patrón del día en que se libra la contienda. Aunque los primeros diseños corresponden a Juan Bautista de Toledo, la obra final obedece a la traza de Juan de Herrera, siendo la obra maestra de su estilo, un arte monumental de líneas clásicas, desornamentadas, en contraste con el barroquismo plateresco al uso en la época. Así, la razón, la simetría, el equilibrio y el estudio de las disciplinas de la antigüedad rigieron la construcción del monasterio que debería albergar un austero palacio, un panteón

KILOMETRAJE, DURACIÓN Y ÉPOCA:
116 km, cualquier día (salvo lunes).

RESTAURANTES:
Horizontal. Subida a Abantos. 918 903 811. Buena cocina en el mejor marco. Charolés. Floridablanca 24. 918 905 975. Carnes y pescados de calidad. Parrilla Príncipe. Floridablanca 6. 918 901 611. Buena cocina de temporada. Enoki. Calvario 4. 918 904 859. Recetas logradas de nueva cocina.

APERITIVOS Y COPAS:
Croché. Floridablanca 24. Cafetín grato. Jeromín. Floridablanca 17. Tapas/Menús.

VISITAS:
Monasterio y Palacio: 10 a 17/18 h. Jardín de los Frailes: 10 a 18/19 h. Parque Carrero Blanco: 19 a 18/21 h. Jardín Casita del Príncipe: 10 a 18/19 h. Jardines de la Casita del Infante (Semana Santa y julio/septiembre) de 10 a 19 h. Todas las dependencias y jardines citados cierran los lunes. Los Aposentos de los Borbones y las Casitas del Príncipe y del Infante (de Arriba): requieren previa concertación llamando al 918 905 902 o al 918 905 903.

San Lorenzo de El Escorial. Fachada principal del Monasterio

regio, una gran basílica, un lugar de acogimiento para una comunidad de frailes y una completísima biblioteca enlazando el convento y el colegio de los frailes. Las obras, que duraron sólo 21 años, concluyeron en 1584; tras los años dedicados a su decoración interior, el recinto se consagra en 1595.

La Basílica. Solemne templo con planta de cruz griega, ampliada a los pies con un espacio para el coro, con gran cúpula, soberbio retablo mayor, pinturas murales de las bóvedas y obras artísticas tan valiosas como los oratorios reales de Leoni o el Cristo de Cellini.

El Palacio de los Austrias. Llama la atención el ascetismo de las habitaciones de Felipe II con suelos de losetas de cerámica y paredes desnudas (sólo un modesto zócalo de azulejo), aposentos cuya alcoba real linda con la cabecera de la basílica para facilitar el seguimiento de las ceremonias religiosas desde la cama en caso de indisposición (a imitación de Yuste) con una antesala contigüa que comunica con el salón del Trono.

Los Panteones. Bajo el altar mayor se encuentra el enterramiento de reyes y reinas madres de reyes, proyecto concluido por Felipe IV. La antesacristía se bifurca para dar acceso al panteón de infantes, proyecto realizado en tiempos de Isabel II, con empalagoso estilo, poco acorde con el espíritu de El Escorial.

Los Museos. El de Arquitectura es una curiosa colección que contesta a muchos de los interrogantes que plantea una construcción de estas dimensiones en tan corto espacio de tiempo en pleno siglo XVI. El de Pinturas constituye una pinacoteca de visita obligada pues custodia obras cumbres como el impresionante Martirio de San Mauricio y la Legión Tebana, obra maestra del Greco, encargo directo de Felipe II, entre otras muchas obras de primer nivel.

La Biblioteca. Asombroso espacio con decoración cargada de simbolismos que contiene una fabulosa colección: biblias, beatos, códices griegos y los manuscritos árabes que no quemó Cisneros.

Las Casitas. Lujosos palacetes, ejemplos de un universo bien distinto al contemplado en Escorial como morada de Felipe II.

64. El Valle de los Caídos: Emulación Escurialense

La proximidad del Escorial colabora en la inevitable comparación, sin necesidad de acudir a las socorridas referencias faraónicas. Lo cierto es que el polémico monumento ahí está y el respeto a los muertos que allí reposan exigen a la visita un talante conciliador.

La iniciativa. Espectacular monumento ideado por Francisco Franco para conmemorar a las víctimas de la Guerra Civil española. El correspondiente decreto de la posguerra se expresaba en términos de exaltación patriótica: "*Lugar perenne de peregrinación en que lo grandioso de la naturaleza ponga un digno marco al campo en que reposen los héroes y mártires de la Cruzada*". Se trataba de un deseo muy particular de Franco, quien recorrió personalmente la sierra de Guadarrama hasta dar con el risco de la Nava, en el valle de Cuelgamuros. En todo momento el empeño de magnificencia inspiró la iniciativa y así se sucedieron proyectos y se llegó a tener que ensanchar la cripta, ya perforada, pues se dice que Franco dejó caer, en una de sus habituales visitas a las obras, el comentario de tener la impresión de estar en el Metro.

Los arquitectos. La dirección de las obras corrió a cargo de Pedro Muguruza, sucediéndole Diego Méndez en 1950 a quien se atribuye la terminación de la basílica y el concepto y edificación de la monumental cruz.

La construcción. La obra se ejecutó entre 1940 y 1959, extrayéndose doscientas mil tonedas de piedra para dejar una cavidad de medio millón de metros cúbicos. Así se levantó una inmensa basílica con nave de 22 metros de altura y cruz de 150 metros, precedida por una explanada de 30.000 metros cuadrados y una cripta con 265 metros de longitud, obras en la que trabajaron obreros y penados que redimían así sus condenas. Las enormes esculturas de Juan de Avalos coronaron el sueño de Franco, creando un lugar imponente. El plan

KILOMETRAJE, DURACIÓN Y ÉPOCA:
Unos 100 km, en el día, salvo lunes.

RESTAURANTES DE GUADARRAMA:
***La Sopa Boba**. A-6, km. 42. 918 506 370. Cocina creativa a buen precio. **El Molino**. A-6, km. 47. 627 468 612. Cocina castellana en marco sugerente. **Sala**. Ctra. Los Molinos. 918 542 121. Antológicas gambas a la plancha. **La Calleja**. Potro 6. 918 548 563. Carnes a la parrilla muy recomendables. **La Chimenea**. La Sierra 20. 918 542 936. Carnes y excelentes croquetas. **Los Caños**. Pl. los Caños. 918 540 269. Cordero al estilo segoviano y más ...*

VISITAS:
***Acceso:** Por la M-600, tramo entre El Escorial y la AP-6, con desvío muy próximo a ésta.*
***Visitas:** En el acceso a la finca se adquieren los tickets de la visita.*
***Horarios:** Desde la puerta de acceso a la finca: 10 a 17 h. (a 18 h. en verano). Cierra lunes.*
***Funicular:** Paseo agradable para subir hasta la base de la cruz, evitando la subida a pie por la trasera del risco.*

de construcción incluyó el poblado, el monasterio y la hospedería (actualmente en servicio).

El monumento. La basílica está dividida en cuatro tramos. La decoración de sus capillas es elegante y sobria, obra de los artistas Lapayese, padre e hijo. Cada capilla ha sido dedicada a una advocación mariana relacionada con el ejército.

Los Caídos. Tan pronto como el Valle fue inaugurado, comenzaron los traslados de restos mortales de los fallecidos en la guerra, desde todos los rincones de España. En total fueron enterrados en la cripta unos 50.000 cadáveres, pertenecientes a los dos bandos. Junto al altar mayor pueden verse las lápidas que cierran los enterramientos de Franco y José Antonio.

La visita. Tras pasear por la **explanada** hay que visitar la **basílica** y subir a la base de la Cruz (a pie por empinada senda o a través del **funicular**). Desde la base hay que subir los peldaños que llegan al **basamento**, junto a las gigantescas figuras de los Evangelistas. Desde aquí, la Cruz abruma y el **panorama** sobrecoge.

Cuelgamuros. Valle de los Caídos

65. Guadarrama: de Madrid al Cielo

¿Porqué no tomar altura y dominar el mundo desde las alturas que hacen inferiores a los lugares civilizados y a las más altas cumbres de la vanidad humana?. Sólo hay que subir al puerto de Guadarrama y desde el vértice de tres provincias y divisoria de dos mesetas, seguir los consejos de esta ruta.

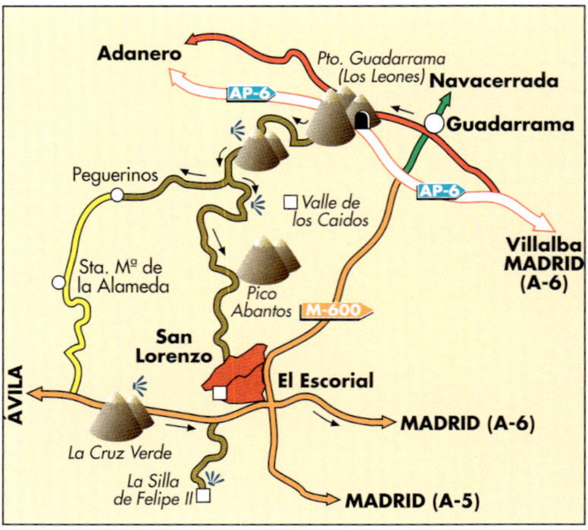

Puerto de Guadarrama. Hay que abandonar la A-6 antes de utilizar el túnel que salva los kilómetros más duros del cruce de las dos mesetas, para atravesar el pueblo de Guadarrama y abordar las rampas que ganan altura rápidamente y nos sitúan en el puerto (1511 m.) que también responde a los nombres de El León, por la figura esculpida que allí existe o de Los Leones, por los combates en la zona durante la guerra civil. Hay que girar en la rotonda central del puerto para tomar la pista señalizada a Peguerinos (13 km.) y Valle de Enmedio (11 km.).

Pinares y miradores. La pista a Peguerinos nos introduce en un soberbio **pinar** que, a pesar de su espesura y por el desnivel del terreno, ofrece **vistas** magníficas siempre referenciadas por el pueblo de Guadarrama, el embalse de La Jarosa y la Cruz del Valle de los Caídos (la pista también deja a un lado una rústica y quebrada Cruz de idéntico significado, blasonada con el escudo falangista). Es un tramo que hay que tomarse con calma por el trazado, el *relieve* de la pista y las paradas panorámicas.

Las dos vertientes. Al llegar al lugar señalizado como Collado de la Mina (1710 m.) hay que dejar el vehículo en un pequeño ensanche y abordar la subida al **mirador** de Cabeza Lijar (1824 m.) situado en el vértice de las dos mesetas (en la antigua nomenclatura "las dos Castillas"). Es una ascensión con suaves rampas en la que los senderistas no iniciados pueden emplear unos 15 ó 20 minutos. El

KILOMETRAJE

Acceso (A-6)....................................56
Puerto de los Leones/Escorial 25
Silla Felipe II y retorno 54
Total 135

DURACIÓN Y ÉPOCA PROPICIA:

En el día, buscando días despejados de junio a septiembre con precaución especial al principio de la pista.

ALOJAMIENTOS:

Santa María de la Alameda: ***La Ínsula***. *Calle Iglesia 6. 918 999 009. Delicioso hotelito rural con jardín y terraza.*

Peguerinos: ***Cámping Valle de Enmedio***** *en la carretera de Peguerinos al puerto de los Leones, km. 4,8. 918 983 176. Sombra, hierba, restaurante, bungalows, pesca.* ***Cámping La Nava***** *en la misma carretera, km. 3,6. 918 983 232. Bar, hierba, pesca.*

RESTAURANTES:

Peguerinos: *Se puede comer en ruta en:* ***El Risco del Águila*** *(asados) y* ***Peguerinos*** *(de cocina tradicional) en la avenida de Madrid, y La Flor (cocina casera) en la carretera del Pinar.*

Santa María de la Alameda: ***La Ínsula*** *(ver alojamiento). Buena cocina casera.*

Guadarrama. *Inmediaciones del Puerto (pista de Peguerinos)*

camino no ofrece dudas pues además de ser visible la rotonda del mirador la **senda** está señalizada con espaciadas marcas de pintura roja y blanca. Las **vistas** son espléndidas: todos los pueblos limítrofes de Madrid (Guadarrama, Cercedilla), Segovia (San Rafael, El Espinar) y Ávila (Peguerinos, Las Navas), así como la mayor parte de las cumbres de la Sierra de Guadarrama (Siete Picos, Bola del Mundo, Mujer Muerta, ...) y algunos de los empeños humanos más colosales (como la inmensa Cruz del Valle de los Caídos).

Zonas apacibles. La pista va perdiendo altura atravesando Collado Hornillo (1650 m.), dejando a un lado la Cañada Real Leonesa Oriental e introduciéndose en el **Valle** de Enmedio, que ofrece numerosas posibilidades civilizadas para el descanso y el avituallamiento en praderas abiertas o en rincones intrincados del pinar.

Vistas aéreas. Poco antes de llegar a **Peguerinos** un desvío nos permite tomar una nueva **pista** que conduce a **El Escorial**. Ofrece el mejor **mirador** volcado sobre la Cruz del Valle de los Caídos, para, una vez alcanzado el puerto de Malagón, bordear el pico Abantos y dominar por completo la escenografía del Monasterio y su entorno.

La Silla de Felipe II. Puede finalizarse la ruta con este último observatorio de fácil acceso, para lo que conviene salir de San Lorenzo hacia Ávila, para ganar la dirección a Madrid y tomar el desvío señalizado que conduce a la Silla, magnífico **mirador** sobre un amplio panorama dominado por el Monasterio, sueño de grandeza de rango imperial, sobrevolado en esta ruta.

66. La Fuenfría: las Atalayas de los Poetas

"No basta con enseñar a conocer la Naturaleza, sería necesario enseñar a amarla". Este es el espíritu manifestado por alguno de los poetas enamorados de estas alturas y empeñados en la loca aventura de sensibilizar a quienes no tienen ojos para el prodigio.

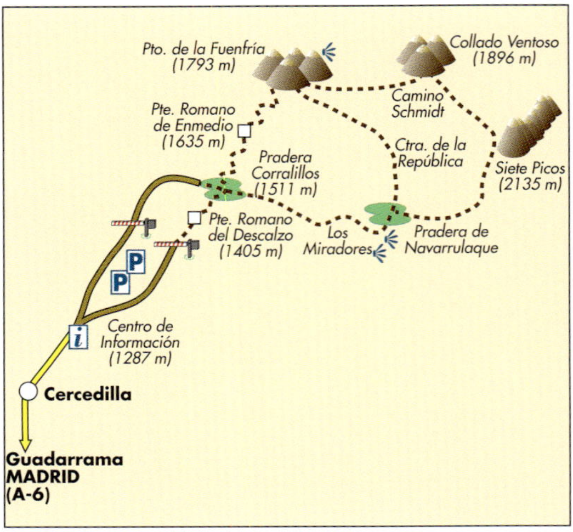

El acceso. Desde el pueblo de **Cercedilla** hay que seguir la carretera (unos 2 kilómetros) que conduce a **Las Dehesas**, espacio natural dotado de las instalaciones propias de un **área recreativa**. Poco después se llega al **Centro de Información** donde pueden recogerse folletos de itinerarios. En dicho punto la carretera se bifurca; por el ramal izquierdo se sube a la pradera de Corralillos (sólo abierto en temporada baja). El ramal de la derecha conduce a los **aparcamientos** de Majavilán, punto de inicio de la mayor parte de los itinerarios.

La Calzada Romana. Obra del siglo I, unía Titulcia (cerca de Aranjuez) con Segovia, atravesando la sierra de Guadarrama por el puerto de la Fuenfría siguiendo el curso del río de la Venta, lo que obligó a los ingenieros romanos a construir en este tramo varios **puentes** que aún subsisten, como el del Reajo (bajo la carretera que entra en Cercedilla), el de la Venta (en la actual finca de Montes Claros), o los que forman parte de este itinerario, como el del Descalzo (a 1405 m.) primero y el de Enmedio (a 1635 m.) después. Enlazando estos puentes en la dirección del puerto hay varios tramos de **calzada** bien visibles que permiten hacerse idea de la solidez de las obras "de romanos", realizadas para mantenerse durante siglos.

El Puerto de la Fuenfría. El itinerario anterior concluye, tras vencer un desnivel de unos 400 metros en

KILOMETRAJE:
Acceso y retorno (A-6, AP-6, M-614), 114

DURACIÓN Y ÉPOCA PROPICIA:
Días de clima propicio para senderismo.

ALOJAMIENTOS:
Cercedilla: ***Los Frutales***. *Ctra. Las Dehesas 41. 918 520 244. El turismo rural de gran lujo.* ***Los Robles***. *Camino Cantos Gordos 77. 918 521 454. Delicioso hotelito rural en una extensa finca de las afueras.*

RESTAURANTES:
Lo recomendable: comida de mochila.
Cercedilla: ***Los Frutales*** *(ver los alojamientos). La cocina familiar adecuada al entorno.* ***Los Sarmientos***. *Av. Francisco Fdez. Ochoa 10. 918 520 689. Asados y recetas innovadoras.* ***Casa Gómez***. *Frente a la Estación. 918 520 146. Buen menú (cocido los miércoles).*

INFORMACIÓN:
Cercedilla: ***Centro de Información Ambiental del Valle de la Fuenfría***. *Carretera de Las Dehesas, km. 2. 918 522 213. Facilitan folletos de itinerarios a pie: "La Calzada romana", "Pico de Majalasna", "Los Miradores", "La Calle Alta", "Camino Puricelli" y "GR-10".*

poco más de 4 kilómetros, en este elevado puerto que permite dominar amplias **panorámicas** de la sierra. Desde el puerto podría optarse por el **retorno** utilizando la carretera de la República (ver itinerario siguiente), recorrido más largo pero que sustituye la aspereza del camino por bellas panorámicas. También podría organizarse un **enlace** con las pistas de la vertiente segoviana que enfilan Valsaín (maniobra que obliga a disponer de vehículo de retorno previamente situado en la N-601).

Los Miradores. Quizá la caminata más atractiva sea la que conduce hasta los **miradores** de los poetas, bien bajando por la carretera de la República desde el puerto, por las sendas que propone el folleto 3, o sin riesgo de pérdida, siguiendo la pista forestal que desde la pradera de los Corralillos enlaza con la carretera de la República (pasando por la cascada conocida como Ducha de los Alemanes), hasta alcanzar el **mirador** Vicente Aleixandre y, siguiendo la **senda** de los Poetas, jalonada por versos cincelados en las rocas, desembocar en el **mirador**-posada del poeta Luis Rosales.

La Pradera de Navarrulaque. Una prolongación del itinerario anterior por la carretera de la República, conduce a este precioso **paraje**, al pie de Siete Picos, donde se encuentra el **monumento** a los Primeros Caminantes de la Sierra y la **fuente-refugio** Aurrulaque.

Cercedilla. Valle de la Fuenfría

67. Navacerrada: Subir a la Sierra

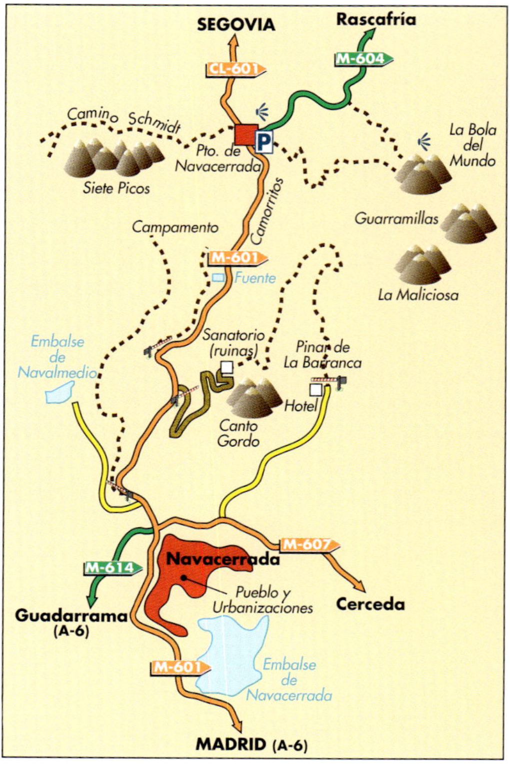

Llegamos a una prolongación de la Gran Vía, un paraje de aspecto alpino, pero que al ser nuestra tradicional estación de invierno, tiene también ese aire caótico tan propio de la capital. Aquí se presentan algunos de sus espacios más atractivos, relativamente tranquilos.

La Barranca de Navacerrada. En las proximidades del pueblo, por la ctra. M-607 que conduce a Cerceda, se encuentra el desvío que conduce a este bello **pinar**. Son 3 km. accesibles en vehículo, hasta el hotel. La pista prosigue por las proximidades del **río** Navacerrada y dos pequeños **embalses** que represan sus aguas. Poco después de la confluencia de varios **arroyos** la pista concluye poniendo término al recorrido (posible enlace con el siguiente).

Peña del Moro y Canto Gordo. El km. 15 de la M-601 ofrece un ensanche que permite dejar el vehículo e internarse en la pista que conduce a las ruinas del Real Sanatorio de Guadarrama en bellísimo **paraje** integrado en el Parque de la Cuenca Alta del Manzanares (duras opciones a Peña Pintada, el Puerto y La Barranca).

La Camino Schmid. Alcanzado el puerto y situados en la Venta Arias, se toma la carretera asfaltada señalizada ("El Escaparate", "Camino Schmid", etc.). De inmediato, tras unos doscietos metros de suave subida, se llega a la explanada con el remonte,

KILOMETRAJE:
Acceso y retorno (A-6, M-601) 118

DURACIÓN Y ÉPOCA PROPICIA:
Días propicios para senderismo y esquí.

ALOJAMIENTOS:
Puerto: *Nueva Venta de Arias**** 918 521 100. Bien situada, acogedora.*
Carretera: *Arcipreste de Hita*****. Km. 52. 918 560 125. Muy confortable.* *Las Postas****. Km. 50. 918 560 017. Acogedor.*
Pueblo: *Hacienda los Robles****. Av. Madrid 27. 918 560 200. Rural y confortable.*

RESTAURANTES:
Lo más recomendable: comida de mochila.
Puerto: *Nueva Venta Arias. Asados, carnes y buenas tapas, clima acogedor.*
Carretera: *Las Postas. Cocina castellana (ver alojamientos). Fonda Real. Km. 52,5. 918 560 350. Acreditados asados.*
Pueblo: *Felipe. Av. Madrid 2. 918 560 834. Tradición con toques imaginativos.*

INFORMACIÓN:
Comunidad Madrid: *Deporte y Montaña. En el Puerto: 918 523 302. En Madrid: Sagasta 13, 5º izquierda. 915 943 302.*

zona de aprendizaje y el chalet de Aviación. La señalización nos sitúa en el comienzo del mítico **camino** Schmid (dejando a un lado las pistas reservadas para esquí de fondo), señalizado con pequeños redondeles amarillos en los pinos que lo bordean. El camino discurre por la ladera del monte entre espeso **pinar**, cruza la pista de esquí del Bosque y pasa bajo los cables de su telesilla. Poco después el camino se divide en dos, tomándose el de la derecha (señales amarillas) que desciende hasta alcanzar el **arroyo** del Telégrafo (a pocos metros, una **fuente** de frías aguas), que cruzaremos llegando al borde superior de la **pradera** de Navalusilla, estupendo lugar de descanso y contemplación de los **panoramas** de pinos (valle de Valsaín) y rocas que se nos ofrecen.

La Bola del Mundo. Situados en el aparcamiento del puerto, hay que tomar la empinada ladera que va al telesilla de la Bola del Mundo, tomando la pista de hormigón (cerrada al paso de vehículos) que conduce a la estación superior del telesilla y, poco después, a la loma de Guarramillas, con **vistas** a la meseta segoviana y al macizo de Peñalara, para terminar en las instalaciones de la televisión. Rodeando dichas instalaciones por la derecha hasta encontrarnos en la ladera sur de las Guarramillas, se domina un **panorama** grandioso: la Maliciosa, el Ventisquero de la Condesa y el profundo valle del Manzanares y, a lo lejos, la Pedriza y el embalse de Santillana.

Navacerrada. El Puerto en temporada "blanca"

68. Peñalara: Parque Natural

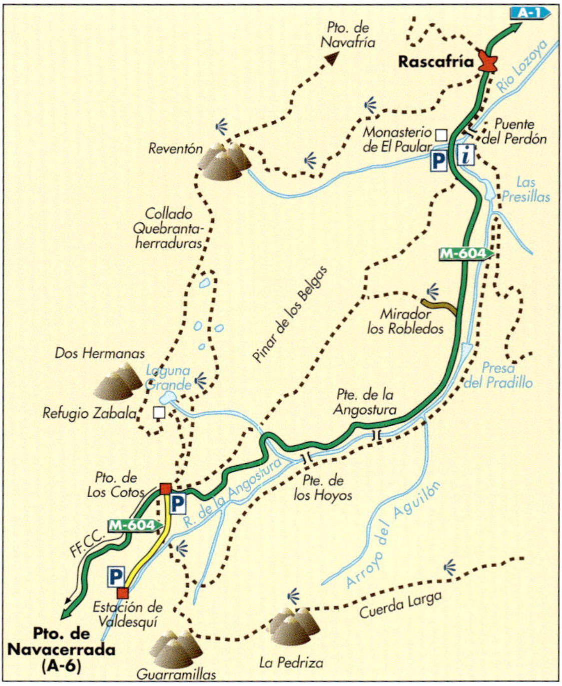

Visitamos un espacio de alta sierra cubierto por espesos bosques de pinos silvestres, cuyas laderas culmina el macizo de Peñalara, el pico más alto y de apariencia más alpina de nuestra Comunidad, de cuya longevidad hablan sus lagunas glaciales de alta montaña.

El acceso. Desde **Rascafría** por el camino más corto que llega desde Miraflores cruzando el puerto de La Morcuera (como introducción adecuada a una ruta de altura) o llaneando por la agradable carretera que cruza el Valle del **Lozoya**, cuyo punto intermedio es el pueblo de Lozoya, junto al embalse (desvío de la N-I en el km. 69).

El Mirador de Los Robledos (con monolito en honor de la Guardería Forestal). El km. 31 de la M-604 ofrece el desvío señalizado (1 km. de pista practicable para vehículos) para visitar este encantador espacio abierto situado al pie del **pinar** de los Belgas (límite del Parque) con espléndidas **vistas** sobre El Paular, Rascafría, el embalse y todo el Valle del Lozoya.

Río de la Angostura. El inicio de esta ruta por la M-604 discurre en paralelo con el Lozoya y su afluente el río de la Angostura que recoge aguas procedentes de lo más alto de Peñalara. Es un tramo muy ameno cuyos **hitos** principales son el área recreativa de La Isla, la presa del Pradillo, el puente

KILOMETRAJE:
Acceso y retorno (A-1, M-604) 184

DURACIÓN Y ÉPOCA PROPICIA:
Días propicios para el senderismo.

ALOJAMIENTOS:
Rascafría. Ver ruta 52.

RESTAURANTES:
La propuesta en esta ruta debe ser de comida de mochila, utilizando espacios libres o instalaciones recreativas (La Isla).

INFORMACIÓN:
Rascafría: *Centro de Información A.M.A. Puente del Perdón (frente al hotel de Santa María del Paular). Informan de la Red de Rutas Verdes del Parque y del Alto Valle del Lozoya facilitando el folleto de la ruta (RV) que se desee emprender, entre un conjunto de 10, con distinto grado de dificultad, indicándose en cada caso las posibilidades (a pie, bici, ecuestre, esquís). Algunas de las rutas están señalizadas sobre el terreno por medio de una red de balizas. Las más ligadas al territorio de nuestra ruta son la RV1 "La Ruta del Valle del Lozoya" (tramos coincidentes) y la RV5 "De Cotos a El Paular por el arroyo de la Umbría".*

Los Robledos. *Monte bajo y cumbres de Peñalara*

de la Angostura y el puente de los Hoyones, siguiendo un tramo de la Ruta Verde del Valle del Lozoya (RV1) que discurre por la margen derecha del río.

Arroyo de la Laguna Grande. En una revuelta de la carretera (entre los km. 37 y 38 de la M-604) cruzamos el **arroyo** que alimenta al Lozoya con aguas de la Laguna Grande de Peñalara. Es un lugar bellísimo (que hay que visitar tras épocas de nevadas o lluvias) con las aguas despeñándose por un **paraje** de muy fuerte desnivel, cuyo tramo inferior puede seguirse a pie hasta ganar la confluencia con el río de la Angostura, a la altura del puente de los Hoyones.

Laguna Grande de Peñalara. Desde el puerto de Los Cotos parte una cómoda **senda** bien marcada que pasa cerca de la Laguna Chica y atraviesa el ya conocido arroyo de la Laguna Grande hasta llegar junto a la Hoya de la Laguna (acceso prohibido a sus márgenes); hay que subir a la zona de roquedo que la circunda para contemplar la **vista** de la Laguna y su entorno paisajístico. En el retorno por el itinerario principal de la senda, por la zona que discurre próxima al **refugio** Zabala, puede acometerse una variante que sube al refugio, excelente **mirador** sobre el Circo Glaciar de Peñalara. El retorno puede hacerse desandando el tramo de variante para seguir la pista (o usando la **telesilla** de Valcotos) hasta el puerto.

Las Guarramillas. Para completar la visita a las instalaciones de invierno del puerto hay que acercarse a **Valdesquí**, por el tramo de carretera que parte del puerto, con parada en la zona del **refugio** El Pingarrón, junto al arroyo Guarramillas, con buena **vista** panorámica del pinar.

Palencia

Palencia. Iglesia y torre de San Miguel y templo catedralicio

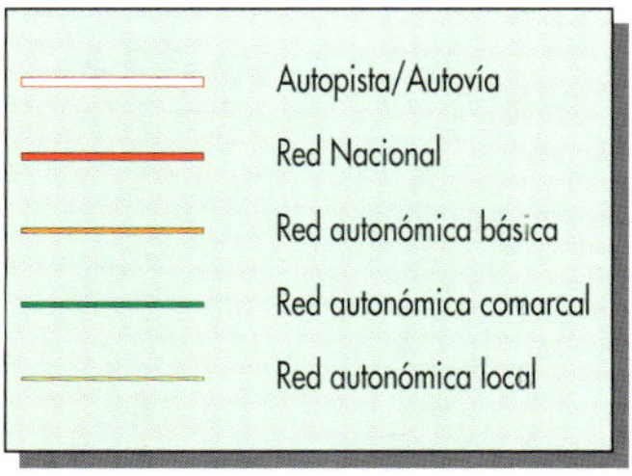

69. Palencia: una Ciudad Ignorada

69. Palencia: una Ciudad Ignorada

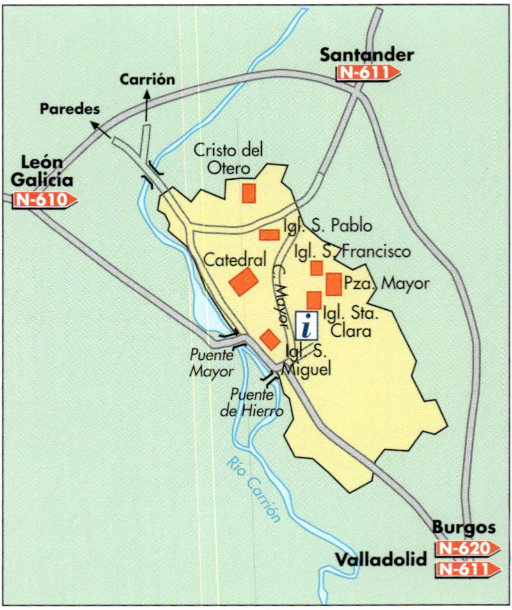

Quizá exageran los viejos cronistas al afirmar que, llegar por vez primera a Palencia tiene algo de hazaña de espeleólogo, pues el visitante deberá ahondar con ánimo inquisitivo en la superficie de su entresijo urbano para descubrir los tesoros artísticos y emocionales que encierra.

Cerro del Otero. Dominando el mar de arcilla de la llanura, se perfila el cónico islote de este **cerro**, en cuya cima se levanta la colosal **estatua** de Cristo Rey, modelada por el escultor de la tierra Victorio Macho, observatorio inmejorable de uno de los más sobrecogedores **paisajes** de la Castilla mesetaria.

Casco antiguo. El espacio urbano comprendido entre los **barrios** del Mercado Viejo y La Puebla, marca el territorio de la visita turística que puede comenzar en el **puente** Mayor sobre el Carrión. El paseo por su famosa y remozada **calle** Mayor resulta obligado.

Catedral. Sobre la cripta visigoda de San Antolín y restos románicos del XI, se edifica la actual Catedral a principios del siglo XIV concluyéndose en el XV. El resultado es un edificio severo, de fría apariencia **exterior** (salvando la magnificencia de la portada del Obispo y el conjunto absidal), pero cuyo **interior** guarda notables riquezas: en lo arquitectónico, la perfección de las bóvedas góticas, su doble crucero y un encantador triforio, y en lo ornamental, el excepcional

KILOMETRAJE:
Acceso y retorno 514
(A-6, AP-6, N-620, N-611, C-613)

DURACIÓN Y ÉPOCA PROPICIA:
Fin de semana de clima templado.

ALOJAMIENTOS:
Hotel Castilla La Vieja***. *Av. Casado Alisal 26. 979 749 044. Céntrico y clásico.* ***Hotel Rey Sancho******. *Av. Ponce de León. 979 725 300. Familiar y tranquilo.*

RESTAURANTES:
Casa Lucio. *Don Sancho 2. 979 748 190. Cocina creativa de calidad.* ***La Traserilla***. *San Marcos 12. 979 745 421. Ofertas imaginativas.* ***Casa Damián***. *Martínez Azcoitia 9. 979 744 628. Cocina castellana tradicional.* ***Asador La Encina***. *Casañé 2. 979 710 936. Lechazo palentino.*

VISITAS:
Catedral y su Museo. *10 a 13,30 y 16 a 18,30/19,30. Visitas guiadas cada hora.* ***Museo Diocesano***. *Palacio Episcopal. Visitas: 10,30 y 13,30. Domingos cerrado.* ***Iglesias** de **San Miguel**, **Santa Clara** y **San Pablo***. *Suele estar abiertas mañana y tarde; deben respetarse horas de culto.*

INFORMACIÓN:
Oficina Municipal de Turismo. *Pza. Mayor 1. 979 718 197. Información, planos.*

conjunto de retablos renacentistas encabezados por el de la capilla mayor (esculturas de Felipe Vigarny y pinturas de Juan de Flandes), sin olvidar el magistral trascoro de labra plateresca centrado por un soberbio políptico de tablas flamencas. El **Museo** Catedralicio instalado en el claustro y sala capitular ofrece una excelente muestra de pinturas, esculturas y tapices.

Torre y templo de San Miguel. Soberbia torre, símbolo de la ciudad que, como el **templo**, se edifica a principios del siglo XIII, con notable pórtico de altorrelieves románicos, abierto al río. La tradición sitúa en este templo la boda del Cid.

Otros templos. Santa Clara custodia un Cristo yacente muy admirado por su realismo, **San Pablo** es visita obligada (sepulcros, altar mayor y retablo de La Piedad), y **San Francisco** con precioso porche de arquería ojival y singular frontal de espadaña.

Baños de Cerrato. Obligada escapada para admirar un encantador **templo**, muestra intacta del original arte visigodo del remoto siglo VII.

Dueñas. Pueblo-fortaleza cuyo **templo** invita a admirar su gran retablo gótico y un conjunto de mausoleos de gran interés artístico. Muy cerca se encuentra el ascético **convento** refugio de "La Trapa".

Palencia. *Retablo de La Piedad en la iglesia de San Pablo*

Salamanca

Salamanca. La ciudad, torres de la Clerecía y la sierra (Béjar)

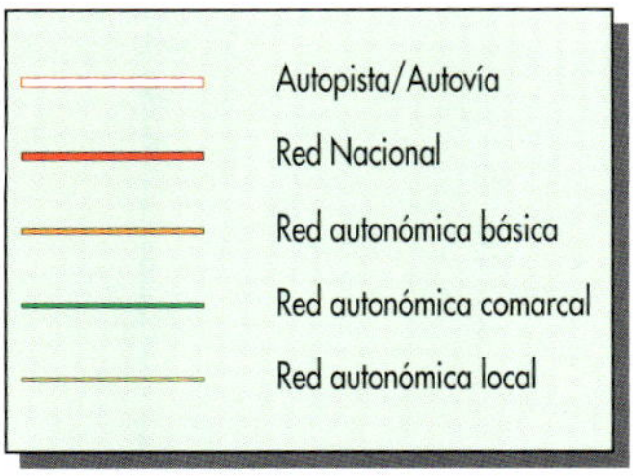

70. La Rosa de los Vientos
71. Salamanca: una Ciudad Plateresca

70. La Rosa de los Vientos

No llegaremos a los 32 rumbos en que se divide la vuelta del horizonte, pero sí nos moveremos por Ávila, Salamanca y Cáceres, por tierras de judíos, católicos y protestantes, por ciudades industriosas y pintorescas aldeas, entre piedra berroqueña y vegetación frondosa,...

Béjar. Encaramada a un empinado cerro que nos recuerda su estratégico origen histórico, pronto ligada a la ganadería y trasformada más tarde a una floreciente industria textil a la que no fueron ajenos los pañeros flamencos que aquí trajeron, además de su oficio, su extraña fe rechazada por los nativos como "cosa de herejes". Más sólido en el tiempo fue el poder de los duques, cuyo **palacio** del siglo XVI (que se reedifica sobre una vieja **fortaleza**) aún puede verse frente a la que fue plaza Mayor de la Villa Vieja. Interesantes son los **templos** de Santa María (junto al palacio), El Salvador (en la plaza Mayor), Santiago (La Antigua) y San Juan (en la parte más alta de la ciudad). Otras construcciones notables son el **hospital** y su capilla, y los restos de la **muralla** que rodeó la ciudad con un fuerte cerco del que quedan algunos lienzos y puertas.

Candelario. Junto a la industriosa Béjar se encuentra esta típica aldea serrana a la que debe llegarse por la carretera de la Sierra, siguiendo un itinerario flanqueado por altos y corpulentos chopos y superando el célebre **santuario** del Castañar, en el que hay un bello **mirador** junto a una de las plazas de toros más antiguas de España (1711). Candelario es un encanta-

KILOMETRAJE:
Acceso (A-6, AP-6, A-51, N-110) 217
Ruta 45
Retorno (por Pº Honduras y Ávila) 250
Total 512

DURACIÓN Y ÉPOCA PROPICIA:
Fin de semana/puente, clima templado.

ALOJAMIENTOS:
Béjar: ***Hotel Colón*****. *Colón 42. 923 400 650. Buenas instalaciones y prestaciones.*
Candelario: ***Casa de la Sal***. *Fte. Perales 1. 923 413 051. Hotelito rural con encanto.* ***Posada de Candelario***. *Enrique Fraile 31. 923 413 036. Elegante hotelito rural.*
Hervás: ***El Canchal de la Gallina***. *Paraje el Lomo. 607 260 000. Apartamentos rurales.* ***El Jardín del Convento***. *Pl. del Convento. 927 481 161. Precioso lugar con encanto.*
Baños de Montemayor: ***Los Postigos***. *Mayor 48. Hotelito tranquilo, acogedor.*

RESTAURANTES:
Candelario: ***Casa Tolo***. *Enrique Fraile 14. 923 413 110. Pintoresco y sabroso para comer y tapear (calamares de huerta regados con vino). También en* ***La Posada*** *y la* ***Casa de la Sal*** *(ver alojamientos).*
Hervás: ***El Almirez***. *Collado 19. 927 473 459. Cocina extremeña de calidad.* ***Mesón***. *Rincón de la Vaca Brava 7. 927 481 238. Carne a la brasa "picante".*

COMPRAS:
José Cabrero. *Enrique Fraile 22. La buena chacinería tradicional de la zona.*

INFORMACIÓN (OFICINAS TURISMO):
Béjar: *Pº Cervantes 6. 923 403 005.*
Hervás: *Braulio Navas 6. 927 473 618.*

Candelario. Rincón típico y castaño del Santuario

dor **conjunto** de arquitectura popular serrana compuesto por edificios con aleros de gran vuelo, miradores y balcones de madera corridos, huecos adintelados de piedra berroqueña, entramados de madera, así como originales batipuertas y amplias cubiertas, con el espectáculo añadido del agua corriendo por su empinadas callejas. En lo alto de la calle Mayor, se encuentra la sólida construcción gótica de la **iglesia** parroquial que luce un gran rosetón de complicada tracería. También puede tomarse la pista que nos acerca a las plataformas **panorámicos** de acceso a la Sierra.

Hervás. De nuevo nos enfrentamos con el contraste, habitual por estas tierras, de disponer de barrio cristiano y judería, tal como evidencian algunos de los rótulos de sus callejas (Sinagoga, Centinela,...) y las mil leyendas protagonizadas por rabinos y cristianos viejos que por aquí circulan. Aún pueden recrearse estos viejos relatos en el escenario de su **judería**, una de las más típicas y bien conservadas de España, con casas de adobe y madera de castaño, con airosos aleros, cerradas por las tapias peculiares de las juderías, en un urbanismo tortuoso de calles empinadas y estrechas, a veces rotas por rincones sin salida. Como edificios singulares de Hervás hay que citar la **iglesia** de Santa María del siglo XVII sobre el castillo de los templarios, del que reutiliza su **torre** a modo de campanario, la de San Juan, vinculada al **convento** de los trinitarios, con interesantes portadas, así como el **palacio** barroco de los Dávilas, hoy **museo** de Pérez Comendador y el Ayuntamiento, instalado en la enfermería del que fue **convento** franciscano de Bienvenida. A la salida de la judería, también hay que destacar un **puente** medieval, de un solo ojo, con una inquietante figura sepulcral empotrada verticalmente en el pretil. Recomendable la aventura de retorno por el tortuoso **puerto** de Honduras (32 km. de tensión y vértigo) para ganar el valle del Jerte y el retorno (o la prolongación con ruta 16).

71. Salamanca: una Ciudad Plateresca

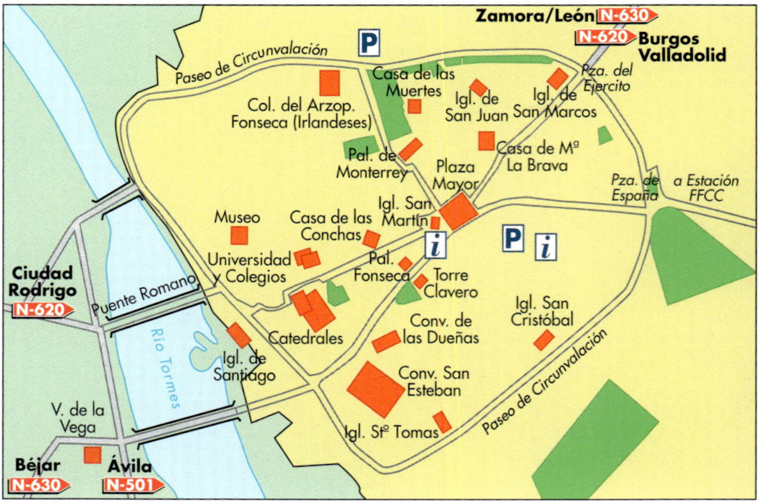

Casi toda Salamanca es plateresca, como si la piedra dorada de Villamayor fuera hecha para recibir la huella creadora del artista. Pero este deslumbrante despliegue no debe hacernos olvidar el antes (románico, gótico) y el después (barroco) de las manifestaciones artísticas de esta asombrosa ciudad-museo.

Panorámica. Antes de dejarnos seducir por la ornamentación plateresca, hay que situarse a orillas del Tormes, junto al **puente** romano, para contemplar sobre sus arcadas la silueta de la cúpula románico-bizantina de su catedral antigua y sobrepasándola los arbotantes góticos y las cúpulas barrocas de la catedral nueva.

El arte de la repoblación. En el siglo XII los distintos repobladores de la ciudad alzan sus templos en los barrios que hoy limitan el casco antiguo de la ciudad: **Santiago** (junto al río), **Santo Tomás**, **San Cristóbal**, **San Marcos** y **San Juan** (en la circunvalación) y **San Martín** (ya en el centro urbano, junto a la plaza Mayor). Restos de un bello claustro puede verse en la **Virgen de la Vega** (junto al río).

Catedrales. De la **Vieja** destacan el cimborrio (torre del Gallo) con singular cubierta de escamas, históricos enterramientos y capillas, y su excepcional retablo mayor, con 54

KILOMETRAJE:
Ida/Vuelta (A-6, AP-6, A-51, N-501) 420

DURACIÓN Y ÉPOCA PROPICIA:
Fin de semana/puente, clima templado.

ALOJAMIENTOS:
Hotel Catalonia Salamanca Plaza**. *Espoz y Mina 23. 923 281 717. Céntrico y confortable.* ***NH Palacio Castellanos*****. *San Pablo 58. 923 261 818. Confortable y con vistas.* ***San Polo*****. *Arroyo Santo Domingo 2. 923 211 177. Terraza y vistas.* ***Hostería Casa Vallejo*****. *San Juan de la Cruz 3 (junto pl. Mayor). 923 280 421. Confortable y de precio ajustado.*

RESTAURANTES:
Chez Víctor. *Espoz y Mina 26. 923 213 123. Cocina creativa, productos locales.* ***La Hoja***. *Espoz y Mina 19. 923 264 028. Excelente tratamiento y resultados.* ***Le Sablón***. *Espoz y Mina 20. 923 262 952. Borda las carnes de caza y los postres.* ***La Aldaba***. *Felipe Espino 6. 923 212 779. Pescados y carnes de morucha.*

VISITAS:
Catedrales. *10 a 17,30 h. cierran domingos tarde.* ***Museo de Salamanca***. *10 a 14 y 16 a 19, cierra lunes y domingos tarde.* ***Universidad***. *9,30 a 13,30 y 16 a 19,30 h. cierra domingos tarde.* ***Convento***

Dueñas. *10,30 a 13 y 16,30 a 17,30 h.* *Convento San Esteban*. *Sólo abre fines de semana de 9 a 13 y de 16 a 18 h.* *Casa de las Conchas*. *Diario 9 a 21 (cierra los sábados y domingos al mediodía).* *Casa Museo de Unamuno*. *Diario 10 a 13,30 y 16 a 18 h. Cierra lunes y domingos tarde.*

INFORMACIÓN:
Oficinas de Turismo. *Pl. Mayor 14. 923 218 342. Rúa Mayor 70 (Casa de las Conchas). 923 268 571.*

tablas rematadas por la bóveda del Juicio Final. De la **Nueva**, que corresponde al declinar del gótico, destacan sus esbeltas naves y la magnífica portada occidental con relieves del Nacimiento y la Adoración.

Plaza Mayor. Artística, armoniosa,... única. La más bella plaza mayor de España, preámbulo y fin de cualquier recorrido urbano.

Universidad. Creada en los albores del siglo XIII. Los Reyes Católicos promueven nuevo edificio cuyo **patio** de Escuelas tiene la más famosa **fachada** del arte plateresco. La **escalera**, con temas renacentistas bajo magnífica **bóveda** conduce a la antigua **biblioteca** (incunables y manuscritos). Otras visitas obligadas son el **aula** de fray Luis de León, las Escuelas Menores con notables fachada y patio, y los techos con notables **pinturas** mitológicas.

Antiguos colegios. Entre todos ellos debe destacarse el del Arzobispo Fonseca (**Irlandeses**), con notable fachada, capilla y su célebre patio que es de lo mejor del renacimiento español.

Patios conventuales. Soberbios son el de **San Esteban** (un completo museo de escultura, a tono con la fachada) y el de **Las Dueñas** (el más atractivo de los patios salmantinos).

Palacios salmantinos. Además de la **casa de las Conchas**, la más bella construcción civil del arte isabelino, hay que citar las **casas góticas** de Mª la Brava y de Abarca Maldonado, la Casa de la Muertes y los **palacios** de Fonseca, Monterrey y torre del Clavero.

Salamanca. *Fachada de la Universidad*

Segovia

Segovia. Naturaleza e historia (La Granja)

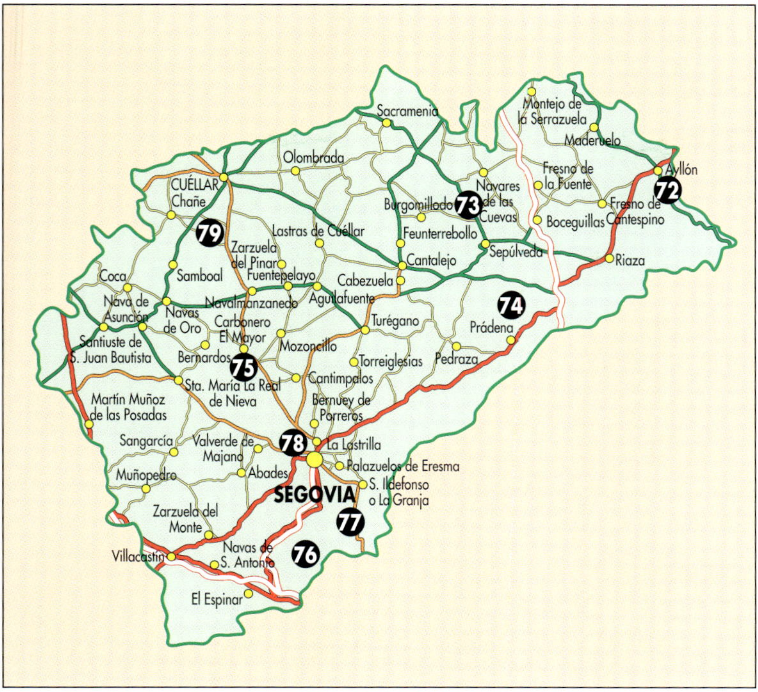

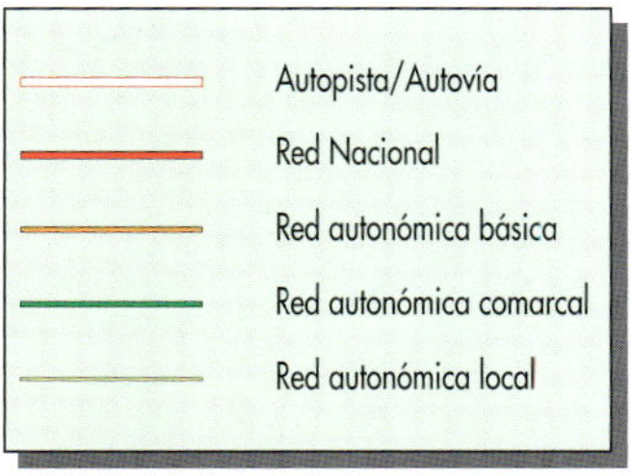

72. El Silencio del Macizo de Ayllón
73. Los Campos Góticos Segovianos
74. El Románico Segoviano
75. Villas y Templos Segovianos
76. Gargantas y Bosques Segovianos
77. Los Reales Sitios Segovianos
78. Segovia: una Ciudad Tallada en Piedra
79. Las Grandes Fortalezas Segovianas

72. El Silencio del Macizo de Ayllón

Mínimas aldeas serranas rojas y negras, plazas de sorprendente escenografía, auténtica arquitectura popular, templos románicos rurales, santuarios panorámicos, robledales centenarios, fogones agradecidos, y todo ello en el silencio de unos parajes aún poco frecuentados.

Riaza. Bellísimo pueblo serrano, con extraordinaria **plaza** Mayor, en el que predominan los edificios populares de entramados de madera y las **casonas** blasonadas, abundando los portalones adintelados, rejas y balcones volados.

Ayllón. Ya sorprende el acceso a la villa por el **arco** que nos sitúa ante el bellísimo **palacio** gótico-isabelino de Contreras. Es el preámbulo adecuado para la **plaza** Mayor, una de las más atractivas de Castilla, con sus recios soportales, el templo medieval de San Miguel, la casa blasonada del Concejo, la contundente espadaña de Santa María y como fondo, en lo alto, la **torre** almenada de La Martina. Callejeando encontramos otros edificios notables como el **palacio** del obispo Vellosillo, la **casa** del Águila y el **convento** de las Concepcionistas. Y en lo alto, La Martina y su vista **panorámica**.

Maderuelo. El ondulante curso del Riaza nos conduce hasta la silueta dormida de esta villa sobre la planicie alargada de un cerro fortificado. Dos puertas abren la **muralla** a un pintoresco **caserío** de estrechas callejas con casonas medievales blasonadas y

KILOMETRAJE:

Acceso (A-1)................................103
Ruta 160
Retorno 115
Total 378

ÉPOCA PROPICIA:
Días templados sin alto riesgo de lluvias.

DURACIÓN:
Fin de semana.

ALOJAMIENTOS:
Cerezo de Arriba: ***Casón de La Pinilla*****. *Travesía. 921 557 201. Confortable casona rehabilitada, en plena naturaleza.*
Saldaña de Ayllón: ***El Caz del Molino***. *921 555 186. Tranquilo alojamiento rural.*
Maderuelo: ***Maderolum***. *Santa María 10. 921 556 149. Un lujo rural recomendable.*
Tiermes: ***Hotel Termes***. *975 186 235. Junto al yacimiento, con restaurante.*

RESTAURANTES:
Cerezo de Arriba: ***Sotomontero*** *(Casón de La Pinilla). Cocina típica de la zona.*
Riaza: ***Casaquemada***. *Isidro Rodríguez 18. 921 550 051. Asados y postres caseros.*
Ayllón: ***Pemar***. *Pl. Mayor. 921 553 170. Guisos, asados y otras delicias.*
Maderuelo: ***Mirador***. *Pl. San Miguel. 921 556 274. Cocina de la zona. Terraza.*
Tiermes: ***Restaurante Termes***. *975 186 123. Junto al yacimiento, con alojamiento.*

VISITAS:
Montejo de Tiermes: ***Ruinas celtíbero romanas*** *(a 7 km. de Montejo). Museo y yacimiento. 975 186 156. Conviene confirmar apertura y horarios. Hay visitas guiadas en verano (unas dos horas). Interesante ermita románica de 1182. Ver: http://www.tiermes.net/pdf/*

Ayllón. *Plaza Mayor*

arquitectura popular. En el centro de la villa se sitúa la **iglesia** románica de Santa María, de fuerte espadaña, abierta a una plaza de bellas proporciones. Sensaciones contradictorias encontrará el viajero que se decida a visitar la **ermita** de la Vera Cruz en cuyo interior aún se entreven rastros de las pinturas románicas, separadas al represar las aguas del río, que hoy pueden verse, bien conservadas, en una reproducción de la ermita instalada en el museo del Prado.

Tiermes. Desde Ayllón hay que desviarse por carreteras locales para visitar un interesante yacimiento celtibérico (accesos, puertas, gradas, viviendas), convertido en plaza fuerte hispano-romana (foro, termas, muralla). Un pequeño **museo** muestra los hallazgos arqueológicos. En las inmediaciones **templo** románico de bella galería.

Aldeas silenciosas. Retornando a Ayllón, se pasa por las solitarias aldeas de **Francos** y **Santibáñez** (**iglesitas** románicas).

Pueblos rojos segovianos. Las aldeas de **El Negredo**, **Madriguera** y **Villacorta** son tres **típicos** lugares serranos de construcciones populares rojizas sobre un paisaje de idénticos tonos (llamativas las grandes **casonas** enrejadas de Madriguera).

Pueblos negros segovianos. Varias aldeas se encaraman en las rampas de la sierra, adaptando sus materiales de construcción al terreno; así vemos aldeas cubiertas de **pizarra**, en las que predominan los tonos oscuros: **El Muyo**, **Serracín** y **Becerril**.

Los espacios naturales. A partir de Becerril y hasta Cerezo de Arriba puede rastrearse el **robledal** más extenso de la provincia; también si nos desviamos hacia el puerto de la Quesera (conexión con la ruta 34) encontraremos un **hayedo**, raro en estas latitudes. Pero si nos conformamos con un rato de reposo tras el itinerario del día nada más recomendable que el entorno de la **ermita** de Hontanares, enclavada a media ladera del cerro Merino, en las inmediaciones de **Riaza** (acceso señalizado), en un precioso paraje desde el que se disfruta un apacible **panorama** del macizo de Ayllón.

73. Los Campos Góticos Segovianos

La cuenca del Duratón es un lugar de asentamiento de celtas y visigodos, dos pueblos que son la base de la etnología castellana, y también de nuestra ruta que discurre por los evocadores parajes y las hoces sorprendentes que sirven de asiento a la monumental villa de Sepúlveda.

Castillejo de Mesleón. Breve parada para admirar el ábside románico del **templo**, situado junto a la carretera.

El Olmo. Aldea con una deliciosa **iglesita** románica de bello ábside y portadas.

Duratón. Paraíso de arqueólogos y caserío delicioso con preciosa iglesia románica (s. XII) delicadamente tallada, situada junto una pradera. Sobre tan bucólico solar se aloja todo un mundo de historia enterrada ya que estamos ante una gran **necrópolis** visigoda superpuesta sobre un **yacimiento** romano, que han enriquecido los museos arqueológicos de Segovia y Madrid.

Sepúlveda. Famoso lugar fortificado de siete puertas que hoy sigue conservando gran parte de su apariencia **medieval** con restos del castillo, muralla y puertas. El **caserío** compuesto por empinadas calles estrechas, con casas blasonadas y populares, conflu-

KILOMETRAJE:

Acceso (A-1) *110*
Ruta *80*
Retorno *110*
Total *300*

ÉPOCA PROPICIA:
Días templados sin alto riesgo de lluvias.

DURACIÓN:
En el día; mejor en fin de semana.

ALOJAMIENTOS:
Sepúlveda: *Pte. del Duratón. Ctra. Urueñas. 921 540 011. Grata, con vistas.*
Siguerуelo: *Posada de Sigueruelo. Baden 40. 921 508 135. Grata, precio alto.*

RESTAURANTES:
Sepúlveda: *Cristóbal. Conde Sepúlveda 9. 921 540 100. Excelentes asados. Casa Paulino. Barbacana 2. 921 540 016. El buen asado propio de la plaza. Vistas.*

INFORMACIÓN Y VISITAS:
Sepúlveda: *Centro de Interpretación Hoces del Duratón. Conde Sepúlveda 30 (iglesia románica de Santiago). 921 540 586. Ver rutas en la web: www.a-segovia.com /rutas-4/hoces-duraton.htm*
Oficina de Turismo. Pl. del Trigo. 921 540 237. A diario en verano, resto del año fines de semana, mañana y tarde.

yen en la espaciosa **plaza** Mayor. De las quince parroquias con que contó Sepúlveda queda un selecto repertorio de **templos** que preside, en lo más alto, el de San Salvador, precursor del románico segoviano como testimonia un sillar del ábside (Era MCXXXI: 1093). Pese a lo primitivo del templo encontramos un ábside y torre de gran pureza de líneas y una notable galería porticada en ángulo que combina rudeza y primitivismo. Ya en el interior del casco urbano se encuentran San Justo y San Bartolomé, y en las afueras, la iglesia de la Virgen de la Peña, situada al borde del profundo **barranco** del Duratón, de original portada en cuya arquivolta figuran los veinticuatro ancianos, separados por la mano de Dios; también el ábside y la torre (con inscripción de autor y fecha de 1144) pertenecen al estilo.

Hoces del Duratón. Por **Villar de Sobrepeña** hay que encaminarse a **Villaseca** y, pasado el pueblo, tomar la senda que conduce directamente al fantástico **paraje** del Priorato de San Frutos, solitario **santuario** enclavado al borde del impresionante **cañón** del Duratón, lugar en el que hicieron vida eremítica San Frutos y sus hermanos mártires y en el que se levanta el actual templo románico (fines del siglo XII). Se trata de un lugar de salvaje encanto **paisajístico**, que junto al eco de la historia acumula numerosas **leyendas**. De retorno, puede rastrearse la misteriosa **cueva** de los Siete Altares, escondida entre altos chopos en la confluencia de los ríos Duratón y San Juan.

Villafranca. Tranquilo fin de ruta con una histórica **fortaleza** mudéjar (en torno al 1300) rodeada de amena **arboleda**.

Sepúlveda. De lo general a lo confidencial

74. El Románico Segoviano

Visitamos un notable conjunto de templos románicos segovianos, hasta quedar atrapados en uno de los lugares más hermosos de Castilla: Pedraza, donde hay que probar sus asados y acomodarse en alguno de sus encantadores refugios.

Perorrubio. Inicio del itinerario con un **templo** del estilo con bella galería.

San Pedro Gaillos. Pueblo pintoresco que cuenta con **templo** románico de interesante atrio, con figuras de guerreros, y torres.

El Arenal (Revilla Orejana). Su **iglesia**, es un ejemplar de subido interés con fuerte torre, dos naves, ábsides redondo y cuadrangular, galería de ocho arcadas muy segoviana con capiteles bien labrados, y originalísimas portadas curiosamente personalizadas.

Pedraza. Plaza fuerte de inexpugnable emplazamiento situada sobre un peñón delimitado por barrancos y por un circuito de **murallas** rematado por un recio **castillo**. El acceso requiere, aún hoy, salvar una empinada cuesta y cruzar la única **puerta** del recinto amurallado, blasonada como el castillo, con las armas del condestable de la Casa de Velasco. Ganada la villa, y tras admirar su singular **Cárcel**, hay que recrearse con la bellísima fisonomía de su **calle** Real y, en general, del conjunto que forman sus grandes **casonas** blasonadas que convergen en una excepcional **plaza** Mayor. De sus numerosos **templos** sólo se conservan San Juan, en la plaza Mayor, con fuerte torre románica de altos ventanales y la ruinosa de Santa

KILOMETRAJE:

Acceso (A-1)	*100*
Ruta	*66*
Retorno (A-6)	*107*
Total	*273*

DURACIÓN Y ÉPOCA PROPICIA:
En el día o fin de semana, templado.

ALOJAMIENTOS:
Pedraza: ***Hotel la Villa ******. *Calzada 5. 921 508 651. Elegancia rústica, que se paga.* ***Posada Don Mariano*****. *Mayor 14. 921 509 886. Casona rehabilitada con gusto.* ***Hospedería Santo Domingo***. *Matadero 3. 921 509 971. Fantástica decoración.*
Requijada: ***La Tejera de Fausto***. *921 127 087. Casona campestre con gran encanto.*
Sotosalbos: ***Hostal del Buen Amor***. *Eras 7. 921 403 020. Casona confortable.*
Collado Hermoso: ***Molino Río Viejo***. *N-110, km. 172. 921 403 063. Paradisíaco.*

RESTAURANTES:
Cañicosa: ***Codex Calixtinus***. *Caces 6. 921 504 206. Cocina creativa.*
Pedraza: ***La Olma de Pedraza***. *Pl. del Ganado. 921 509 981. La buena tradición.*
Sotosalbos: ***Las Casillas***. *(Hostal Buen Amor). 921 403 068. Excelentes asados.*
Collado Hermoso: ***La Matita***. *N-110, km. 162. 921 403 077. Caza mayor y menor.*

VISITAS:
Pedraza: ***Castillo-Mº Zuloaga***. *921 509 825.* ***Cárcel***. *Fines semana.* ***Taberna de Mariano***, *plaza Mayor, centenaria.*
Prádena: ***Cuevas Enebralejos***. *921 507 113. Horarios variables. Consultar.*

COMPRAS:
Pedraza: ***De Natura***. *Calzada. Preciosa tienda de artesanía y decoración.* ***Estaños Pedraza***. *Calzada. Artesanía.*

INFORMACIÓN
Oficina Turismo. *Real. 921 508 666.* ***Conciertos de las Velas***. *1º y 2º sábado de julio. 921 509 960.*

Pedraza. Plaza Mayor. Arriba: Revilla-Orejana. Detalle del pórtico de la iglesia de San Juan

María, a un lado de la explanada, espacio que cierra el **castillo**, de recia planta con muros de sillería, matacanes, almenas, y una alta torre protagonista de leyendas que acondicionara el pintor Zuloaga como excepcional estudio.

Requijada. La **ermita** de Las Vegas, en el cruce, quizá sea el templo más antiguo de la provincia. Junto a él, evidencias de una población romana que tal vez contara con una comunidad cristiana que celebraría cultos en una primitiva basílica sobre la que luego se edificó, en el siglo XI, el templo románico. Así se justifica la pila bautismal de inmersión que vemos en el interior que nos sitúa en los albores del cristianismo. El templo es de una gran categoría artística y estética con un bello atrio porticado, excelente decoración en capiteles y canecillos, buena portada e interesante interior que incluye valiosas **pinturas** murales de temática infrecuente.

Sotosalbos. Un soberbio **templo** cuyos orígenes se remontan al siglo XI (ábside rectangular y nave primitiva), adicionándose parte de la galería y torre actuales en el siglo XIII, las arquerías ligeramente apuntadas en el XIV y otros añadidos menos afortunados en siglos siguientes. La galería es bellísima, engalanada con una gran portada y con un atractivo friso de arquillos sobre canecillos. La levedad de las arcadas contrastan con la torre de campanas que más parece pertenecer a una fortaleza. De ningún modo hay que dejar de visitar el interior del templo y sus tesoros: arquitectura, pinturas murales, y un inesperado **museo** con tallas, tablas, orfebrería y otros piezas de auténtico mérito.

Arte recóndito. Con el concurso del párroco de Sotosalbos pueden hacerse otras visitas de subido interés a los **templos** de **Pelayos del Arroyo** (preciosa portada, capiteles y antiquísimas pinturas murales), **La Cuesta** (portada, Cristo, retablo, pila),...

75. Villas y Templos Segovianos

Aunque lo característico de la arquitectura religiosa segoviana es el románico, este itinerario de reducido kilometraje recorre un notable conjunto de grandes templos de la última fase del estilo gótico tan próximos al tránsito renacentista que sus retablos son ya notables obras de la nueva tendencia artística.

El Espinar. Gran **templo** de austeras líneas edificado en el XVI, bajo la influencia de El Escorial. El interior produce sensación de magnificencia con una amplia nave y cabecera cubierta por bóveda de crucería. Soberbio empaque presenta el retablo mayor, obra de Francisco Giralte y colaboradores con numerosos relieves iconográficos que van desde Adán y Eva hasta El Calvario. Las pinturas, que también incorpora el retablo, se deben a Sánchez Coello con escenas de la vida de Jesús. No hay que dejar de ver la hermosísima sacristía (se dice que es la mejor y más grande de todo el obispado) así como el coro, capilla bautismal, púlpito plateresco y órgano barroco.

Villacastín. Sobre un horizonte despejado destaca el monumental **templo** "catedralicio" de la villa. Se trata de un edificio gótico cuya traza se atribuye Rodrigo Gil de Hontañón, reproduciendo los diseños de naves y cúpulas de la catedral de Segovia. La carencia de coro y la fórmula de planta de salón, con tres naves de la misma altura, favorecen la visión comple-

KILOMETRAJE:
Acceso (A-6, AP-6) 67
Ruta (sin opciones 71) 121
Retorno (sin opciones 120) 124
Total (sin opciones 258) 312

DURACIÓN Y ÉPOCA PROPICIA:
En el día o fin de semana, templado.

ALOJAMIENTOS:
Villacastín: ***Hostal El Pilar**, A-6, km. 84. 921 198 050. Estratégicamente situado.*

RESTAURANTES:
Santa María la Real de Nieva: ***Mesón Real** (Coronel Ortega 34, 921 594 462) y **Avantos** (salida hacia Segovia, 921 594 223), platos de la zona y buenos asados.*
Carbonero el Mayor: ***Goya**. Ctra. de Segovia, 921 560 220. Cocina tradicional y de mercado. **Mesón Riscal**. Ctra. Segovia, 921 560 289. Carne de buey.*

VISITAS:
El Espinar: ***Iglesia San Eutropio**. Domingos misas a las 10 y 12 horas. Casa parroquial: 921 181 127.*
Villacastín: ***Iglesia**. Si no estuviera abierta preguntar en el entorno.*
Martín Muñoz de las Posadas: ***Iglesia**. Preguntar en el pueblo por el párroco o la persona que sirve de guía del templo.*
Stª Mª la Real de Nieva: ***Monasterio**. 921 594 036. Conviene consultar, suele estar abierto en verano de martes a domingos.*

ta del templo en toda su magnificencia. También aquí encontramos un monumental retablo renacentista, con tallas y pinturas del segoviano Alonso de Herrera, así como la monumental capilla de los Mexía.

Martín Muñoz de las Posadas. Encantadora villa con típica **plaza** Mayor, uno de cuyos laterales ocupa el **templo** de cuyo primitivo origen nos habla su portada gótico-mudéjar (s. XIII) y el exuberante gótico florido (s. XV) de su portada a los pies. El interior ofrece las galas del renacimiento clasicista y los blasones de su benefactor (Diego de Espinosa, cardenal y hombre de confianza de Felipe II) cuya imagen podemos contemplar gracias a la figura orante que labró en alabastro Pompeyo Leoni (antes de emprender los grupos reales de El Escorial). Con todo, la obra más destacada del templo es el lienzo del Calvario con donante, obra documentada y firmada por El Greco. Por último, junto a la plaza, puede verse el **palacio** del cardenal, según modelo tradicional de alcázar de los Austrias (atribuido a Juan Bautista de Toledo), con valioso patio renacentista de líneas clásicas.

Santa María la Real de Nieva. Localidad fundada al tiempo que se alza el **monasterio**, en los primeros años del siglo XV, por la generosidad de Catalina de Lancaster (esposa de Enrique III). El estilo, un gótico tardío de formas arcaicas, recuerda los templos ingleses del románico con ojivas. Hay que olvidarse de la cronología y disfrutar de la belleza de la portada lateral y, sobre todo, del claustro y sus capiteles que incluyen simbología y escenas bíblicas maravillosamente tallados. También el interior del templo tiene interés con un buen retablo renacentista con un excelente San Jerónimo penitente.

Opciones. Otros notables **templos góticos** pueden visitarse en otras tantas viejas villas como **Carbonero el Mayor** (retablo renacentista y crucifijo gótico, también buen **palacio** del XV), **Fuentepelayo** (púlpito gótico y grupo escultórico de La Piedad, también **templo** con buen artesonado mudéjar) y **Aguilafuente** (hermosa portada).

Villacastín.
Templo "catedralicio"

76. Gargantas y Bosques Segovianos

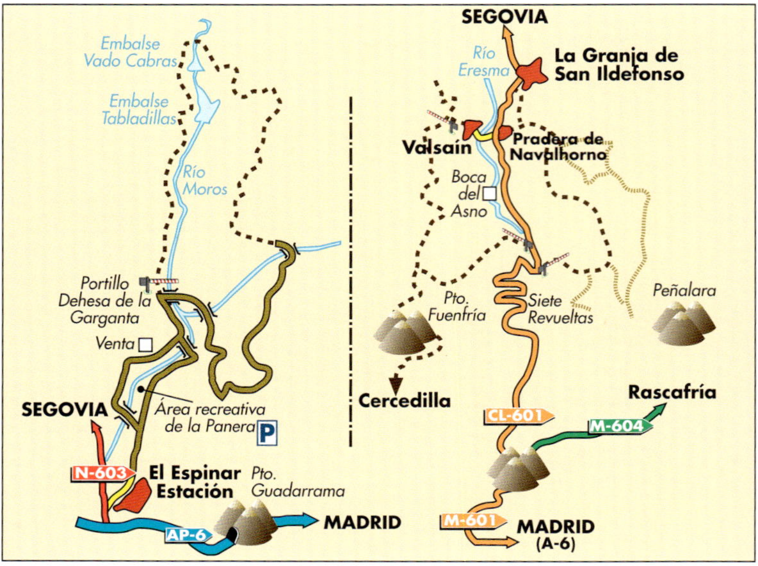

Los bosques de El Espinar y de Valsaín son los objetivos de este doble itinerario que goza del atractivo adicional, respecto a otros parajes también bellos, de poder ser contemplados desde las cumbres de Guadarrama y Navacerrada antes de penetrar en ellos.

Kilometraje:
Total (Río Moros, por A-6 y AP-6) 134
Total (Valsaín, por A-6 y M-601)........ 118

Duración y Época propicia:
En el día o fin de semana, clima templado.

Alojamientos:
El Espinar: ***Hostal Siete Picos**** *Martí Estévez, 10. 921 181 084. Bien situado.*
San Rafael: ***Hostal La Viña**** *Carretera Segovia. 921 171 557. Correcto, situado.*
Valsaín: ***Las Cabañas****. 921 470 548. Cuatro chalets de distintos tamaños.* ***La Chata****. Carretera Robledo 13. 921 472 109. Edificio nuevo, buen precio.*
La Granja: ***La Calandria****. 667 613 056. Encantadora casa rural de 2 habitaciones.*

Restaurantes:
Además de la campestre pueden citarse:
San Rafael: ***Hostal La Viña*** *(ver alojamientos) Cocina micológica y casera.*
Valsaín: ***Casa Hilaria****. CL-601, km. 124. 921 470 292. Asados, judiones, morcilla.*

Visitas:
El Espinar: *Parque recreativo de* ***La Panera****, a 3 km. de la Estación. Dehesa* ***La Garganta*** *en un frondoso valle.*
Valsaín: *Área recreativa* ***Boca del Asno****. Acceso libre. Merenderos en temporada.*

La Garganta del Río Moros.

Se trata de uno de los parajes más bellos del tramo segoviano de la Sierra de Guadarrana en un inolvidable enclave natural limitado por las altas cimas de un conjunto de dosmiles formados por la Mujer Muerta, Montón de Trigo, Cerro Minguete, Peña del Águila y Peñota. El punto de partida es la estación de El Espinar, siguiendo la carretera que discurre próxima al **río** Moros y atravesando la zona recreativa de La Panera (que puede circunvalarse) llegamos al portillo de la Dehesa de la Garganta que poco después ofrece un desvío a la izquierda o la continuación que conduce a los embalses de las Tabladillas y del Vado de las Cabras. En un giro a la izquierda sale una pista que, por las laderas de la sierra de la Mujer Muerta, asciende al

Valsaín. Paraje de la Boca del Asno

puerto de Pasapán; aguas arriba nace el río en los llamados Ojos del Río Moros.

Pinares de Valsaín. Cambiando ahora el puerto de Guadarrama por el de Navacerrada, descendemos por las rampas segovianas que van bordeando Los Cogorros y la Loma de La Machorra para descender bruscamente por Las Siete Revueltas hasta encontrar una primera **pista**, a la derecha de la carretera, que podría llevarnos hasta **La Granja** (unos km. 15 de camino entre pinares, bordeando cerros y cruzando arroyos tributarios del Eresma). Poco más adelante la carretera ofrece un nuevo desvío por otra **pista** que, tras unos 5 km. de marcha, permite enfilar el Puerto de la **Fuenfría** (unos 3 km. más) o **Valsaín** (unos 10 km. más).

Boca del Asno. La carretera nos deja ahora en puertas de unos de los parajes naturales más bellos del pinar de Valsaín: los grandes roquedales por entre los cuales saltan las aguas del Eresma, **paraje** que puede seguirse en su tramo más salvaje gracias al puente y pasarelas dispuestas al efecto, todo ello en un entorno boscoso, que permite tanto aprovechar las instalaciones del área recreativa como proseguir amenos paseos siguiendo el curso del Eresma.

Entorno de Valsaín. Continuando la carretera dejamos atrás la fuente del Sapo para llegar al **paraje** de "la máquina vieja" donde hubo una serrería y donde podemos admirar un evocador **puente** romano sobre el Eresma, eslabón de la calzada que por La Fuenfría conducía a Segovia. Por **Pradera de Navahorno**, podemos dirigirnos a **Valsaín**, punto final de la pista que enlaza **Cercedilla** y **Segovia** a través del puerto de la Fuenfría, que también permitiría recorridos orientados a lugares tan amenos como la **pradera** y robledal de Navalrincón, o en el bellísimo **pinar** de la Acebeda.

77. Los Reales Sitios Segovianos

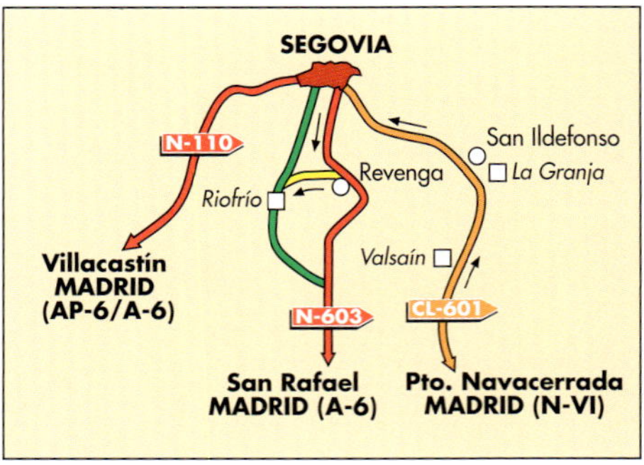

En la vertiente norte de la cordillera que separa ambas Castillas, los Reales Sitios segovianos constituyen el paraíso al que los primeros Borbones se aferran para vivir una melancólica vida regalada o para dar rienda suelta a sus aficiones campestres entre bosques salvajes y cuidados parterres.

Valsaín. Lugar para la evocación que fue retiro y cazadero de los monarcas españoles durante más de cinco siglos del que hoy sólo restan un torreón desmochado, las arcadas de un patio y otras tristes **ruinas**; pese a todo, hay que felicitarse por contar aún con el famoso **pinar** y sus renombradas **praderas**.

Las Granja. También la caza está en los orígenes de este Real Sitio pues ya Enrique IV en 1450 hizo construir casa y ermita dedicada a San Ildefonso. Pero es Felipe V quien quedó fascinado por estos parajes y decide construirse su propio paraíso terrenal que, tras la muerte de su sucesor, debe compartir con su Corte a cuyo fin amplía el recinto hasta convertirlo en el gran **palacio** que hoy admiramos. Teodoro Ardemans primero y Felipe Jubara, el más genial intérprete de la modalidad clasicista del barroco europeo, junto a su discípulo Sachetti, son los artífices del conjunto palaciego que se eleva sobre los bosques que cautivaron a Felipe V. El interior, constituye uno de los más suntuosos palacios europeos del siglo XVIII. En la visita se admiran los techos pintados al fresco y las arañas de La Granja de las habitaciones y gabinetes (sorprendente el de lacas japonesas) hasta el despacho del Rey y su salón del Trono, así como el mobiliario, porcelanas, relojes, pinturas y tapices. La **colegiata** no es una simple capilla sino un edificio que centra el conjunto palacial con diseño de

KILOMETRAJE:

Acceso (A-6, AP-6, A-61, CL-601)	*101*
Ruta	*26*
Retorno	*93*
Total	*220*

DURACIÓN Y ÉPOCA PROPICIA:
En el día o fin de semana, clima templado.

ALOJAMIENTOS:
*Hotel Las Fuentes*** Padre Claret 6. 921 471 024. Edificio histórico, con encanto. *Hotel Roma*** Los Guardas 2. 921 470 752. Junto a palacio con vistas a la sierra.

RESTAURANTES:
Casa Zaca. Embajadores 6. 921 470 087. Los auténticos judiones de La Granja, preparados por la mano sabia de Antonia.

VISITAS:
Palacio de La Granja. Invierno: 10 a 13 y 15 a 17 h, cierra los lunes y domingos tarde. Abril a septiembre abre a diario de 10 a 18 h. (salvo lunes). **Jardines de la Granja**. Abiertos y de libre acceso de 10 a 18/21 h. **Fuentes de La Granja**. Miércoles, sábados, domingos y festivos a las 17,30 (4 grupos alternando por semanas). Estos días el acceso es de pago abriéndose la taquilla a las 15 horas. En verano funciona de 22,30 a 23,30 la fuente de Diana. Todas las fuentes activas cada 25 de julio. Confirmar datos en 921 470 019. **Museo del Vidrio** (Real Fábrica). Pº del Pocillo. 921 010 700. Cierra lunes/martes. **Palacio de Riofrío**. Igual que La Granja. **Bosque de Riofrío**. Abiertos diariamente de 8 de mañana a la puesta de sol.

INFORMACIÓN:
Oficina de Turismo. Paseo del Pocillo. 921 470 034. Verano: martes a domingos 10 a 14 y 16 a 20 (cierra domingos tarde).

Ardemans y decoración de Sabatini. A pesar de todo ello, La Granja debe su fama a sus incomparables **jardines** en los que se dejan sentir las consecuencias que en el arte de la jardinería representa Versalles como salón cortesano al aire libre, aunque no falte la influencia italiana que convierte el jardín en teatro con figuras y escenas de la fábula pagana en una escenografía de frondas animada por el espectáculo de las aguas.

La Granja. Palacio, jardines e inocentes personajes siempre sensibles al juego de las sorpresas

Riofrío. Isabel de Farnesio, viuda de Felipe V, temerosa de que su hijastro el rey Fernando VI la apartase del palacio de La Granja, acomete el ambicioso proyecto de construir un nuevo paraíso a su medida. El **palacio** constituye una gran residencia romana de línea sobria con amplios paramentos de mampostería enlucida en color rosa, de destacado perfil enmedio del **bosque**. Sus salas hoy acogen un **museo** de la Caza, recordando las aficiones de sus moradores. La sección viviente está representada en las 700 hectáreas de **encinar** donde gamos y ciervos corretean en libertad.

78. Segovia: una Ciudad Tallada en Piedra

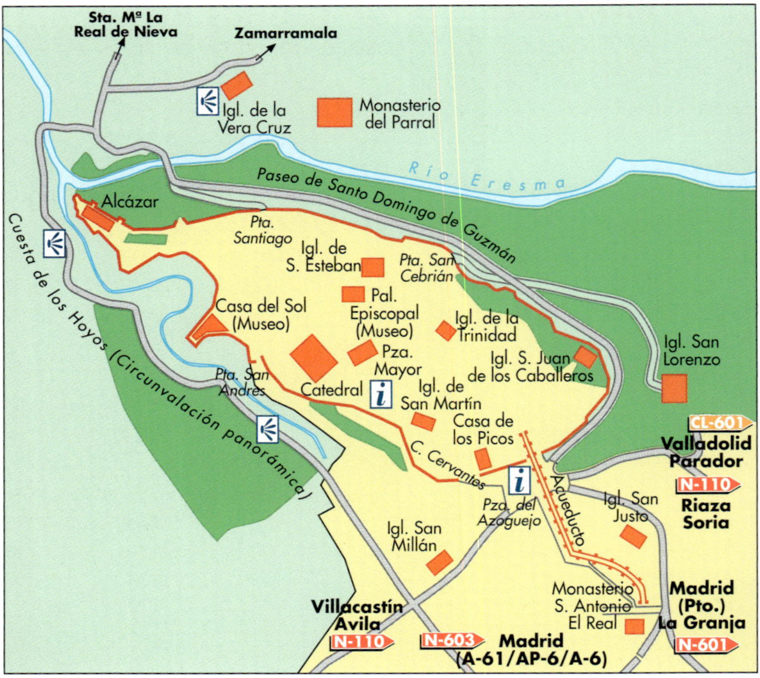

El acueducto, símbolo de la ciudad, marca las pautas a seguir: la consistencia de la piedra y la grandeza al límite. Así se alzan una interminable muralla, un alcázar inexpugnable, una catedral que roza el cielo, y un conjunto único de templos románicos, casas fuertes y palacios blasonados deslumbrantes.

Acueducto. La gloria y símbolo de la ciudad, el Acueducto romano es, sin duda, el monumento más importante entre las obras de ingeniería latinas conservadas en nuestros días. Se trata del remate final de una conducción de agua de unos 12 km. que al llegar a Segovia, y para salvar la hondonada que separa el depósito de la ciudad alta, se disponen unos 20.000 sillares de granito, asentados en seco y estructurados en dos grandes tramos de arcadas que, en el Azoguejo, llegan a alcanzar una altura de casi 30 metros.

Murallas. Para no ser menos que los romanos, Alfonso VI al con-

KILOMETRAJE:
Acceso y retorno (A-6, AP-6, A-61).... 182

ALOJAMIENTOS:
Hotel Acueducto** Padre Claret 10. 921 424 800. Cómodo. **Hotel Infanta Isabel*****. Pl. Mayor 12. 921 461 300. Céntrico.*

RESTAURANTES:
***La Cocina de Segovia**. Pº Ezequiel González 26. 921 437 462. Modernidad y tradición. **Mesón José María**. Cronista Lecea 11. 921 466 017. Ambiente y cocina típica segoviana. **Villena**. Pl. Mayor 10. 921 461 742. Productos de temporada.*

VISITAS:
***Alcázar**. 10 a 18/19 h. **Catedral**. 9 a 18/19 h. **San Martín** (Museo). 12 a 13 h. **San Justo** 12 a 14 y 16/17 a 18/19 h., cierra domingos/lunes. **Vera Cruz**. 10,30 a 13,30 y 15,30 a 18/19 h., cierra lunes/noviembre. **La Trinidad**. Abierto festivos. San Juan Caballeros (Mº Zuloaga). 10 a 14 y 17 a 19 h. cierra lunes. **Monasterio del Parral**. 10 a 12,30 y 16 a 18,30, domingos 10 a 11,30 h. **Monasterio San Antonio el Real**. 11 a 13,30 y 16 a*

18/19 h. **Torreón de Lozoya**. A diario de 18,30 a 21 h. (domingos también de 12 a 14). **Casa Mª Antonio Machado**. Desamparados 5. Mañanas y 16 a 18/19 h. (cierra lunes). **Museo de Segovia**. Casa del Sol. 921 460 613. **Museo Arte Contemporáneo Esteban Vicente**. Pl. Bellas Artes. A diario 11 a 14 y 16 a 19 h., cierra lunes.

INFORMACIÓN:
Patronato Provincial de Turismo. Pl. del Azoguejo 1. 921 462 906. 10 a 20 h. Organizan visitas guiadas.

quistar la ciudad y proceder a su repoblación, levanta un cerco completo de alta muralla que sobrepasa los 3.000 metros, alzándose los muros (de más de nueve metros de altura y casi tres de espesor) sobre una plataforma rocosa, muy escarpada en algunas zonas, jalonada por 86 torres y con cinco puertas, dos portillos y cinco postigos de acceso.

Alcázar. Roca estratégica fortificada por sus ocupantes a lo largo de los tiempos cuya actual apariencia palaciega actual procede de la dinastía de los Trastamara. De todas sus dependencias sorprenden la majestuosidad y envergadura de la torre de Juan II, el conjunto de salones y habitaciones reales y sus vistas de vértigo.

Catedral. Último gran templo gótico levantado en pocos años en pleno siglo XVI por los Gil de Hontañón para engrandecer la vieja catedral románica. Por ello es una obra de estilo unitario, armoniosa y equilibrada, que utiliza una escala de dimensiones deslumbrantes: cúpulas, crucero, arbotantes, torre mayor. El interior, además de confirmar la magnificencia exterior, permite descubrir pequeños tesoros en capillas, claustro y museo.

Templos. Extraordinario repertorio de templos románicos: San Millán, San Martín, San Juan de los Caballeros, San Esteban, Vera-Cruz y San Lorenzo, entre más de 20 iglesias del estilo.

Monasterios. Destacables entre otros edificios de comunidades religiosas de la ciudad el del Parral (soberbio templo), el de San Antonio el Real (tesoros) y el de Santa Cruz la Real (fachada).

Palacios. Además del conjunto de casas románicas y de las casas fuertes torreadas, Segovia está plagada de palacios renacentistas y barrocos, con alguna muestra de edificios neoclásicos.

Segovia. Al calor de San Lorenzo (arriba). Vista desde El Pinarillo (abajo)

79. Las Grandes Fortalezas Segovianas

Curiosamente, el inventario de arquitectura militar de la provincia de Segovia es de los menos densos de España, sin embargo, sus ejemplares se encuentran entre los más notables por su monumentalidad, y a descubrirlos se dedica esta ruta, junto con algunas propinas de lujo en el camino.

Segovia. El paseo de Santo Domingo, entre el Eresma y el peñón en el que se asienta el casco antiguo de la ciudad permiten contemplar las murallas, sus torreones estratégicos y algunas de sus puertas de acceso hasta llegar a la confluencia con el Clamores guardada por el poderoso perfil del Alcázar.

Santa María la Real de Nieva. Traicionando por un instante la temática de la ruta, es aconsejable hacer una breve parada para admirar el claustro del templo, de un encantador estilo gótico arcaizante, con un excepcional repertorio de capiteles historiados.

Coca. Castillo en el que se cumple holgadamente lo que decía Chueca a propósito de los castillos del siglo XV en cuanto a que no sólo debemos ver en ellos la eficacia militar, sino también el afán de sorprender y deslumbrar, y para ello se aprovecha aquí la obra barata del ladrillo mudéjar que permite lujos impensables con la obra cara de los canteros cristianos. Aunque en la aproximación el castillo parece algo hundido, cuando nos situamos ante el puente de acceso, nos percatamos de la imponente masa de este conjunto altivo y provocador, cuyos aspectos bélicos más notables son el hondo foso de dimensiones

KILOMETRAJE:
Acceso (A-6, AP-6, A-61) 91
Ruta 168
Retorno 91
Total 350

DURACIÓN Y ÉPOCA PROPICIA:
Día o fin de semana, días templados.

ALOJAMIENTOS:
Coca: ***La Resinería***. *Cinco Caños 2. 921 586 534. Rústica y buen nivel de confort.*
Turégano: ***El Zaguán***. *Pl. España 16. 921 501 165. Hotel rural decorado con gusto.*

RESTAURANTES:
Coca: ***La Resinería*** *(ver alojamiento) platos de la tierra.* ***Mesón El Blasón***. *Valdenebro. 921 586 260. Asados.*
Turégano: ***El Zaguán*** *(ver alojamiento). Asados castellanos y cocina vasca.* ***Casa Holgueras***. *Pl. de España 14. 921 500 028. Sopas de ajos y buenos asados.*

VISITAS:
Stª Mª la Real: ***Claustro***. *Diario 9 a 13 h. En verano visitas guiadas.*
Coca: ***Castillo***. *617 573 554 Visitas guiadas 10,30 a 13 y 16,30 a 18/20 h.*
Cuéllar: ***Castillo***. *Representaciones del "Castillo habitado" 11 a 14 y de 16 a 20 (fines de semana y diarias en verano).*
Turégano: ***Castillo***. *Sábados 11,30 a 14 y 16,30 a 18,30 h. Domingos mañanas.*
Museo de los Ángeles. *Caleros 1. 921 501 157. Abierto de miércoles a domingos.*

INFORMACIÓN:
Cuéllar: ***Oficina de Turismo***. *Pl. San Gil 12. 921 142 203. Informan horarios.*
Centros Interpretación. *Mudéjar (igl. S. Martín) y de Encierros (igl. S. Francº).*
Encierros. *Fines de agosto y principios de septiembre. Consultar Oficina de Turismo.*

excepcionales, la barrera exterior flanqueada en ángulos y lienzos por cubos poligonales y por torrecillas, así como el fortísimo torreón del homenaje, la gran puerta principal (defendida por rastrillo, troneras y gruesos portones, amparados desde arriba por alto y corrido matacán).

Cuéllar. En lo alto de un cerro, en una posición dominadora junto a la población, se levanta esta **fortaleza** cerrada por torreones esquineros, protegida por un foso amurallado y por una barrera, hoy ya incompleta, que la protegía de los ataques que le pudieran llegar de la propia villa. Pese a este aparato bélico, en el edificio actual predomina la vocación palaciega, con lienzos que parecen diseñados para el ornato más que para la defensa, con gran patio de honor de doble galería más propicio a las recepciones palaciegas que para las concentraciones de hombres de armas. La visita a Cuéllar debe descubrir sus arcos y puertas de la vieja **muralla**, así como sus **templos** románico-mudéjares (San Martín, San Esteban, San Andrés), junto a otros templos, conventos, hospitales, palacios y casonas que hacen de la **villa** un conjunto de indudable interés.

Turégano. La imagen de su **plaza** Mayor, amplia y soportalada, con el soberbio castillo al fondo, es una de las más características de la vieja Castilla. Sin embargo, el **castillo** es un singular caso en el que una **iglesia** románica de tres naves, con una torre campanario sobre el crucero, se transforma en casa fuerte de los obispos. Ya en los años más revueltos del siglo XV se adicionan torres, murallas, adarves y matacanes que convierten el edificio en la auténtica **fortaleza** que hoy admiramos.

Coca. Detalle del castillo. ***Segovia****. Alcázar*

Soria

Ucero. Ermita de San Bartolomé en el cañón del río Lobos

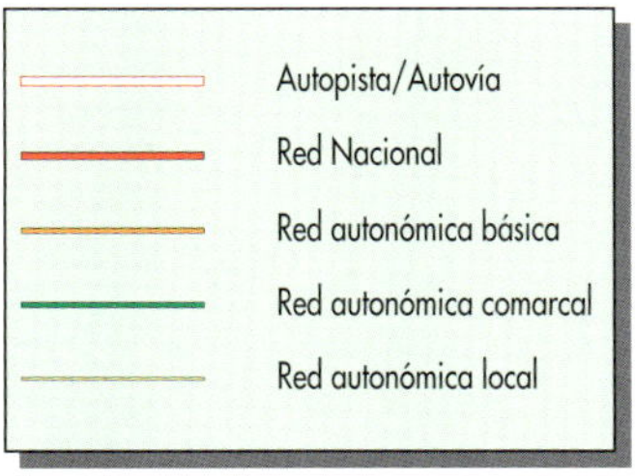

80. La Frontera del Duero (I)
81. La Frontera del Duero (II)
82. Soria: la Ciudad de los Poetas
83. La Laguna Negra de Soria
84. Soria Histórica y Monumental

80. La Frontera del Duero (I)

Las fortificaciones de la línea del Duero, los campos recorridos por el Cid y sus huestes, las iglesias románicas de la repoblación, la extraordinaria catedral del Burgo de Osma y sus museos, resumen los propósitos de esta evocadora ruta que discurre a orillas del legendario río.

San Esteban de Gormaz. Puerta de Castilla en los agitados tiempos de lucha entre musulmanes y cristianos. El estratégico **puente** sobre el Duero y el **arco** blasonado de la muralla permiten hoy ganar fácilmente la villa y buscar sus dos magníficos **templos** románicos de galería: San Miguel, en el corazón de la villa, y El Rivero, en un altozano, sólo dominado por las ruinas del viejo **castillo**.

Caracena. Siguiendo el curso del Duero por **Pedraja**, cruzándolo de nuevo por **Navapalos**, y pasado **Fresno** llegamos a esta pintoresca **aldea** de aire medieval que conserva dos excelentes **templos** románicos: Santa María, integrado en el caserío, y San Pedro, en lo alto, exhibiendo quizá la más bella galería del románico soriano, con una variada serie de capitales historiados. Un esbelto **rollo**, en la plaza, y una **fortaleza** de doble recinto, en las afueras, completan su repertorio monumental.

Gormaz. Retornando a **Fresno** se enfila de nuevo el curso del Duero por la carretera que conduce a Gormaz. La silueta del **castillo** sobre un estratégico cerro sirve de infalible guía al viajero. Hoy puede subirse fácilmente a la inexpugnable **fortaleza** musulmana de épicas dimensiones (1200 m. de recinto) y cuidada arquitectura (labrados sillares), para contemplar el contorno con la impresión de dominio que embargaría a sus moradores. No se encontrará en toda Europa una obra de tan alta jerarquía en la arquitectura militar medieval.

KILOMETRAJE:

Acceso (A-1, N-110) *167*
Ruta *61*
Retorno *177*
Total *405*

DURACIÓN Y ÉPOCA PROPICIA:

Fin de semana de días templados.

ALOJAMIENTOS:

El Burgo: ***Virrey II******* *Mayor 4. 975 341 311. Céntrico, decorado, confort.* ***Río Ucero****** *N-122. 975 341 278. Correcto, precio medio.* ***Posada del Canónigo****. San Pedro. 975 360 362. Rural con encanto.* Quintanas Gormaz: ***Casa Grande****. 975 340 982. Posada rural elegante.*

RESTAURANTES:

San Esteban: ***Moreno****. Av. Valladolid. 975 350 217. Casera, cocido maragato.* El Burgo: ***Virrey Palafox****. Universidad 7. 975 340 222. La tradición de la matanza.* ***Pte. Real****. N-122. 975 341 250. Asados.*

VISITAS:

San Esteban de Gormaz: ***Iglesias*** *y* ***Museo de Arte Sacro****. Llamar a Ofic. de Turismo.* Gormaz: ***Castillo****. Accesible libremente.* El Burgo: ***Catedral****: martes/jueves: 10 a 14 y 16 a 20 h.; sábados/domingos: 10 a 20. Lunes cerrado.* ***Uxama*** *(Aula arqueológica). Junio/septbre.: 10 a 14 y 16 a 20 (resto: 11 a 19). Cerrado lunes.*

INFORMACIÓN (OFICINAS TURISMO):

Burgo Osma: *Pl. Mayor. 975 360 116.*
San Esteban de Gormaz: *975 350 292.*

El Burgo de Osma. El cercano **cerro**, que domina el paso del valle del Duero al Ucero, fue lugar estratégico que albergó un castro celtibérico, la Uxama romana y la medieval Osma. A principios del siglo XII su obispo comienza la construcción de la catedral, en las tierras llanas de la vega, pero la obra románica fue pronto demolida sustituida casi en su totalidad por la actual **catedral** gótica.

De la ***catedral románica*** sobreviven dos ventanales dobles con archivoltas y capitales de gran perfección y refinamiento, joyas tapiadas durante siglos. También la contigua sala capitular soporta su crucería gótica sobre cuatro capiteles románicos. Este entorno románico-gótico está presidido por el sarcófago policromado de San Pedro de Osma, de mediados del XIII, en el que se representan la vida y milagros del santo con un realismo sorprendente.

La ***catedral gótica*** es uno de los más puros ejemplares del estilo ojival francés en España, sin que las obras de diversos estilos realizadas en siglos posteriores, desvelen la nitidez original del gótico interior, casi exclusivo del siglo XIII. En lo ornamental destacan el arcaico Cristo del Milagro, el renacentista retablo mayor, las verjas platerescas y algunas vidrieras primitivas. Lo mejor de los añadidos posteriores es la neoclásica sacristía mayor de Villanueva.

De ***los museos***, sobresale el excepcional "Beato", código fechado en 1086 con letra visigoda y ornamentación colorista, así como las obras hispano flamencas del maestro de Osma.

Del ***núcleo urbano*** destacan, tanto las típicas calles castellanas con soportales, como las fundaciones de los obispos: la *Universidad*, con notables portada clasicista y patio renacentista, y el *Hospital*, de solemne fachada barroca.

San Esteban de Gormaz. La vida social de los años 70 ante San Miguel y entorno de la plaza medieval de ***Osma*** *(puente sobre el río Ucero y restos de la fortaleza)*

81. La Frontera del Duero (II)

Prosigue la evocación medieval con un itinerario que va descubriendo grandes recintos fortificados de la línea del Duero y sorprendentes templos mozárabes y románicos hasta llegar a la villa señorial de Berlanga con sus galas eclesiásticas y palaciegas, superadoras de los tiempos heroicos.

Calatañazor. "... en un recodo, a la izquierda, lo increible: Calatañazor. Piedras grises, adobes, paredes casi tejidas con ramas y pedrezuelas. Las ruinas de un castillo... Vejez, vejez." La impresión de Julián Marías es la que el viajero recibirá al acercarse a este legendario lugar fortificado escenario de las escaramuzas cristiano-musulmanas cuyo **caserío** mantiene su aire medieval con una larga calle que asciende al **castillo**, en la que encontramos el viejo **templo** románico y un amplio repertorio de auténtica arquitectura popular castellana y, en lo más alto, las ruinas de la dominadora e inexpugnable fortaleza.

Torreandaluz. Por el desvío a **Rioseco** llegamos a esta localidad que atesora un recio **templo** románico con maciza torre y espléndida portada de la primera mitad del XII con llamativos capiteles en los que aparecen escenas como Sansón y el león, un grupo de músicos y una justa entre caballeros.

Andaluz. El lugar, de estratégico valor por su portillo natural que sirve de paso al Duero, gozó de fuero, repoblándose por mozárabes andaluces a comienzos del XI. Ofrece otro excelente ejemplo de **templo** románico

KILOMETRAJE:
Acceso (Ruta 80), Ruta 99
Retorno (por A-2) 156
Total 422

DURACIÓN Y ÉPOCA PROPICIA:
Fin de semana de días templados.

ALOJAMIENTOS:
Calatañazor: ***Casa del Cura***. *Real 25. 975 183 631. Superlujo, precio alto.* ***El Mirador de Almanzor***. *Puerta Vieja 4. 975 183 642. Encantador, buen precio.* ***Casa rural de la Villa***. *Travesía del Tirador 11. 975 183 762. Casona histórica rehabilitada con gusto.* ***Hostal Rte. Calatañazor***. *Real 10. 975 183 642. Reposo placentero.*
Berlanga: ***Posada Los Leones***. *Leones 15. 975 343 155. Confortable.* ***Hotel Fray Tomás***. *Real 16. 975 343 136. Correcto.*

RESTAURANTES:
Calatañazor: ***Casa del Cura*** *(ver alojamientos). Amplia carta.* ***Calatañazor***. *(Hostal). Chorizo de la abuela y otros platos castellanos contundentes.*
Berlanga: ***Casa Vallecas***. *Real 16. 975 343 033. Cocina tradicional con toques innovadores; en temporada: setas y caza.*

VISITAS:
Calatañazor: ***Iglesia*** *y* ***Mº parroquial***. *En verano, mañana y tarde. Preguntar.*
Berlanga: ***Colegiata***. *Párroco (975 343 049) o María Jesús (975 343 057).*
Casillas de Berlanga: ***Ermita San Baudelio***. *Miércoles/domingos: 10,30 a 14 y 16 a 18/21 h. (cierra dom/tarde).*

rural con portada primitiva y una doble galería de capiteles.

Berlanga de Duero. Lugar cuya posesión señorial, a partir del siglo XV, cambió las huellas medievales por los lujosos edificios que hoy puede admirar el viajero. De las defensas destaca la **puerta** fortificada de Aguilera y la vieja fortaleza reconvertida en **castillo** señorial (XV/XVI) que domina la villa y el tajo sobre el río Escalote. La **colegiata** es un gran templo columnario de arquitectura ojival-renacentista (XVI) con soberbia capilla absidal en el lado del Evangelio (reja gótica, sepulcro renacentista y retablo gótico, joya de la colegiata). No hay que abandonar la villa sin admirar la soberbia fachada del **palacio** de los duques de Frías, la **casa** plateresca y el magnífico **rollo** gótico (en unas eras próximas, al otro lado de la carretera).

San Baudelio. Próximo a **Casillas de Berlanga**, con acceso señalizado. Excepcional **templo**, reliquia mozárabe de fines del siglo XI. Se estructura con gruesa columna central de la que brotan ocho gruesos nervios en forma de arcos de herradura, como ramas de una palmera, evocación morisca que también ofrece la tribuna sobre columnillas a los pies del edificio. Las paredes muestran huellas de las **pinturas** románicas de temas profanos y religiosos existentes hasta ser arrancadas en 1922 (algunas rescatadas pueden verse en el Museo del Prado).

Caltojar. Breve parada para admirar un bello **templo** románico con suntuoso ábside central, llamativa portada e interior en el que las soluciones arquitectónicas románicas aún se conservan.

Rello. Desvío por **La Riba de Escalante** para admirar el inexpugnable lugar de Rello en un altozano cercado de **murallas**.

Atienza. De nuevo una fortaleza de lujo que aprovecha las condiciones estratégicas de un empinado cerro como colofón de esta ruta, ya en tierras de Guadalajara. Ver Ruta 37.

Andaluz. Templo (arriba). Casillas. Interior de la ermita de San Baudelio (derecha)

82: Soria: la Ciudad de los Poetas

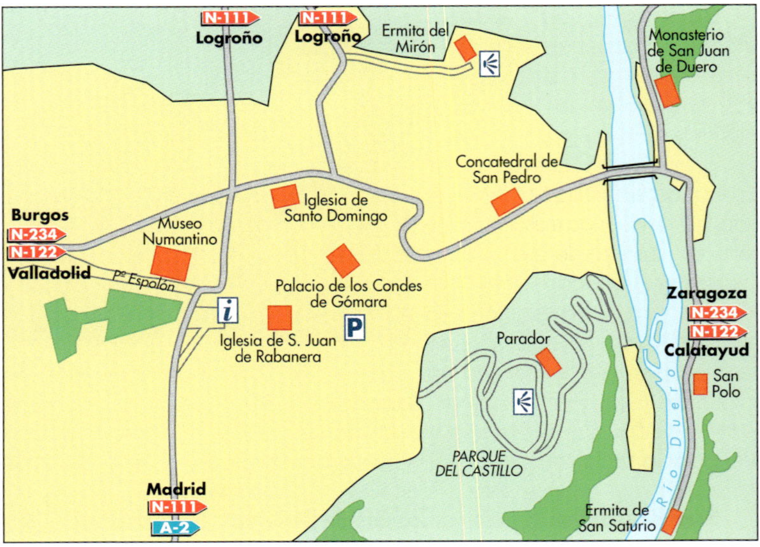

Gustavo Adolfo Bécquer, Antonio Machado y Gerardo Diego, son algunos de los numerosos poetas que, enamorados de Soria, situaron leyendas y desgranaron versos. El viajero aún puede captar las fuentes de inspiración y extasiarse.

Numancia y su Museo. Opciones para los viajeros curiosos y amantes de la historia es la visita a la vieja **ciudad celtibérica** que con heroismo resistió durante años el poder de Roma hasta el empuje de Escipión el año 133 a.J.C. Se conservan tramos de murallas, calles y casas. Ya de nuevo en Soria puede visitarse el **museo** Numantino con los restos hallados en Numancia y otros enclaves próximos: Ambrona, Cuevas de Soria, Clunia.

Templos románicos. En primer lugar hay que referirse a la colegiata de **San Pedro**, hoy concatedral, cuyo origen es un templo del siglo XII del que se conserva un claustro románico purísimo cuya galería norte, la mejor conservada, es admirable. El templo fue reedificado en el siglo XVI siguiendo el modelo de la colegiata de Berlanga. La iglesia de **Santo Domingo** muestra una bellísima portada de acusada

KILOMETRAJE:
Acceso y retorno (A-2, N-111)..........452

ALOJAMIENTOS:
Hotel Alfonso VIII**** *Alfonso VIII 10. 975 226 211. Modernizado, confortable.* ***Hotel Leonor****** *. Pº del Mirón. 975 220 250. Algo alejado, espléndidas vistas.* ***Hotel Valonsadero****** *N-234, km. 359. 975 180 006. Elegante chalet con lujosa decoración.* ***Hostería Solar de Tejada***** *Claustrilla 1. 975 230 054. Caserón céntrico, decorado con imaginación.*

RESTAURANTES:
Iruña. *Pl. San Clemente 2. 975 226 831. Excelente cocina creativa e innovadora.* ***Fogón del Salvador***. *Pl. Salvador 1. 975 230 194. Cocina tradicional de buen nivel.* ***Maroto***. *Pº del Espolón 20. 975 224 086. Cocina castellana con toques creativos.* ***Santo Domingo II***. *Aduana Vieja 15. 975 211 717. Productos de la tierra.*

VISITAS:
Arcos San Juan de Duero. *10 a 14 y 15,30/17 a 18/21 h. Cierra lunes y domingos tarde.* ***Centro Juan Antonio Gaya*** *(Arte contemporáneo). Lunes a viernes de 11 a 14 y 19,30 a 21,30 h. Domingos y festivos de 12 a 14 h.* ***Conca-***

tedral y *Museo*. *10 a 13 y 16,30 a 20 h.* *Museo Numantino*. *10 a 14 y 16/17 a 19/20. Cierra lunes y domingos tarde.* *Ermita San Saturio*. *10,30 a 14 y 16,30 a 18,30/21 h., cierra martes.*

INFORMACIÓN (OFICINA TURISMO): *Medinaceli 2. 975 212 052.*

influencia francesa. En la de **San Juan de Rabanera** la sorpresa se halla en el ábside, con original decoración que refleja la influencia islámica, y en su interior (cabecera y cúpula sobre el crucero). De **San Nicolás** se conserva la portada que hoy forma parte de San Juan de Rabanera. Ya fuera de la ciudad es visita obligada el monasterio de **San Juan de Duero** que ofrece un claustro de lacerías musulmanas y un templo con dos altares bajo baldaquino, uno a cada lado de la nave, atendiendo al rito griego.

Palacios. Magnífico es el de los **condes de Gómara** (fines del XVI), con portada de línea clásica, llamativos blasones, amplia galería exterior y esbelta torre. Otras **casonas** palaciegas notables pueden verse en las calles Real, Aduana Vieja y Caballeros.

Paseo romántico. En las afueras de la ciudad y con vistas sobre el Duero se hallan algunas referencias sugerentes. Hacia el norte, la **ermita del Mirón**, en un emplazamiento dominante. Al otro lado del río, hay que tomar el paseo que conduce primero a **San Polo**, monasterio templario que inspiró la leyenda de *El rayo de luna* de Bécquer, para seguir aguas abajo del Duero, hasta la ermita de **San Saturio** enriscada en las peñas de su orilla izquierda y al final de un paseo ameno y tranquilo que fue el predilecto del gran poeta Antonio Machado. Retornando a la orilla derecha, puede seguirse el paseo de San Prudencio para contemplar, con mayor perspectiva, la ermita de San Saturio, entre rocas, colgada sobre el río.

Soria. San Juan de Duero. Interior del templo

83. La Laguna Negra de Soria

La amplia zona de los pinares de Soria ofrece posibilidades ilimitadas para el descanso, los simples paseos, los itinerarios paisajísticos y las aventuras montañeras. Las recomendaciones que aquí se ofrecen se refieren a parajes de insuperable belleza que el hombre de la gran ciudad debe apresurarse a descubrir.

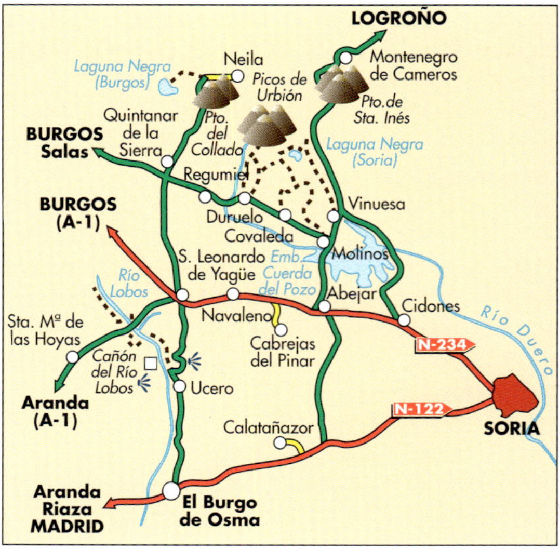

Cañón del río Lobos. Desde **Burgo de Osma** hay que enfilar la Sierra (dirección **San Leonardo**) y pasado el pueblo de **Ucero**, visitar el Centro de Interpretación antes de adentrarse en el Cañón (desvío bien señalizado). Aparcado el vehículo puede visitarse la **cueva** Galiana Baja (concertar previamente), avanzar hasta el grandioso **paraje** de la **cueva** Grande, junto a la que se sitúa la **ermita** templaria de San Bartolomé y seguir el sendero observando el espectacular cañón, su flora y su fauna. El **cañón** tiene unos 12 km. de extensión, por lo que, según facultades, tiempo e interés, la visita puede concluir en la ermita (recorrido mínimo), en el cruce con la carretera de **Santa María de las Hoyas** (recorrido intermedio) o en **Hontoria del Pinar** (recorrido completo). El tramo más duro es el comprendido entre la ermita y la carretera (puente de los 7 Ojos).

Nacimiento del río Duero. Retornando a la carretera y salvando las curvas de la **panorámica** cuesta de La Galiana, alcanzamos las atractivas localidades pinariegas de **San Leonardo**, **Navaleno**, **Canicosa**,

KILOMETRAJE:
Acceso (A-1, N-110, N-122) 171
Ruta (tramos en vehículo) 164
Retorno (desde Soria 226) y Total...... 568

ALOJAMIENTOS:
Ucero: ***Posada los Templarios***. *Pl. de la Iglesia. Precioso hotel rural, precio medio.*
Abejar: ***La Casa Nueva***. *Somera 24. 975 373 119. Vistas, encanto y buen precio.*
Vinuesa: ***Posada La Casona***. *Nevera 1. 975 378 384. Nivel lujo, precio medio.* ***Hotel Virginia***. *975 378 046. Con encanto, buen precio.*
Covaleda: ***Pinares de Urbión****** *Numancia 4. 975 370 533. Alojamiento serrano muy agradable con precio medio.*

RESTAURANTES:
Molinos de Duero: ***Real Posada de La Mesta***. *Pl. Cañerías. 975 378 531. Gastronomía autóctona de calidad (setas, caza, embutidos, matanza, trufa negra,...)*
Navaleno: ***El Maño***. *Calleja del Barrio 5. 975 374 168. Acreditada cocina pinariega.*

VISITAS:
Ucero: ***Centro de Interpretación del Parque Natural Cañón Río Lobos***. *Inmediato al pueblo. 975 363 564. En web: www.tierrasdelcid.es/paginas/riolobos.htm (15 rutas, de entre 4 y 12 kilómetros de recorrido; mapa detallado del cañón).*
Cueva Galiana Baja. *975 213 097 (Soria Cavernaria). Visitas guiadas, sábados y domingos, mañana y tarde. 1500 m. de galería; unas 3 horas y media de recorrido.*

Quintanar (que permitiría una escapada para visitar el Parque de las Lagunas Altas, en las proximidades de **Neila**), **Regumiel** y **Duruelo**, término este último que atraviesa el incipiente Duero y que puede servirnos de base para algunas bellísimas **excursiones** como la que nos acerca al **paraje** de Castro Viejo (conjunto de rocas erosionadas formando un laberinto de agujas y pasillos de prodigiosa estética) o al **refugio** de fuente del Berro (en las proximidades del nacimiento del río, entre grandes rocas y pinos gigantescos).

Pico de Urbión. Por el mismo camino, desde **Duruelo**, no es difícil llegar en verano a las alturas del mítico **pico** dominador de una **panorámica** inolvidable del límite del pinar, las lagunas glaciares y la altiplanicie soriana, sin que las sierras menores dificulten la profundidad del horizonte marcado por el perfil de la Demanda y el Moncayo.

Laguna Negra. Retornando a **Duruelo** y sobrepasando **Covaleda** y **Salduero**, alcanzamos **Vinuesa** (pintoresca **villa** de notable arquitectura monumental y serrana) que nos permite emprender una nueva aventura siguiendo la carretera a **Santa Inés** y desviándonos por la pista forestal que va ofreciendo magníficas **vistas** hasta llegar a una plataforma desde la que hay que ganar a pie la famosa **Laguna** Negra, rodeada de grandes paredes de roca en las que hay que tomar algo de altura para admirar un **panorama** infinito de pinos y abajo el redondeado perfil de la laguna, pequeño lago de oscuras y frías aguas.

Valle de Revinuesa. Tomando el desvío a "Cebrián" que se nos ofrece desde la pista anterior se transita por un pinar que salva un pequeño puerto y se adentra en una nueva pista hasta llegar a una plataforma donde hay que proseguir a pie siguiendo el curso del río por sendas marcadas entre crestas y praderas.

Vinuesa. Laguna Negra (arriba).
Ucero. Cañón Río Lobos (derecha)

84. Soria Histórica y Monumental

En el viejo Padrón de la ciudad y tierra de Soria de Alfonso X, el más antiguo de España, ya se enumeraran sus ciento cincuenta pueblos, divididos como hoy en sus cinco sexmos. Esta ruta recorre algunas de estas tierras: el ducado de Medinaceli, la Frontera, la Recompensa y Almazán.

Ambrona. El **museo** Paleontológico conserva *in situ* restos de mamíferos del cuaternario incluidos colmillos de *elephas antiquus* de más de tres metros de largo pertenecientes a un campamento de cazadores que habitaron estas tierras pantanosas en el segundo interglaciar, hace 250.000 años. Además del primer yacimiento (siguen las excavaciones en verano) se visita un pequeño museo.

Medinaceli. El barrio alto aloja una de las villas más interesantes de Castilla dominada por el único **arco romano** de triple arquería conservado en España, que data del siglo II o III. De la **muralla**, de igual época, reparada en la Edad Media, se conservan restos. De los tiempos de esplendor de los duques se conserva una preciosa **plaza** Mayor porticada que incorpora la vieja alhóndiga (XVI) y el palacio ducal (XVII). También es notable la **colegiata** (XVII) y **casas** blasonadas.

Santa María de Huerta. Población surgida a la sombra del **monasterio** cisterciense fundado en el siglo XII engrandecido en los siglos siguientes, pero sin perder el estilo dominante de la transición románico-gótica ni una marcada orientación cisterciense. Lo más destacable: la iglesia monástica, el refectorio de conversos, el claustro de caballeros y la antigua cilla destinada a bodega o almacén.

Monteagudo de las Vicarías. Plaza fuerte fronteriza situada en una alta muela, con restos de **mura-**

KILOMETRAJE:

Acceso (A-2, N-111, SO-132) 155
Ruta 135
Total (primer día con ruta 82)............280
Retorno 230
Total (2 días)................................510

DURACIÓN Y ÉPOCA PROPICIA:

En combinación con ruta 82 durante un fin de semana o puente, de tiempo templado.

ALOJAMIENTOS:

Almazán: *Hotel Villa de Almazán*****. *Av. de Soria 29. 975 300 611. Magníficas instalaciones, elegante decoración. Buen precio para su categoría y prestaciones.* *Medinaceli: La Cerámica. Santa Isabel 2. 975 326 381. Hostal** y casa rural. Bien situados (junto plaza Mayor), sin lujos, pero acogedores. Restaurante.*

RESTAURANTES:

Almazán: *Antonio*. *Av. Soria 13. 975 300 711. Buena cocina castellana tradicional.*

Medinaceli: *El Granero*. *Yedra 10. 975 326 189. Buen asador con platos de temporada.* ***Arco Romano***. *975 326 130. Cocina tradicional, marco rural agradable. También galería de Arte.* **La Cerámica** *(ver alojamientos) Migas de pastor y otros platos propios de la cocina soriana.*

COMPRAS:

Almazán: *Casa de las Yemas*. *Arco de la*

Villa 4. Típicas y deliciosas yemas y "paciencias" de Almazán.

VISITAS:

Ambrona: *Yacimiento y Museo. 975 221 397. 10 a 14 y 16 a 18/21 h. Cierra lunes, martes y domingos tarde.*

Santa María de Huerta: *Monasterio. 975 327 002. Todos los días: 10 a 13 y 15,45 a 18 h., domingos no hay visitas entre 11,30 y 12,30 h.*

llas, **castillo** y un gran **templo** gótico (notable púlpito mudéjar y buen retablo mayor).

Morón de Almazán. Por las tierras llamadas de la Recompensa se llega a esta noble villa varias veces sitiada y rescatada, de encantadora **plaza** Mayor cuya escenografía incluye una extraordinaria **torre** plateresca, un notable **palacio** renacentista, una popular **casona** concejil y centrando el conjunto el histórico **rollo**.

Almazán. Importante población árabe que ha mantenido su importancia mostrando hoy un notable patrimonio monumental. De época medieval conserva restos de sus potentes **murallas**, tres de sus **puertas** de ingreso y un singular **torreón** cilíndrico (el *rollo de las Monjas*, junto al Duero). En la plaza Mayor se hallan dos notables monumentos. La **iglesia** de San Miguel, que atesora una exquisita cúpula (reproducida en todos los textos académicos como muestra de la influencia morisca en la arquitectura románica), muestras del rudo arte decorativo románico, y un notable ábside. El **palacio** de Altamira, cuya severa fachada clasicista cierra todo un frente de la plaza, fue primitiva residencia de los Mendoza, en la que las crónicas relatan estancias de los Reyes Católicos, conservando el gran ventanal isabelino de la escalera y las dos galerías (paseadores) que se contemplan desde las afueras, Duero abajo, tras San Miguel. Otros **templos** de Almazán son: Santa María (buen retablo mayor), San Vicente (ábside románico), San Pedro (retablos barrocos), y Nuestra Señora de Campanario (alta espadaña de tres huecos). ...

Soria. Ver ruta 82 dedicada a esta ciudad.

Santa María de Huerta. *Muestra de relieves del claustro plateresco del monasterio*

Toledo

Toledo. La torre de la catedral emergiendo entre las sombras de las callejuelas

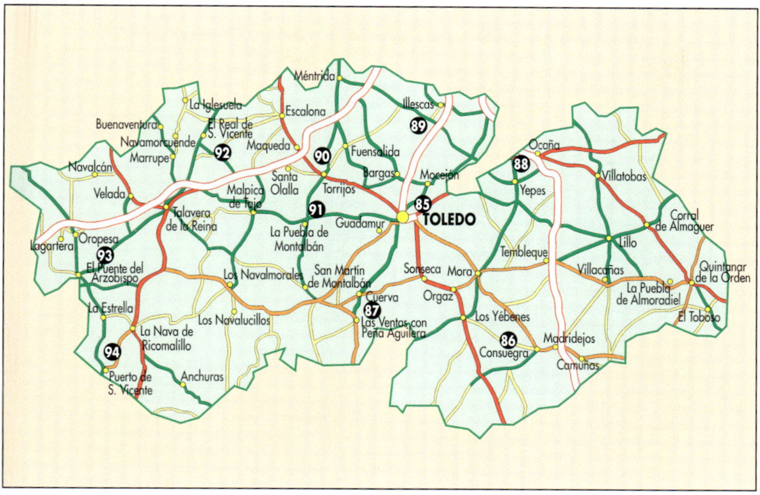

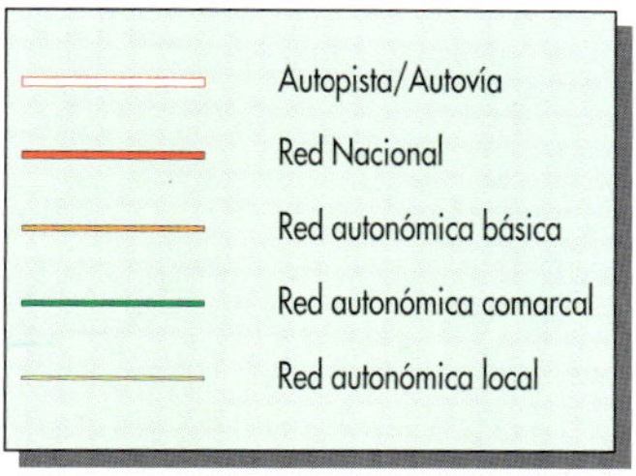

85. Toledo: la Ciudad de las Tres Culturas
86. Tierras y Villas de la Mancha Toledana
87. Artesanía y Paisajes de los Montes de Toledo
88. Grandes Galerías y Plazas Porticadas
89. Arte Mudéjar Fronterizo
90. Castillos Toledanos al Norte del Tajo
91. Castillos Toledanos al Sur del Tajo
92. La Sierra de San Vicente
93. La Artesanía Toledana
94. Arqueología Toledana

85. Toledo: la Ciudad de las Tres Culturas

Toledo es incompatible con la prisa. Por ello, aquí no se presenta un único itinerario sino seis propuestas de recorridos por la ciudad que exigen visitas diferenciadas, pues Toledo no se agota con una visita superficial. Al viajero sí le agotarán las cuestas, por lo que la estrategia consiste en dosificarse y gozar.

El contorno. La circunvalación de la ciudad, permite acompañar al Tajo en el rodeo que atrapa a la ciudad, descubriendo viejos **puentes** de atrevidas arquerías (Alcántara, San Martín), admirando los fuertes lienzos y soberbias **puertas** (califales y cristianas) de su **muralla**, evocando viejos concilios y románticas leyendas (**ermita** del Cristo de la Vega), y contemplando la ciudad desde sus estratégicos **miradores** (San Servando, Parador, ermitas de la Cabeza y del Valle).

El Alficén. En lo más alto de la colina del poder se sitúa el invencible **alcázar** (siempre recuperándose de los quebrantos propios de su oficio), el justiciero **arco** de la Sangre, el Zocodover (**plaza** Mayor efectiva de la ciudad en todos los tiempos), el piadoso hos-

KILOMETRAJE:
Acceso (A-42) y retorno 142

DURACIÓN Y ÉPOCA PROPICIA:
Cualquier día de clima templado.

RESTAURANTES:
Adolfo. Granada 6. 925 252 321. El mejor restaurante de la ciudad, de cocina creativa atenta a las nuevas tendencias. La Lumbre. Real de Arrabal 5. 925 220 373. Cocina elegante y sensual, deliciosa. La Ermita. Ctra. de Circunvalación. 925 253 193. Panorámicas y buena cocina. La Orza. Descalzos 5. 925 223 011. Céntrico, tradicional y a buen precio.

COMPRAS:
Santo Tomé. Santo Tomé 5 y plaza Zocodover 7. Mazapanes de lujo.

VISITAS:
*Todos los días, mañana y tarde: **Hospital de Tavera, San Juan de los Reyes, Sinagoga de Santa María la Blanca, Museo Parroquial Santo Tomé, Mezquita de Tornerías, Santo Domingo el Antiguo** (salvo domingos por la mañana) y **Casa Museo***

de *Victorio Macho* y *Museo de Santa Cruz* *(salvo domingos tarde).*
A diario (m/t) salvo lunes: *Alcázar, Museo Catedralicio.*
A diario salvo (m/t) lunes y domingos tarde: *Casa Museo del Greco, Museo de Arte Contemporáneo, Museo de Concilios, Sinagoga del Tránsito* y Taller del Moro.
INFORMACIÓN (OFICINA TURISMO):
Puerta de Bisagra. 925 220 843.

pital (hoy magnífico **museo**) y el eterno **convento** de las Concepcionistas.

La Catedral. En el solar que fue templo visigodo y mezquita se alza la soberbia Catedral cuya visita **exterior** (torre y puertas de todos los estilos) permite admirar otros monumentos toledanos como los **palacios** del concejo y de los arzobispos, la **posada** de la Hermandad, las **mezquitas** (del Cristo de la Luz y de Tornerías) y un conjunto de espacios en los que se entremezclan la arquitectura señorial y la popular. Del **interior** de la Catedral son visitas inexcusables: la capilla mayor, el coro, la sala capitular, la sala del Tesoro y el Transparente.

La Judería. La ladera de San Martín fue el espacio primitivo de los judíos toledanos, espacio que se expande hasta Santo Tomé. La visita sigue idéntico recorrido admirando el **monasterio** de San Juan de los Reyes, las hermosísimas **sinagogas** de Santa María la Blanca y del Tránsito (museo Sefardí), el barrio del Greco (**casa-museo** y **templo** de Santo Tomé). El paseo debe dejar margen para callejear por la judería alta (Virgen de Gracia) y baja (paseo de Santa Ana).

La Morería. Las puertas de Alfonso VI y de Bisagra nos sitúan ante el **templo** de mayor influencia musulmana de la ciudad: Santiago del Arrabal. Poco después la **puerta** del Sol, el taller del Moro (antiguo **palacio** mudéjar) y los **templos** de los barrios del Salvador, San Bartolomé y San Andrés, permiten admirar un completo repertorio del mudéjar toledano. El barrio de La Cornisa completa el **tipismo** popular.

Los Cobertizos. Constituyen artificios constructivos característicos de la ciudad. **Itinerario**: desde San Juan de los Reyes hemos de subir a la plaza de la Cruz por el colegio de Doncellas y seguir por el convento de Santo Domingo, Santa Leocadia, San Román, San Clemente y Santa Clara, retornando por la calle Real.

Toledo. Vista desde el barrio de La Antequeruela

86. Tierras y Villas de La Mancha Toledana

Variado itinerario por los llanos de la Mancha toledana recorriendo algunos de sus términos de mayor valor paisajístico (Consuegra) y cinegético (Los Yébenes), y visitando villas de subido mérito por su arquitectura monumental y popular (Orgaz, Ajofrín, Sonseca, Madridejos, Villacañas, Tembleque), y por sus fiestas tradicionales (Camuñas).

Ajofrín. A partir de la circunvalación de Toledo se llega a esta localidad cuya visita tiene interés: gran **torre** parroquial mudéjar, **plaza** Mayor con **fuente** de los Cuatro Caños y **casonas** señoriales de los siglos XV al XVIII, destacando la Casa Grande, así como la casa fuerte llamada Cárcel Visigoda (en calle Campoamor).

Sonseca. Núcleo urbano de notable tamaño con **templo** góticorenacentista del que destaca su retablo mayor cuyo estilo bascula entre el arte de Berruguete y el clasicismo toledano. También destacan el **ayuntamiento** (XVII) y **casonas** señoriales, y fuera del pueblo, la **torre** Tolanca, una vieja atalaya.

Orgaz. Parada obligatoria para admirar un **castillo** urbano de perfecta silueta así como un notable conjunto de **casas** populares en la plaza Mayor en la que también se encuentra el abultado **templo** (custodia un Expolio del Greco réplica reducida del de la Catedral de Toledo). En las afueras, el **puente** romano de Villaverde con restos de calzada.

Los Yébenes. Se deja el llano para entrar en las estribaciones de los Montes de Toledo con excelentes **vistas** antes de entrar en el pueblo, donde puede admirarse una bella **torre** mudéjar.

KILOMETRAJE:

Acceso (A-42)	*71*
Ruta	*112*
Retorno (A-4)	*94*
Total	*277*

DURACIÓN Y ÉPOCA PROPICIA:
Cualquier día de clima templado.

RESTAURANTES:
Los Yébenes: ***Casa Apelio***. *Real de Arriba 1. 925 320 005. Cocina cinegética sublime (p.ej. ciervo en salsa o adobado, sin marginar el potaje de castañas).*
Urda: *Concurso Nacional de Migas (8 septiembre). Acudir con cuchara y apetito. También destacable el restaurante* ***El Llantar***, *pl. San Ginés 9, 925 472 171, (judías, gachas y carnes a la brasa).*
Villacañas: ***Montes***. *Ctra. de Tembleque. 925 160 205. Los platos tradicionales manchegos en su auténtica elaboración, con los mejores vinos de la tierra, a precios razonables, con buen servicio.*

VISITAS:
Orgaz: ***Iglesia***. *Para ver el pequeño museo parroquial, preguntar por el sacristán.* ***Castillo***. *Propiedad privada, visitable los miércoles, alternos.*
Consuegra: *Ver Ruta 17.*
Urda: ***Museo Guerrero Malagón***. *Ermita. Pintura. Abren sábado/domingo.*
Villacañas: ***Casa-Museo de la Tía Sandalia*** *y* ***Museo Etnográfico del Silo***. *Visitas: 9 a 13 y 17,30 a 20,30 h.*
Camuñas: ***Pecados y danzantes***. *925 470. 073. Remoto auto sacramental. El Jueves de Corpus y domingo siguiente.*

Castillo de Guadalerzas. Siguiendo la N-401, entre los km. 129 y 130 se encuentra el **área** recreativa El Rinconcillo desde donde puede contemplarse el perfil del **castillo**, auténtica fortaleza-refugio de estos solitarios parajes convertidos hoy en finca particular.

Urda. A través de esta localidad, paraíso nacional de las **migas** cada 8 de diciembre, nos dirigimos hacia Consuegra.

Consuegra. Al acercarnos iremos identificando el relieve del castillo y los molinos en el **cerro** Calderico. Poco antes de alcanzar el caserío está el desvío a la derecha que permite ver los muros de la **presa** romana (la más larga y en mejor estado del imperio). Recuperando la carretera hay que entrar en el caserío para tomar una cuidada carretera señalizada a los molinos y detenernos en la Oficina de Turismo situada en el molino Bolero. El siguiente molino, visitable, conserva su primitiva maquinaria. Tomando una nueva curva se enfila ya la crestería del cerro que permite visitar el **castillo** musulmán reconstruido en diversas épocas, principalmente en el siglo XII por los caballeros sanjuanistas y el resto de los **molinos** de viento que dominan el caserío y la interminable llanura manchega. Del caserío destaca la **plaza** Mayor con muestras de arquitectura popular y renacentista y el arco del Cid con la torre del Reloj. En la misma plaza se sitúa el **museo** Municipal. El resto del caserío ofrece **templos** renacentistas y barrocos y **casonas** de interés (p.ej. en la calle Toledo 3 con un bello patio).

Retorno. Por **Madridejos** (plaza Mayor soportalada, **rollo** y **templo** del XVI) y, opcionalmente, por **Villacañas** (**silo** casa-museo, **templo** del gótico tardío) y **Tembleque** (plaza y templo, ver ruta 88).

Viaje ex profeso. Corpus en **Camuñas**.

Orgaz. Castillo de los Guzmanes (arriba). Camuñas. "Pecados" preparados para su intervención en las danzas del Corpus (derecha).

87. Artesanía y Paisajes de los Montes de Toledo

Llegamos al límite de las tierras y montes toledanos, para asomarnos a la empinada vertiente que anuncia los bosques de Cabañeros, y para dejarnos atrapar por el atractivo encanto de las piezas artesanas de los alfares y talleres del cuero por los que va desfilando este itinerario.

Cuerva. Localidad cercana a **Toledo**, de antigua tradición alfarera, en la que se mantiene activo el **alfar** de Mariano Gómez, sabio artesano, que elabora piezas decorativas de origen utilitario: jarras, platos, ollas, todo ello de tonos brillantes y color melado con atractiva decoración de flores y pájaros de tonos claros. Antes habremos atravesado su **plaza** Mayor y admirado el perfil y portada de su **templo** gótico de Santiago (con interesante Santa Cena, del toledano Luis Tristán, contemporáneo del Greco).

Ventas con Peña Aguilera. La peculiaridad más llamativa de esta zona son las enormes peñas que adornan el **paisaje**. El propio pueblo no se priva de su presencia, algunas de ellas enormes y en sorprendente equilibrio. En la parte alta, en pleno roquedal, se sitúa la **ermita** de la Virgen del Águila, en el pueblo, la **iglesia** gótica de San Pedro, en un despoblado próximo el fuerte **torreón** de Los Moros obra militar del siglo XII y, en el valle de Los Chorritos, diversos **menhires** megalíticos y enterramientos tallados en la roca. Pero la causa del peregrinaje de fin de semana a este lugar tiene más que ver con la **artesanía** de la piel que se ofrece en más de una docena de talleres-tiendas, con piezas que, en su elaboración más

KILOMETRAJE:

Acceso (A-42) *71*
Ruta *116*
Retorno (A-4) *86*
Total *273*

DURACIÓN Y ÉPOCA PROPICIA:

Cualquier día de clima templado.

ALOJAMIENTOS:

Ventas Peña Aguilera: *La Casona de Miguel*. Ctra. Toledo a Piedrabuena, km. 35,500. 925 418 339. En las afueras, en casona con jardín muy acogedora.

RESTAURANTES:

San Pablo de los Montes: *Casa Aurelio*. Perales 27. 925 415 154. Venado, asados, perdiz y cabrito, entre sus especialidades.

Ventas Peña Aguilera: *Casa Parrilla*. Av. Toledo 1. 925 418 207. Productos de la zona y de temporada, de notable calidad.

COMPRAS ARTESANAS:

Cuerva: *Alfar de Mariano Gómez*. Eustaquia Dorado 14. 925 424 328. Piezas tradicionales de gran encanto a muy buen precio.

Ventas con Peña Aguilera: Numerosos locales de artículos de piel; **Abel Gutiérrez**, a la entrada del pueblo (925 418 063) ofrece variedad y calidad; también los **Hermanos Ruiz Ripiero** (avenida 28 de marzo 5, 925 418 194). Todos abren sábados y domingos y admiten tarjetas de crédito (no hay escapatoria).

San Pablo de los Montes: *Artesanía de la piel Muñoz* (Cristo 23, 925 415 068).

Magníficas piezas de calzado a medida (especialmente botas de campo y caza), además de bolsos y cinturones.
Torrijos: *Amparo Andino. 925 761 183. Cerámica artística: meninas, figuras goyescas y unas soberbias chaquetillas de torero.*

VISITAS:
Cuerva: *Iglesia de Santiago. Templo gótico, que conserva un buen cuadro de Luis Tristán sobre la Última Cena.*

genuina, pueden verse en los establecimientos más elegantes de Madrid.

San Pablo de los Montes. Típico pueblo de montaña en el que el **urbanismo** se adapta al terreno con calles empinadas de traza irregular, con interesante **artesanía** y rica **gastronomía** basadas en los productos de la tierra. Con todo, la visita obligada de este lugar debe llevarnos a alcanzar la divisoria de los montes, tomando el camino del caserío de Las Navilas y el desvío señalizado a los Baños, prosiguiendo en dirección a Robledillo. Los **paisajes** corresponden primero a los campos toledanos y, al otro lado de la vertiente, al Parque de Cabañeros ya en tierras de Ciudad Real.

Menasalbas. Villa con edificios de interés y artesanía de la franja artesano-fabril del mueble.

La Puebla de Montalbán. Cruzando el Tajo se llega a esta **monumental** villa (ver ruta 91).

Torrijos. Gran colegiata (ver ruta 90) y artesanía de lujo (ver datos prácticos).

El alfarero Mariano Gómez y la ceramista Amparo Andino con algunas de sus piezas

88. Grandes Galerías y Plazas Porticadas

Visitamos dos de los ejemplos más característicos de plazas castellanas (no lejanos de los prototipos madrileños de la ruta 59) como son el modelo clásico de Ocaña (cuyas proporciones articulan el urbanismo de la villa) y el popular de Tembleque, de extraordinaria encanto.

Ocaña. Interesante localidad tan bien comunicada como mal conocida por los viajeros de la N-IV. Gran **plaza** Mayor de perfecto trazado neoclásico con arcos de medio punto que soportan dos plantas de balcones rematadas por buhardillas. Todo encaja: la concepción urbanística, el trazado arquitectónico, la integración del blasonado edificio municipal,... quizá salvo la cósmica farola central. Siguiendo la calle Mayor se llega al **palacio** de los Cárdenas (duques de Frías) con portada gótica, patio de galerías, e interesantes artesonados policromados. En la colindante calle Lope de Vega se encuentran el **rollo** gótico de la villa, reubicado, y el antiguo colegio de jesuítas del XVI, reconvertido en **teatro**, que conserva su **fachada** y la **torre** mudéjar. Muy próximo se encuentra el **convento** de Santo Domingo en el que hay subir al coro alto (pasando por el patio de galerías renacentistas) para admirar la **sillería** de nogal tallada con relieves de personajes sagrados (admirables las santas Justa y Rufina sosteniendo la Giralda). La inmediata calle de Mayor del Villar muestra buenas **casonas** hasta llegar al recoleto **convento** de dominicas. Por San Martín (**torre**) puede bajarse a la **fuente** Grande, monumental obra del XVI con galería de pilastras que cierra un gran espacio solado con cantos rodados.

Tembleque. Singularísima **plaza** Mayor con tres de sus lados dotados de soportales y dos galerías destinadas a presenciar los espectáculos taurinos. El color almagre de la madera y la policromía en la que se enmarca el

KILOMETRAJE:

Acceso (A-4)	*64*
Ruta	*67*
Retorno (A-4)	*68*
Total	*192*

DURACIÓN Y ÉPOCA PROPICIA:
Cualquier día (o también fin de semana), de clima templado.

ALOJAMIENTOS:
Urda: ***Los Laureles***. *Camino de Tembleque 10. 925 474 050. Casa rural en las afueras, tranquila y acogedora.*

RESTAURANTES:
Ocaña: ***Casa Marcelo***. *Stª Catalina 10. 925 130 777. Mesón manchego.*
Tembleque: ***María Belén***. *A-4, vía servicio km. 92. 925 145 378. Cocina manchega.* ***Venta de Tiembles***. *Pl. Mayor. 925 145 234. Cocina típica manchega.*

COMPRAS ARTESANAS:
Tembleque: ***La Prudenciana***. *Iglesia 3. 925 120 742. Queso manchego artesano "Artequeso". Venta directa.*
Yepes: ***Confitería Martínez***. *Plaza del Generalísimo. Sabrosos melindres.*

VISITAS:
Ocaña: ***Convento Dominicos***. *925 156 090. Porticum Salutis (padre Santos). Exposiciones: Nacimiento (un montaje nada convencional), piezas artísticas y ornamentales, objetos traídos de Extremo Oriente por los misioneros, iconografía de Santo Domingo y Audiovisual. Debe completarse la visita subiendo al coro alto, para admirar una pieza renacentista soberbia.*

escudo de la Orden de San Juan de Jerusalén complementan el impacto visual. Interesantes también el **ayuntamiento** (en la plaza), la **iglesia** parroquial (bella portada y airosa torre), y el **palacio** de las Torres (preciosa fachada barroca).

Huerta de Valdecarábanos. En las afueras, **ermita** que se aleja de los cánones al uso con un llamativo diseño modernista.

Yepes. Recinto circundado por una **muralla** medieval (puertas, lienzos, torreones). Imponente **iglesia** de transición del gótico al renacimiento con gran torre e interior de altas bóvedas, soberbio retablo mayor (pinturas de Luis Tristán) y bella capilla barroca. El repertorio de **galerías** de la ruta se cierra con las arcadas del edificio neoclásico situado frente a la iglesia.

Plazas Mayores de **Ocaña** *(arriba)* **y Tembleque** *(abajo)*

89. Arte Mudéjar Fronterizo

Aún en tierras madrileñas, se inicia un recorrido por algunas de las más interesantes torres toledanas en las que los materiales (el ladrillo y la pizarra) y la superposición de estilos (el mudéjar y el barroco) constituyen un modelo inconfundible repetido hasta en las más modestas aldeas de estas tierras.

Navalcarnero. La **torre** de Navalcarnero es un ejemplar de lujo, de inspiración plenamente toledana, que sirve de inmejorable introducción. Tiene interés el **templo**, de estilo renacentista, en el que destacan el retablo y la capilla de las Velaciones (boda de Felipe IV y Mariana de Austria), así como la **plaza** Mayor, magnífica muestra de plaza porticada castellana.

Opción. A la altura de **Valmojado** puede tomarse el desvío hacia **Méntrida** lugar que cuenta con un notable ejemplar, aunque en este caso el chapitel empizarrado corona una **torre** renacentista con reminiscencias góticas. El **templo** cuenta con acceso gótico y artístico interior, con artesonado mudéjar.

Casarrubios del Monte. El **castillo** y sus **murallas** son obras del siglo XIV influidas por el mudejarismo. A duras penas el castillo mantiene sus cuatro torres esquineras y una bella portada con arcos y tres escudos finamente labrados. También hay que detenerse ante la bella portada gótica del ruinoso **palacio** de los señores de Casarrubios. Desde la **plaza** Mayor, que conserva algunos soportales primitivos, puede verse la esbelta silueta de la **torre** de la parroquial y las ruinas del **templo** de San Andrés.

Opción. Retornando por **Valmojado** y tomando el desvío de **Las Ventas de Retamosa** puede incluirse la visita a **Camarena** que cuenta con una **torre** del siglo XV de estilo mudéjar. En el interior del **templo**, puede verse un restaurado retablo mayor con meritorias pinturas e ingenuas tallas. También

KILOMETRAJE:
Acceso (A-5)....................................34
Ruta 111
Retorno 55
Total 200

DURACIÓN Y ÉPOCA PROPICIA:
Cualquier día de clima templado.

RESTAURANTES:
Illescas: ***El Bohío***. *Av. Castilla La Mancha 81. 925 511 126. Cocina moderna, de altos vuelos.* Corner Bistrot. *Ronda de la Cava 17. 925 541 118. Cocina correcta con toques novedosos, a buenos precios.*
Griñón: ***El Mesón de Griñón***. *El Palo 2. 918 140 113. Espec. Asado de cabritillo.*

VISITAS:
Illescas: ***Hospital de la Caridad***. *Visitas de 9 a 13 y de 16 a 19 horas (domingos sólo mañanas). Acceso por el templo o, si estuviera cerrado, preguntar en Cardenal Cisneros 2.*
Griñón: ***Iglesia del convento de Clarisas***. *Acceso por la calle El Palo (junto al Mesón). Conviene llamar previamente al 918 140 077 o solicitar la visita a través del torno (mejor por las mañanas).*

tiene interés el **ayuntamiento** con galería de soportales. El pueblo siguiente, **Arcicóllar** tiene un **templo** nada espectacular pero del que destacan su cubierta mudéjar y una interesante capilla renacentista con un cautivador retablito con tablas y tallas.

Illescas. Por fin llegamos a la **torre** más hermosa de toda la Sagra, uno de los ejemplares más significativos del arte mudéjar toledano, de notable influencia almohade. Levanta sus seis cuerpos de mampostería y ladrillo adornados con arcos entrelazados de herradura, apuntados y lobulados, obra del XIV rematada en el XVII por chapitel piramidal empizarrado. Del interior del **templo** destacan sus arcos y bóvedas de crucería. En el antiguo **hospital** de la Caridad se conserva el retablo central diseñado por El Greco y cinco relevantes **lienzos** de su firma: Coronación, Anunciación y Natividad, la Virgen de La Caridad y el magistral lienzo de San Ildefonso en su escritorio. En el terreno de lo mudéjar hay que recomendar la visita a la **puerta** de Ugena, una de las obras más primitivas (siglo XII) de la ruta en el estilo, y único resto existente del antiguo recinto amurallado de la villa.

Navalcarnero. Torre mudéjar (arriba). Griñón. Artesonado mudéjar de la capilla mayor del templo conventual (abajo)

Y una propina. Puede cerrarse la ruta con la visita al templo de las monjas clarisas de **Griñón**, que además de un notable **retablo** renacentista, cuentan con un soberbio **artesonado** mudéjar sobre su capilla mayor, recientemente restaurado.

90. Castillos Toledanos al Norte del Tajo

Recorrido, hoy apacible, que transita por tierras moteadas por grandes máquinas de ostentación y de guerra, representativas del poder de la nobleza del siglo XV: Luna, Guzmán, Albornoz, Cárdenas, Enríquez, Silva, Chacón, Villena, ... cuyos blasones aún campean en estas venerables fortalezas palaciegas.

Accesos. La aproximación por la N-V permite realizar breves desvíos para ver dos interesantes ejemplares de arquitectura militar que usan el ladrillo como material de construcción: la **torre** madrileña de **Arroyomolinos** y la **muralla** y **castillo** de **Casarrubios del Monte** (ver ruta 89).

Torrijos. Hermosa **colegiata** de transición gótico renacentista, con airosa torre y bella portada plateresca, en cuyo interior hay que admirar el monumental retablo mayor de talla plateresca policromada; también exige atención la sillería gótica del coro.

Barciense. Castillo del siglo XV con muros y torres en relativo buen estado cuya silueta se domina desde una arboleda inmediata aunque hay que acercarse algo más para admirar el que tal sea el mayor escudo de la heráldica española: un gran león emblema de los Silva. En el XVI añadió a la intimidación de los blasones el artillado de falconetes, y así lo hallamos hoy, sumido en la ruina de los siglos y a la espera de su restauración.

Opción. Puede tomarse en Torrijos el desvío a **Novés** que permite seguir la senda que conduce al **castillo** de San Silvestre (forma parte de una explotación agrícola privada) que conserva algunos lienzos de sus muros y torres ambos bien almenados. En la dirección a **Santo Domingo** puede verse, en un llano y aislado del caserío de Caudilla, otro **castillo** del siglo XV, éste menos afortunado, pues sólo se conservan restos de muros y de la torre mayor, así como una esbelta torre circular.

Maqueda. A idéntica época (siglo XV) corresponde este **castillo** tan familiar a los viajeros de la N-V. Bien conservado (sede de la Guardia Civil de carretera) muestra muros, torres y puerta blasonada, todo ello aprovechando la posición dominante del cerro en el que se asienta. Menos conocido es el bellísimo **torreón** de la Vela que combina sabiamente arquitectura militar con estética mudéjar. También tienen interés la **iglesia**, cuyo acceso se comunica con la **muralla**, y

KILOMETRAJE:

Acceso (A-5)	*23*
Ruta	*150*
Retorno (M-501)	*87*
Total	*260*

DURACIÓN Y ÉPOCA PROPICIA:
Cualquier día de clima templado.

RESTAURANTES:
Maqueda: *Mesón Castellano*. *A-5, km. 74. 925 790 014. La cocina castellana sin fisuras: conejo con tomate, arroz con costillas, callos, oreja, asados, ...*

VISITAS:
S. Martín de Valdeiglesias: *Castillo de Coracera*. *Visitas: sábados, domingos y festivos de 10 a 14 y de 17 a 20 horas. Los castillos de* ***Maqueda*** *y* ***Escalona*** *no son visitables.*

el **rollo** jurisdiccional con el emblema de los Cárdenas, señores de la villa y primeros duques de Maqueda por concesión del emperador Carlos V.

Escalona. Tristes muros y torres desmochadas que tan bien conjugan con la caída de su señor don Alvaro de Luna. Difícilmente nos podemos hacer idea de que la **fortaleza** fue uno de los palacios más lujosos de Castilla. El lugar conserva restos de la **muralla** (ver puerta junto a la iglesia), un interesante **monasterio** cerrado a cal y canto, una castiza **plaza** Mayor porticada y **casas** populares (magnífica la de la calle Reyes de España, junto a la plaza Mayor).

Nombela. Localidad con un solemne **rollo** en la plaza. La **iglesia** parroquial muestra una hermosa portada gótico isabelina.

Almorox. Visita obligada para admirar el **rollo** –rey de los de esta comarca– que preside la plaza y lanza a los cuatro vientos el mensaje de la autonomía que consiguieron sus vecinos de Felipe II en 1566 respecto a la dominante Escalona. Y allí sigue.

Retorno. Por **San Martín de Valdeiglesias** encontramos otro notable **castillo** del XV, situado tras la raya fronteriza, y, finalmente, en las cercanías de **Madrid**, finaliza este recorrido con un ejemplar más *civilizado* como es el castillo de **Villaviciosa de Odón** (del XV pero rehecho con aires escurialenses).

Barciense. Castillo de los Silva (arriba). Maqueda. Castillo de los Cárdenas (abajo)

91. Castillos Toledanos al Sur del Tajo

Sin que falte algún castillo de lujoso aire cortesano (Guadamur), esta ruta está dominada por la evocación de los tiempos heroicos de la gran alcazaba de Montalbán, imponente fortaleza aislada totalmente en despoblado y destinada a la concentración de fuerzas para épicas batallas de moros y cristianos.

Torrijos. Ver descripción monumental en la ruta 90.

La Puebla de Montalbán. Hay que buscar la **plaza** Mayor, algo escondida, en la que se encuentran los mejores ejemplares de la arquitectura religiosa, civil y popular de la Puebla. El **palacio** de los Condes, iniciado a fines del XV, muestra en su fachada principal una portada plateresca bajo diseño de Alonso de Covarrubias (1554). También en el exterior un pasadizo sostenido por dos grandes arcos comunica el palacio con la **iglesia**; el templo pertenece a la transición gótico renacentista con atractiva y original portada e interior de tres naves cubiertas con artesonado mudéjar. Otro monumento característico de La Puebla es la **torre** exenta del que fue templo de San Miguel.

Santa María de Melque. En un desierto paraje se encuentra este antiguo **templo** cristiano cuyo origen se remonta, cuando menos, al siglo IX si se acepta la tesis que vincula a este edificio con la tradición visigoda (profundamente arraigada en las tierras toledanas) presente en la arquitectura mozárabe. Su estructura, de gruesa sillería, es de cruz griega cubierta con bóvedas soportadas por arcos de herradura, rematado todo ello por una torre de intencionalidad militar que añadirían los templarios. En el entorno, excavaciones con restos del antiguo monasterio del que formaría parte el templo.

Castillo de Montalbán. Al otro lado de la carretera, y también en

KILOMETRAJE:
Acceso (A-5) 56
Ruta 100
Retorno (A-42)................................. 71
Total 227

DURACIÓN Y ÉPOCA PROPICIA:
Cualquier día de clima templado.

ALOJAMIENTOS:
Puebla de Montalbán: *Casa Rural Fernando de Rojas. Don Lino Ramos 16. 925 745 881. Decoración rural, céntrico.*

RESTAURANTES:
Puebla: *Antonio. Cruce CM-4009 y CM-4000. 925 751 075. Especialidades. También **El Nogal**, asador, frente al Museo.*
Guadamur: *Mesón El Castillo. Jorge Manrique 2. 925 291 366. Buena vecindad*

VISITAS:
Puebla de Montalbán: *Museo La Celestina. Av. Madrid 1. Visita a diario (salvo lunes) de 10 a 14 h.* ***Castillo de Montalbán****. Sábados 10 a 16 h., salvo de febrero a 15 de mayo, por anidamiento aves.* ***Ermita Stª María de Melque****. 10 a 14 y 16/17 a 18/20 h. Cierra lunes y martes.*
Guadamur: *Castillo. Aytº 925 291 301. Temporalmente cerrado por obras.*

INFORMACIÓN (OFICINA TURISMO):
Puebla de Montalbán: *Av. de Madrid 1. 925 776 542. Informan sobre festival de la España de Rojas (a fines de agosto).*

solitario paraje, se encuentra este **castillo** de origen musulmán reconstruido por los templarios a fines del XII. Es una gran fortaleza, con barbacana por la zona de acceso; el resto se defiende de forma natural por los cortantes del terreno sobre el río Torcón. Visto en su conjunto, el castillo ofrece un aspecto impresionante, con sus piedras pardas contrastadas por las aristas y escuadras blancas de los bloques calizos, sus torres albarranas que se adelantan amenazadoras, su crestería almenada... A esta evocadora imagen de siglos hay que añadir el planear de las **águilas** que hoy son las dueñas del lugar durante varios meses del año.

Polán. A igual época (XII) corresponden los restos del **castillo** situado junto a esta localidad, aunque los materiales, las reformas y la ruina hacen hoy irreconocible esta vieja gloria de la arquitectura medieval.

Guadamur. Sin embargo, el **castillo** de Guadamur, obra del siglo XV, nos ofrece una imagen intacta (incluso en su interior) de lo que debió ser una fortaleza señorial preparada tanto para la defensa como para la ostentación. Junto al castillo la **ermita** cuya cabecera mudéjar pudo haber sido la capilla del castillo.

Retorno. Por **Toledo**, para poder admirar de nuevo el perfil del **castillo** de San Servando, joya de la arquitectura militar mudéjar, dominando la ciudad.

Montalbán. *Alcazaba (arriba).*
Guadamur. *Castillo-palacio (abajo)*

92. La Sierra de San Vicente

Nos adentramos en un rincón toledano, colindante con las altas tierras abulenses de Gredos, aún desconocido para muchos amantes de la naturaleza, a pesar de contar con magníficos parajes de montaña, atractivos a los que se suman un notable conjunto de villas pintorescas de cierto encanto popular.

Cardiel de los Montes. El **rollo** de justicia y el artesonado de su **iglesia** son los dos elementos más destacados de esta villa.

Castillo de Bayuela. Un nuevo **rollo** nos recibe, cargado de blasones y simbología penal (la jaula recuerda el lugar de exhibición de los miembros de los ajusticiados). Mayores incógnitas plantean las **tallas** ibéricas de granito con figuras de toro y verraco. Más arriba el **templo** (del tiempo del rollo: XVI) y en lo alto el viejo **castillo** mutilado por guerras y abandonos.

San Román de los Montes. Merece la pena el desvío para ver una **plaza** rural muy maltratada pero que conserva los elementos básicos del urbanismo de las pequeñas villas castellanas del XVI: un gran recinto cuadrangular presidido por el Ayuntamiento y, centrando la plaza, el **rollo** de justicia con el escudo del Señor (aquí como en Cardiel pueden verse los blasones de los Dávila, señores de la Villa y la mano del mismo cantero). El **torreón** urbano es una caprichosa simulación de aire medieval.

Hinojosa de San Vicente. Adentrándonos en la Sierra, por una carretera sinuosa y **panorámica** se llega a esta **villa** situada en una ladera del monte de rústico urbanismo.

El Real de San Vicente. Siguiendo el endiablado trazado se alcanza este lugar serrano de típica edificación popular acomodada (es un decir) a la topografía en que se asienta, en la que conviven los edificios de los veraneantes con un núcleo urbano compuesto por viejas **casas** de lajas de piedra, todo ello con una **vegetación** que en primavera ofrece un exultante colorido.

Las cumbres. Saliendo del Real y tomando el desvío que surge a la izquierda en dirección a **Navamorcuende** se sube por una bellísima **carretera** que, en el km. 9, nos permi-

KILOMETRAJE:
Acceso (A-5)....................................96
Ruta 53
Retorno (N-501) 105
Total 254

DURACIÓN Y ÉPOCA PROPICIA:
Fin de semana (aunque también es realizable en el día), con clima templado.

ALOJAMIENTOS:
Castillo de Bayuela: *Posada de Bayuela. Miguel Santamaría 3. 925 862 281. Alojamiento rural muy satisfactorio.*

RESTAURANTES:
Castillo de Bayuela: *Posada de Bayuela (ver alojamientos). Cocina casera propia de la zona.*
El Real de S. Vicente: *El Asador Real. En la carretera, junto a la gasolinera. 925 879 516. Buenos asados y carnes.*
Navamorcuende: *El Piélago. Héroes del Alcázar 2. 925 868 337. Amplia carta.*
La Iglesuela: *Casa Longino. Pl. España 15. 925 874 708. Templo del cochinillo.*

te situarnos en el collado. Una marcada **senda** ascendente a través del pinar permite llegar fácilmente a pie (unos 20 minutos) al legendario **monte** de Venus, rebautizado de manera más piadosa como pico San Vicente, y también al **castillo** medieval, observatorios ambos de un dilatado **paisaje**. Retornando al collado, es posible iniciar una nueva **caminata** (de unos 30 minutos), al pico Cruces, para dominar también el **panorama** de la otra ladera, la del valle del Tiétar.

El Piélago. La carretera pasa, de inmediato, muy cerca de las ruinas del **convento** de Carmelitas y atraviesa la umbría del Piélago, **paraje** paradisíaco que merece una visita en fechas discretas alejadas de los concurridos días veraniegos.

Navamorcuende. En el pueblo hay que destacar un buen **templo** del XVI, algunas **casonas** de mérito y una bella **fuente** con pilón central de tiempos de Carlos IV.

La Iglesuela. Buen lugar de avituallamiento, para continuar en dirección a **Casavieja** hasta encontrar el curso del Tiétar, cruzándolo y deteniéndonos para gozar de las vistas de tan paradisíaco lugar junto al que hay que buscar un solitario acomodo para olvidarse de todo y concentrarse en los sonidos de la Naturaleza.

Retorno. Por los tramos de Ávila y Madrid de la carretera del Tiétar.

La Iglesuela. Puente sobre el Tiétar.
Real de San Vicente. Panorama serrano en plena primavera

93. La Artesanía Toledana

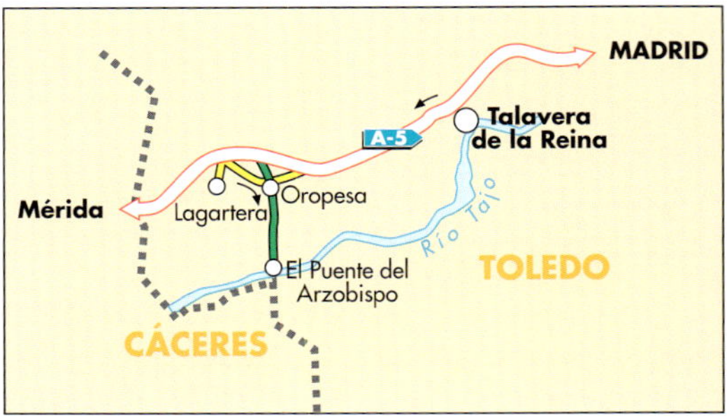

Quien sólo conozca los desiguales productos de ferias que constituyen el reclamo más ruidoso de la cerámica de estas tierras, deben acercarse a la ermita del Prado o al museo Ruiz de Luna de Talavera para descubrir la riqueza de formas y cromatismos de estas piezas que se remontan al lejano siglo XVI.

Talavera. Calificada como Ciudad de la Cerámica, con pleno fundamento como podrá comprobar el viajero al recorrer sus calles plagadas de obras ornamentales y oferta artesana.

Ermita. A la entrada a la ciudad hay que detenerse en el parque de la Alameda para visitar la ermita del Prado que concentra una gran muestra de la mejor **cerámica** religiosa de la ciudad (pórtico, interior y sacristía).

Puentes. Tomando la Ronda que bordea el Tajo veremos, sucesivamente, el puente Viejo (romano-medieval) y el Metálico (XIX), hoy convertidos en venerables reliquias arqueológicas.

Murallas. Frente al puente Viejo se encuentran los fortísimos muros del recinto más próximo al primitivo **alcázar** (hoy desaparecido) destacando el sobreviviente **torreón** de la antigua puerta de Zamora (siglo XV) junto a lienzos de **muralla** añadidos.

Plaza del Pan. Delicioso lugar con bellos bancos de cerámica al que asoman las fachadas de la **Colegiata** (portada, gran rosetón y torre), el antiguo **palacio** Arzobispal y el que fue Hospital.

Plaza del Salvador. Dirigiéndonos a esta plaza podremos ver el **teatro** Victoria, la **fuente** del Mercado, tramos de **murallas** y el encantador **patio** de la Tortuga.

Plaza de Santiago. La **iglesia** de Santiago es un notable ejemplar característico del arte mudéjar con influencias góticas.

Cerámica. Piezas maestras de la

KILOMETRAJE:
Acceso (A-5)............116
Ruta............50
Retorno............150
Total............316

DURACIÓN Y ÉPOCA PROPICIA:
Fin de semana, con clima templado.

ALOJAMIENTOS:
Alcañizo: *Los Arcos*. *Finca El Egido de Oritranca. 625 609 758. Encantadora. Ver: www.terra.es/personal9/casalosarcos/*
Torralba: *Casa Grande*. *José Antonio 22. 925 430 924. Preciosa, fines de semana. Ver: www.inicia.es/de/casagrande*

RESTAURANTES:
Talavera: *Anticuario*. *Av. Madrid 1. 925 807 600. Comedor de amplia carta bien resuelta.* *Taberna Mingote*. *Gº Lorca 5. 925 825 633. Ambiente, tapas, raciones.*
Oropesa: *Parador*. *Pl. Palacio. 925 430 000. Cocina tradicional y elaboraciones.* *Mesón Carlos*. *Moguer 11. 925 450 462. Platos caseros, caza y carnes a la brasa.*

VISITAS:
Talavera: *Museo Ruiz de Luna*. *925 826 322. Pl. San Agustín. 10 a 14 y 16 a 18,30. Cierra lunes.*

COMPRAS ARTESANAS:
Talavera: *Artesanía Talavera*. *Avda. de Portugal 32, 925 802 737 diversidad.* *Casa del Barro*. *Nicaragua 24. 925 825 366, innovación.*
Lagartera: *Pepita Alia*. *Fray Juan de los*

Ángeles 10. 925 430 843. Un taller proveedor de casas reales.
Puente del Arzobispo: *Cerámicas Cruz y de la Cal, Av. de Toledo 45. 925 436 095*

INFORMACIÓN:
Talavera: *Oficina de Turismo. Ronda del Cañillo. 925 826 322. Informan a diario.*

cerámica se encuentran, además de en la citada **ermita** del Prado, en el **museo** Ruiz de Luna y en el interior de la **Colegial**; la cerámica actual, en todos los estilos, calidades y precios puede verse y adquirirse por toda la ciudad.

Lagartera. A la ciudad de la cerámica sigue la villa de los **bordados**. Así, el atractivo de Lagartera se centra en su numerosa oferta de bordados y deshilados donde también es difícil la elección.

Oropesa. El castillo-palacio, hoy parador, bien visible desde la carretera, avisa de la llegada a otra parada obligada en esta ruta. El Parador se asienta en un lujoso **palacio** renacentista . Frente a él, se levantan los fuertes muros y torre del homenaje de la **fortaleza** medieval. También en la parte alta de Oropesa puede verse la bella portada plateresca del **templo** parroquial, frente al pasadizo de los Duques y en la plaza inmediata el antiguo **ayuntamiento**, obra del XV, adornado con elegantes arquerías. En el **convento** de Oblatas hay un gran retablo de Correa de Vivar procedente de Almonacid de Zorita, en tierras de Guadalajara.

Puente del Arzobispo. Localidad que compite con Talavera, desde hace siglos, por el liderazgo toledano de la cerámica artística, oponiendo dibujos y colores (predominio del verde frente al azul de Talavera). La menor dimensión de esta población nos permite hacer un recorrido completo por la oferta local, que debe completarse con la visita al soberbio **puente** del siglo XIV que da nombre a la villa y al **rollo** jurisdiccional de la misma época

Retorno. Por **Talavera**. Opcional: combinación con la ruta 94.

Talavera. Ermita del Prado. Cerámica del pórtico.

94. Arqueología Toledana

Mientras que la mayoría de los viajeros que se desplacen por estas tierras descubrirán la belleza de la cerámica del Puente (lo que no es poco), los más aventureros no renunciarán a aumentar el botín de sus emociones con el descubrimiento de la ciudad perdida de Los Vascos y de los intrigantes dólmenes de Azután y La Estrella, con un aperitivo previo en la villa romana de Carranque.

Talavera. Junto a la ciudad y sobre el Tajo se sitúan el "**puente** viejo" y el "de hierro" (ver ruta 93).

Puente del Arzobispo. A la salida del pueblo gran **puente** del siglo XIV de ocho arcos de sillería a los que se añadieron tres más en el XVIII, siendo el central mucho más ancho que los demás.

Azután. Un nuevo **puente** salva un arroyo antes de llegar al pueblo; se trata de una construcción medieval de un solo ojo y fábrica de mampostería y sillar, salvo el arco, de ladrillo aparejado a sardinel. Retrocediendo a la carretera (poco después de abandonar el desvío a Azután), al lado derecho, sobre un montículo visible desde la carretera, se encuentran los restos de un evocador **dolmen**, monumento megalítico de finalidad funeraria con varias grandes piedras hincadas de pie y un corredor de acceso.

Los Vascos. Siguiendo la misma carretera, al llegar al desvío de **Navalmoralejo** debe tomarse una senda situada justo en la dirección contraria que, tras unos seis kilómetros difíciles, conduce a los restos de una **ciudad** hispano musulmana de los siglos X-XI, situada en un paraje abrupto, bien defendida por una extensa **muralla** que la circunda. En general, se con-

KILOMETRAJE:
Acceso (A-5)................................115
Ruta 203
Retorno 39
Total 357

DURACIÓN Y ÉPOCA PROPICIA:
Fin de semana, con clima templado.

ALOJAMIENTOS:
Los señalados en la ruta anterior.

RESTAURANTES:
En los comedores de los alojamientos o restaurantes sugeridos en la ruta anterior. Para Carranque, ver ruta 89 (Griñón).

VISITAS:
Navalmoralejo: *Ciudad Los Vascos. 925 436 317. Llegando de Pte. del Arzobispo (CM-4100), tomar el camino de dirección contraria a Navalmoralejo. Tras rodear el caserío de la finca y recorrer unos 3 km. de mal firme, se encuentra una señalización de Los Vascos; hay que añadir casi 2 km. más para llegar al yacimiento. Este camino sólo está accesible los sábados comprendidos entre el 17 de mayo y finales de enero, en un horario que suele comprender entre las 11 y 18 horas.*
Carranque: *Parque Arqueológico. 925 592 014. Abierto de 10 a 18/21 horas. Cierra lunes. En el Centro de Interpretación, ver maqueta, hallazgos y audiovisual. Los tres puntos que componen el yacimiento están bien señalizados y constituyen un agradable paseo. Sorprendente puente de acceso.*

serva en buen estado, con altos muros, **puertas** y portillos, todo ello de sillares muy regulares de granito o mampostería unida con cal, aprovechando también las grandes peñas del terreno. Al noroeste, la **alcazaba** (recintos murados) y, al oeste, junto al arroyo los **baños** de la Mora.

Navalmoralejo. Muestra una **iglesita** de aire muy primitivo, cuya torre reutiliza un ara romana visible en la parte baja.

Ruta complementaria. Hay que reservar media jornada para visitar el Parque Arqueológico de **Carranque**, que gira en torno a la **villa romana** de Materno de la época del emperador Teodosio I El Grande. Un nuevo tramo de carretera nos sitúa ante un atractivo **puente** atirantado peatonal que salva el río Guadarrana permitiendo acceder cómodamente a la villa romana y su entorno, en un agradable paseo, que previa o posteriormente puede complementarse en las instalaciones del Centro de Interpretación.

De arriba a abajo:
Carranque. *El dios Océano (según Homero "el padre de los dioses".*
Puente del Arzobispo. *Puente de fines del siglo XIV.*
Navalmoralejo. *Ciudad hispano-musulmana de Vascos*

Valladolid

Valladolid. Iglesia de Santa María de la Antigua

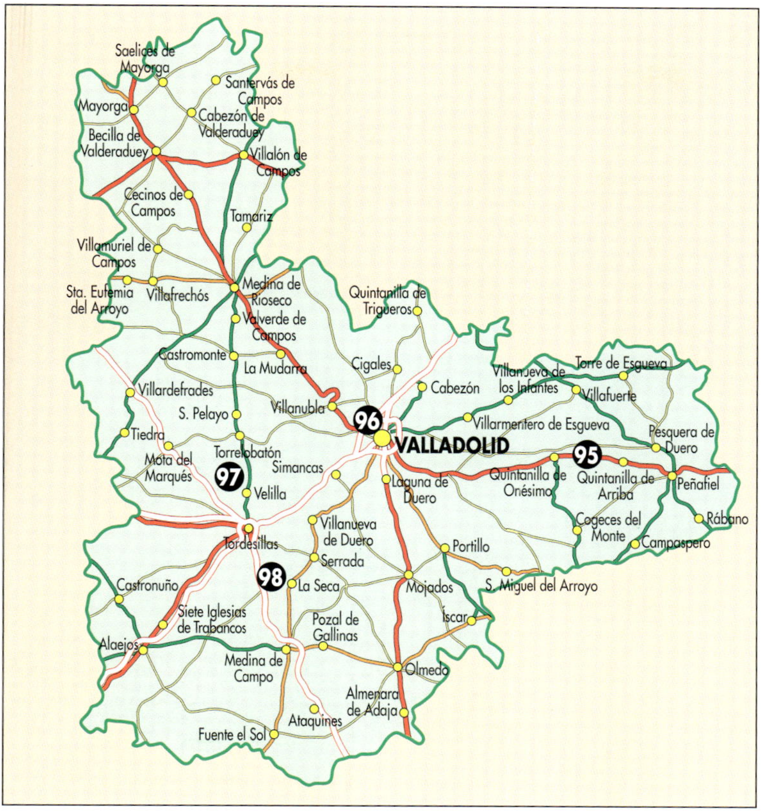

Autopista/Autovía
Red Nacional
Red autonómica básica
Red autonómica comarcal
Red autonómica local

95. La Ribera del Duero
96. Valladolid: la Ciudad de la Escultura
97. Tiempos Remotos en Tierras de Valladolid
98. Las Fortalezas del Poder

95. La Ribera del Duero

Las bodegas de la Ribera del Duero y la buena cocina castellana son los atractivos gastronómicos de esta ruta que ofrece además grandes monumentos: el castillo de Peñafiel, el monasterio de Valbuena, interesantes lugares como Roa, Curiel y otras notables villas a orillas del Duero.

Roa. Desde **Aranda**, siguiendo el curso del Duero, se llega a este lugar desde cuyo espolón se dominan las fértiles vegas cargadas de vides y las lejanas ondulaciones de Somosierra. La villa conserva **mansiones** señoriales e **iglesias** de mérito como Santa María, mitad templo, mitad fortaleza, de notable interior.

Peñafiel. Villa histórica a la que las crónicas medievales se refieren de continuo y que juega un papel destacado en las intrigas y acontecimientos de la corte castellana. El altivo navío, fortificado por el infante don Juan Manuel, guerrero y poeta, bien merece una visita para recorrer su amplio recinto y subir a la torre del homenaje para evocar los tiempos en que el infante ocupaba estas salas, admirando un horizonte sin límites. Es un **castillo** de los más bellos de la Península y de los más fuertes e inexpugnables, con dos recintos, uno rudo y sencillo del siglo XI y el segundo con la torre del homenaje, de estilo ojival germano con reminiscencias del románico del tránsito del siglo XIII al XIV. Del nucleo urbano destaca otra obra construida por iniciativa del infante: la **iglesia** gótico-mudéjar de San Pablo, con tres bellísimos ábsides, notable capilla y claustro gótico-renacentista. Obligada resulta la visita a la **plaza** del Coso, lugar de autos y torneos que hoy sigue convocando a **fiestas** religiosas ("bajada del Ángel") y taurinas.

Curiel. Pequeño lugar en el que el Justicia Mayor de Castilla Lope de Estúñiga construyó en 1412 un **palacio** para su recreo y un **castillo** para su defensa. Poco queda de ambos, aunque sí podemos ver el **templo**, en el

KILOMETRAJE:
Acceso (A-1)................................160
Ruta 105
Retorno 193
Total 458

DURACIÓN Y ÉPOCA PROPICIA:
Fin de semana de clima templado.

ALOJAMIENTOS:
Peñafiel: *Ribera del Duero**** *Av. Escalona 17. 983 881 616. Confortable.*
Olivares: *Casa El Agapio. Santa María 11. 983 680 495. Casita rural, sin lujos, confortable y acogedora, de buena cocina.*

RESTAURANTES:
Peñafiel: *Molino Palacios. Constitución 16. 983 880 505. Excelentes asados.*

VISITAS:
Peñafiel: *Castillo. Museo del Vino. 11,30 a 14,30 y 16,30 a 19,30/20,30 h. cierra lunes.* *Igl. Stª Mª. Museo Comarcal Arte Sacro. Fines de semana 11 a 14 y 17 a 20 h. (en verano también, salvo lunes).*
Valbuena: *Monastº Stª María. 10 a 14 y 15/16 a 19/20 h. Edades del Hombre.*

INFORMACIÓN (OFICINA TURISMO):
Peñafiel: *Pl. del Coso 2. 983 881 526. Facilitan visitas a museos y muestras.*

que intervinieron los mismos alarifes que trabajaron en el palacio. Por último hay que destacar los restos del **rollo** blasonado que, a duras penas, sobrevive cerca de una ermita, punto desde el que se dominan dos hitos de la famosa línea fortificada del Duero: los castillos de Curiel y de Peñafiel.

Monasterio de Valbuena. Por **Pesquera de Duero** (**plaza** Mayor porticada, arco con escudo y buen **templo** con airosa torre) y en el camino hacia **Valbuena de Duero**, junto al caserío de **San Bernardo**, se encuentra el gran **monasterio** de Santa María, joya del arte cisterciense del siglo XIII, perfecto en armonía y conservación, comparable, quizá con ventaja, con los otros grandes cenobios de la Orden en la Península (Poblet y La Mudarra). La arquitectura del templo, capilla del Tesoro, refectorio y claustro, junto con sus **tesoros** artísticos y ornamentales (mención especial para las pinturas góticas de la capilla del Tesoro), merecen una reposada visita.

Las villas de la ribera del Duero. Por **Olivares de Duero** (antiguo señorío del famoso Conde-Duque del que destaca su **templo** gótico) hay que encaminarse a cruzar el puente del Duero por **Quintanilla de Abajo** (templo moderno con excelente **retablo** de fines del XVI) para alcanzar la población de **Tudela de Duero**, de atractiva situación junto al río, que cuenta también con un notable **templo** gótico-renacentista, buenos edificios y **casas** blasonadas. Un mínimo desvío desde Tudela nos lleva a Herrera de Duero, en cuyo templo podemos descubrir una encantadora talla de San Miguel Arcángel.

Valladolid. A la altura de La Cistérniga hay que tomar la señalizada subida al **cerro** de San Cristóbal para contemplar una buena **vista** de la ciudad.

*Arriba: Talla del siglo XV de San Miguel Arcángel de la iglesia parroquial de **Herrera de Duero** (Valladolid)*
*Derecha: **Peñafiel**. Detalle del convento de San Pablo.*

96. Valladolid: la Ciudad de la Escultura

Si en tiempos de Felipe III era la capitalidad la razón del peregrinaje a su Corte, hoy es la escultura el "gancho" de la ciudad: el Museo Nacional de Escultura, las fachadas de San Pablo y San Gregorio, las tallas exhibidas en templos y colecciones y hasta las calles de la ciudad en Semana Santa.

La exaltación de la escultura. El acceso al centro de la ciudad da ocasión para comprobar la vocación escultórica de la ciudad: monumentos a Colón (junto a la manzana de edificios religiosos de Filipinos), a Zorrilla y a los cazadores de Alcántara (en la plaza presidida por el colosal edificio neorrenacentista de la Academia de Caballería), al conde Ansúrez (centrando la plaza Mayor), al mundo alegórico (en el jardín romántico de Campo Grande), ...

Colegio de San Gregorio y Museo de Escultura. La más adecuada sede, con una fachada en forma de monumental retablo profusamente decorada al gusto del gótico tardío, filigranas que se prolongan en

KILOMETRAJE:
Acceso (A-6, AP-6, N-601) y retorno 386

DURACIÓN Y ÉPOCA PROPICIA:
Fin de semana de clima templado.

ALOJAMIENTOS:
Hotel Catedral** Núñez de Arce 11. 983 298 811. En el centro histórico, confort, bien atendido.*
Hotel Mozart** Menéndez Pelayo 7. 983 297 777. Céntrico, recogido, funcional y amable.*

RESTAURANTES:
***Fátima:** Pasión 3. 983 342 839. Una oferta culinaria de altura. **Cervantes**. Rastro 6. 983 306 138. Caza y arroz con liebre. **Santi**. Correos 1. 983 339 355. Buena cocina casera. **La Abadía**. Guadamacileros 5. 983 330 299. Carta interesante. **La Goya**. Pte. Colgante 79. 983 340 023. Bien, marco atractivo.*

VISITAS:
***Museo Nacional de Escultura**. San Grego-*

rio. 10 a 14 y 16 a 21 h. Cierra lunes y domingo tarde. **Museo de Arte Contemporáneo Español. Patio Herreriano.** *Jorge Guillén 6. 11 a 20 h., salvo lunes.* **Museo de la Ciencia.** *Av. Salamanca. 10 a 10 h. (excepto lunes).* **Museo Diocesano y Catedralicio.** *Arribas 1. 10 a 13,30 y 16,30 a 19 h. salvo lunes, sábados y domingos tarde.* **Casa-Mº Cervantes.** *Rastro 7. 9,30 a 13,30, lunes cerrado.* **Casa Mº Colón.** *Colón. 10 a 14 y 16/17 a 18/19 h, cierra lunes/domingos tarde.*

INFORMACIÓN (OFICINA TURISMO): *Santiago 19. 983 344 013.*

el patio, escalera y capilla. La colección que atesora constituye una extraordinaria exhibición de la mejor escultura policromada de nuestro país, lo que explica su carácter de Museo Nacional. Sus fondos arrancan de las piezas góticas del siglo XIII y las obras flamencas del XV, prosiguiendo con las tallas imaginativas de Alonso Berruguete, las dolorosas realizaciones de Juan de Juni, las piadosas obras maestras de Gregorio Fernández, los delicados relieves de Diego de Silóe, la prodigiosa sillería de San Benito y la aportación de la escultura barroca (Mena, Carmona, Villabrille,...) procedente de los diversos focos regionales.

Santa María de la Antigua. Joya de la más primitiva arquitectura religiosa de la ciudad con soberbia torre del siglo XIII, de inspiración francesa, estandarte de un edificio medieval con la estructura clásica del románico de tres altas naves sin crucero.

Catedral. Colegiata engrandecida según proyecto herreriano, con algunas carencias (falta del crucero) y añadidos (segundo cuerpo de la fachada de Churriguera). Del interior de tres naves, destaca el retablo mayor, de Juan de Juni, procedente de Stª. Mª Antigua.

Museo Catedralicio y Diocesano. En capillas y claustro de la antigua colegiata, lo que nos permite su visita, se exhiben unos notables fondos compuestos por retablos y tallas primitivos, Ecce Homo de Gregorio Fernández, sillería, orfebrería, ornamentos, ...

Convento de San Pablo. Fachada de inexcusable visita, con un prodigioso primer cuerpo de Simón de Colonia de fines del XV, concluida ya en el siglo siguiente con espectacularidad.

Colegio de Santa Cruz. Edificio de la transición gótico renacentista de notable fachada con contrafuertes y precioso patio.

Valladolid. Fachada del convento de San Pablo

97. Tiempos Remotos en Tierras de Valladolid

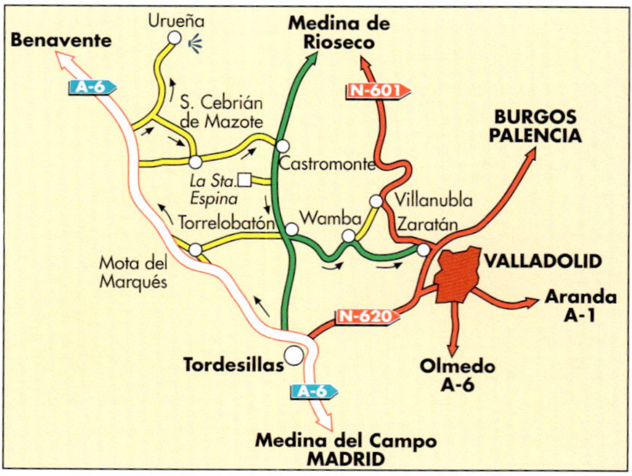

Dos vertientes de la influencia islámica pueden verse en esta ruta: en el arte visigótico y prerrománico de los cristianos que permanecieron bajo dominación musulmana (mozárabe) y en el de alarifes musulmanes en tierras conquistadas y repobladas por cristianos (mudéjar).

Tordesillas. Hermosa villa a orillas del Duero cuya **visita** urbana puede comenzarse por su ejemplar **plaza** Mayor porticada al modo castellano para seguir hasta la **iglesia** gótica de San Antolín hoy convertida en valioso **museo**. Junto al templo se alzan los **palacios** del Tratado, donde la Corona firma en 1494 el acuerdo hispano-portugués de reparto de los nuevos territorios, y de los Ulloa, y no lejos del **templo** de San Juan (XVI) y del **convento** de Carmelitas (XVII). Pero la joya de Tordesillas es el **convento** de Santa Clara, edificio mudéjar del XIV levantado a partir del antiguo palacio real de Alfonso XI, uno de nuestros palacios cristianos de raigambre más claramente musulmana. Entre sus piezas más relevantes hay que destacar la fachada, el vestíbulo, la sala del Aljibe, el claustro del Vergel, el patio Mudéjar, la Sala Dorada, los Baños,... dependencias que exhiben yeserías policromadas extraordinarias, a las que hay que añadir otros espacios como la capilla mayor y su magnífico artesonado y notables piezas de museo como el valioso tríptico de Nicolás Francés.

KILOMETRAJE:

Acceso (A-6, AP-6)	*179*
Ruta	*100*
Retorno	*193*
Total	*472*

DURACIÓN Y ÉPOCA PROPICIA:
Fin de semana de clima templado.

ALOJAMIENTOS:
Tordesillas: ***Parador****** *Ctrª. Salamanca km. 5. 983 770 051. Confortable.*
Valdenebro: ***El Cobijo de la Reina****. José Antonio 8. 983 722 342. Entrañable.*
Urueña: ***Villalbín****. Travesía de la Laguna 1. 983 717 470. Casa rural con encanto.*

RESTAURANTES:
Tordesillas: ***El Torreón****. D. Rodríguez 11. 983 770 123. Carnes y recetas creativas.*

VISITAS:
Tordesillas: ***Monasterio de las Claras****. 10 a 13,30 y 16 a 18 h. Cierra lunes.* ***Iglesia S. Antolín****. 10,30 a 13,30 y 16,30 a 18,30 h., cierra lunes y domingo tarde.*
Urueña: ***Museo Etnológico Joaquín Díaz****. Real 10. Colecciones de La Casona y Campanas. 10 a 13 y 16 a 19, cierran lunes y domingos tarde.* ***Museo Instrumento del Mundo Luis Delgado****. Catahuevos 10. Viernes a lunes de 12 a 14 y de 16,30 a 19,30 h.* ***Centro de Interpretación de la Villa****. Pl. Mayor. 10 a 14 y 16 a 19 h. cierra lunes.*
Castromonte: ***La Santa Espina****. Concertar visita en 983 565 030.*
San Cebrián de Mazote: ***Iglesia****. 983 780 007 (Carmen). Preferible concertar.*
Wamba: ***Iglesia****. 10 a 13,30 y 17 a 19,30 h. En invierno llamar a 983 563 204.*

INFORMACIÓN (OFICINA TURISMO):
Tordesillas: *Casas del Tratado. 983 771 067. Visitas, museo, maquetas.*

Urueña. Villa reciamente **amurallada** (con tramos de almenas y arcos bien conservados) cuyo ruinoso **castillo** cobijó lances e intrigas palaciegas. Fuera del recinto se encuentra La Anunciada, atractivo **templo** románico levantado sobre los restos de un monasterio mozárabe entre los siglos XI y XII, que presenta arquerías decorativas de tipo lombardo, únicas en Castilla-León.

Poblado de la Santa Espina. Desvío recomendable para admirar, cerca de **Castromonte**, el **monasterio** de Santa María, de fuertes muros, levantado en el tránsito del románico al gótico, tal como evidencia la Sala Capitular y un grupo de salas en torno al claustro. El templo se reedifica a partir del XVI (excelente cimborrio).

San Cebrián de Mazote. De nuevo rastreamos interesantes muestras de la arquitectura cristiana, de influencia morisca; en este caso se trata de un **templo**, resto de un antiguo monasterio mozárabe. Es uno de los mejores ejemplares de nuestro arte mozárabe con naves separadas por arcos de herradura del más puro estilo califal, apoyados sobre columnas con magníficos capiteles derivados del estilo corintio, con cabecera paleocristiana y rarísimo relieve que se exhibe a los pies del templo.

Wamba. La tradición asigna a este lugar la elección de Wamba, noble de la corte visigoda, como rey de los godos. La **iglesia** es un interesantísimo templo en el que se conservan rastros de diversas épocas. La portada pertenece al románico de influencia zamorana; también románicas son las naves y capiteles (motivos vegetales, animales e historiados: el pecado original y la gula,...). A época mozárabe pertenecen la cabecera, el crucero y la excepcional pintura mural que imita la decoración de una tela oriental. Y en un lateral, el impresionante osario dejado por los caballeros hospitalarios de San Juan en el siglo XII.

San Cebrián de Mazote. Interior del templo (arriba).
Wamba. Osario y pintura mural mozárabe (derecha)

98. Las Fortalezas del Poder

Frente al poder real hay que presentar el poder de los nobles, que prestan o niegan apoyos y, llegado el caso, se atrincheran en sus poderosas villas y fortalezas que esta ruta recorre, asombrando al viajero con lo que fueron sus orgullosos palacios y sus inexpugnables máquinas de guerra.

Simancas. Sobre un altozano y a orillas del Pisuerga se alza esta villa tan trabajosamente ganada por los reyes castellanos a los musulmanes que debió parecer lugar idóneo a Felipe II para custodiar aquí, en el **castillo** de los Almirantes de Castilla, los documentos de la Corona. Evidentemente se trata de un lugar seguro, que compatibilizó la custodia de legajos con la de presos notables. En Simancas hay que visitar también su hermosa **plaza** Mayor y callejear la villa para contemplar sus **casonas**, el **templo** del Salvador y concluir la visita en la **plazoleta** de El Mirador, desde la que se contempla una amplia **vista** de la campiña.

Medina del Campo. La familiar imagen altiva del **castillo** de La Mota, sus enormes dimensiones, y su movida historia, convierten a esta fortaleza en símbolo del castillo castellano y del poder de sus ocupantes. Obra de oscuro origen, construido para proteger el importante centro comercial de Medina, que en el siglo XV se reforma para incorporar y resistir a las armas de fuego. Probablemente fue entonces cuando se erigió el muro cortina exterior (tan grueso que daba cabida a dos galerías interiores) y la torre del homenaje con sus cuatro pares de torreones gemelos. La ciudad fue residencia real: Enrique II, Juan I, Juan II, Enrique IV e Isabel La Católica,

KILOMETRAJE:

Acceso (desde Valladolid)	*11*
Ruta	*100*
Retorno	*193*
Total	*304*

DURACIÓN Y ÉPOCA PROPICIA:
Fin de semana de clima templado.

ALOJAMIENTOS:
Simancas: ***Las Moradas***. *Luis Antonio Conde 3. 983 591 974. Encantador.*
Pozal de Gallinas: ***Posada del Pinar***. *Un pequeño hotel con encanto, en un pinar.*
Medina: ***Hotel La Mota******. *Fdo. Católico 4. 983 800 450.* ***Hotel San Roque***** *A-6, km. 157. 983 800 608. Ambos sin lujos.*

RESTAURANTES:
Medina: ***Madrid***. *Claudio Moyano 2. 983 800 134. Tradición e innovación. También se come bien en* ***Continental*** *(casero) y* ***Mónaco*** *(menús), ambos en plaza Mayor.*

VISITAS:
Medina: ***Castillo***. *11 a 14 y 16 a 18/19 h.* ***San Martín*** *(Museo de Ferias). 10 a 13,30 y 16 a 19 h, cierra lunes y domingo tarde.* ***Colegiata San Antolín***, *9 a 12 h.*
Olmedo: ***Iglesia Stª María***. *Si estuviera cerrada preguntar en la casa parroquial.* ***Parque Temático del Mudéjar***. *Abierto de 10 a 14 y de 16 a 19/21 h., cierra lunes en invierno. Maquetas del estilo.*
Almenara-Puras: ***Yacimiento y museo villas romanas***. *N-601, km. 137. 10,30 a 14 y 16 a 18/20 h. Cierra lunes.*
Portillo: ***Castillo***. *Sábados y domingos. Laborables concertar en 983 556 539.*

INFORMACIÓN (OFICINAS TURISMO):
Medina: *Pl. Mayor 48. 983 811 357.*
Olmedo: *Arco San Francº. 983 623 222.*

Medina del Campo. Castillo de La Mota

que aquí vivió, testó y murió, ocupando el viejo **palacio** Real. Su **plaza** Mayor era el marco de sus célebres ferias a las que acudían mercaderes y cambistas de toda Europa. En el balcón de la **Colegiata** se celebraba la Misa Mayor para que los comerciantes la oyeran sin desatender sus negocios. Vissitas obligadas: **Colegiata** y el **Museo** de las Ferias..

Olmedo. Batallas entre infantes ambiciosos, nobles caballeros, validos reales, súbditos rebeldes y otras tropas de diverso pelaje, disputadas a los muros de esta villa, junto a la leyenda del Caballero de Olmedo recreada por Lope de Vega, contribuyen a la curiosidad con que se visita este lugar y a la decepción de una pobre **muralla** arruinada (rudo arco de la Villa y amplio lienzo en el paseo de la Soterraña). De la villa, lo más singular es el frontal con 49 bustos-relicarios del **templo** gótico de Santa María.

Almenaras-Puras. Breve desvío para visitar un hallazgo arqueológico reciente: una villa tardo-romana, perfectamente acondicionada para la visita cultural

Íscar. Situada a los pies de la colina fortificada que aún preside, airosa y pavoneándose con sus viejos blasones, la cuadrangular **torre** del homenaje, testigo mudo de sonados episodios cortesanos, que tanto animarían el mundo social de los caballeros medievales. En la villa puede destacarse el **templo** de San Miguel, de interesante cabecera románica.

Portillo. Aparte de la defensa natural propia de su situación en lo alto de una escarpada colina, la **fortaleza** del conde de Benavente tuvo hasta tres recintos ceñidos por un ancho foso; todo ello se refuerza a mediados del XV para adaptarse a las armas de fuego. Plato fuerte de la visita son las "tumbas en vida" de sus calabozos, descendiendo más de 100 escalones. El torreón del homenaje no desmerece en severidad con mínimos ventanales pensados más para otear los peligros que para el solaz de sus moradores.

Zamora

Cúpulas de la Catedral de **Zamora** y de la Colegiata de **Toro**

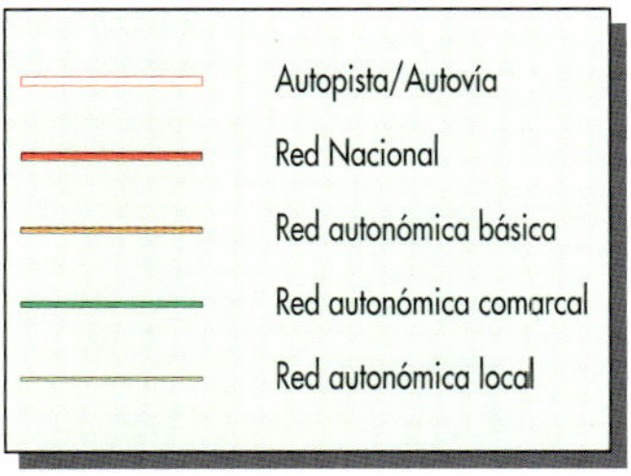

99. Toro: una Ciudad Románica y Morisca
100. Zamora: una Ciudad de Romancero

99. Toro: una Ciudad Románica y Morisca

Compitiendo y, en cierto modo, repitiendo la escenografía de Zamora, se encuentra esta relevante ciudad medieval, con el considerable peso político y económico que acredita su portentoso legado monumental, con una gran colegiata y un notable conjunto de templos románicos de influencia morisca.

Puente. El puente de Piedra es, como en Zamora, una obra básicamente románica que hoy presenta 24 bóvedas, unas de medio cañón y otras apuntadas, componiendo el primer plano de la imagen que, desde la vega, se percibe de esta vieja plaza fuerte.

Alcázar y murallas. Enlazando con el puente se mantienen parte de las primitivas defensas de cal y canto de las que perviven muros y cubos, además de las puertas y arcos de la segunda cerca.

La Colegiata. Obra que combina los últimos elementos románicos con los primeros del gótico. La estructura se corresponde con la de Zamora con la fortuna de conservar los tres ábsides de la cabecera. El llamativo cimborrio combina las fórmulas de sus hermanos de Zamora y Salamanca.

KILOMETRAJE:
Acceso (A-6, AP-6, N-122) y retorno 434

DURACIÓN Y ÉPOCA PROPICIA:
Fin de semana de clima templado.

ALOJAMIENTOS:
Los sugeridos en ruta siguiente; además: Toro: *Hotel Juan II***. Pº del Espolón 1. 980 690 300. Bien situado, con vistas. Mº de Molina***. Pl. S. Juan Caballeros 1. 980 691 414. Confortable y a buen precio.*

RESTAURANTES:
Morales de Toro *(a 8 km): Chibo. Av. Comuneros. 980 698 219. Frente a la Bodega Bajoz. Ámbitos de menú y carta, éste selecto y con postres exquisitos.*
Toro: *Casa Lorenzo. Puerta Mercado 21. 980 691 153. Gusto por lo zamorano (recomendable: congrio al ajo arriero).*

VISITAS:
Colegiata y San Salvador de los Caballeros. Mº Escultura Medieval. 10 a 13/14 y 16/17 a 18/20 h. cierra lunes y domingo tarde. Monasterio Sancti Spiritus. Pases, martes a domingos, 10,30, 11,30, 12, 16,30, 17,30 y 18 h. marzo-octubre

(noviembre-diciembre, fines de semana). ***S. Sebastián de Caballeros.*** *Primavera-verano: 12 a 14 y 18 a 20 salvo lunes. Octubre-diciembre: fines de semana.* ***Iglesias*** *de La Trinidad, San Julián de los Caballeros y Stº Tomás: En verano, 11 a 14 y 17 a 20 h. (cierran lunes y domingo tarde). Invierno: Sólo Misas.*

INFORMACIÓN (OFICINA TURISMO):
Pl. Mayor 1. 980 691 862. Mañanas.

Conserva dos **portadas** románicas a las que hay que añadir otra de transición al gótico, en cuyo tímpano aparece una de las primeras representaciones marianas de la iconografía gótica española rodeada de un ejército de figuras, a las que una restauración reciente ha devuelto su deslumbrante policromía. Del interior destaca la elegancia del **cimborrio**, algunos capiteles historiados, los **sepulcros** góticos del presbiterio y la joya de la Colegiata: la **tabla** flamenca de la Virgen de la Mcsca.

Templos románico-mudéjares. San Lorenzo representa el prototipo de templo toresano, de ladrillo rojo, que custodia un espléndido retablo colorista de Fernando Gallego (tabla central en el Prado). Otros templos del estilo, que conservan restos de policromía mural son el de triple nave de **San Salvador**, el ruinoso de **San Pedro del Olmo**, y el amenísimo de **Cristo de las Batallas**.

Otros templos. San Sebastián conserva unos importantes frescos góticos pasados a lienzo, en magnífico estado, **Santo Tomás Cantuariense** y **La Trinidad** exhiben hermosos retablo del XVI del estilo de Berruguete y **San Julián** una hermosa portada gótica (XV).

Monasterios. Visita obligada: **Sancti Spiritus** por sus magníficos sepulcros, claustro, capilla (armadura morisca) y pinturas sobre sargas. También tienen interés **Santa Clara**, **Santa Sofía** y el convento de **Mercedarias Descalzas**.

Palacios. Abundan buenos ejemplares de los siglos XV y XVI: el de las **Leyes** (sólo llamativa portada), condes de **Requena** (patio), marqueses de Alcañices (fachada), marqueses de **Castrillo** (cubiertas góticas policromadas),...

Toro. Colegiata.

100. Zamora: una Ciudad de Romancero

Escenario bélico en función continua durante todo el medioevo, registra terribles batallas, cercos heroicos y falaces emboscadas que dejan huella legendaria en los romanceros de época. Aún puede rastrearse tan evocador escenario: puente, defensas, catedral y una asombrosa serie de templos románicos.

Puente. El puente de Piedra es obra primitiva (XII/XIII), de 16 arcos, que tuvo almenas y torreones. Hoy conserva su limpia estampa con un bello fondo de murallas, cúpulas y torres.

Defensas. De las **murallas** de "la bien cercada" destacan su cortina septentrional, primitiva y bien conservada, el **postigo** de la Reina (o Puerta de Dª Urraca) y el **postigo** de la Traición (por el que salió y regresó Bellido Dolfos tras asesinar al rey Don Sancho). Junto a la puerta de Olivares y la Catedral: la románica **casa** del Cid.

Catedral. El templo se edifica dentro del siglo XII, siguiendo los cánones borgoñones e incorporando novedades en la cubrición por influencia cisterciense y oriental. Lo más llamativo, visible al exterior, es su original **cimborrio** que remata el crucero, formado por un gran tambor con ventana

KILOMETRAJE:
Acceso (A-6, AP-6, N-122) y retorno 500

DURACIÓN Y ÉPOCA PROPICIA:
Fin de semana de clima templado.

ALOJAMIENTOS:
S. Román de Infantes: *Posada Dehesa Congosta. A 8 km. de Zamora. 615 217 642. Abrumadoramente encantadora, con precios según habitación (altos). Ver: www.dehesacongosta.com/.*
Zamora: *Dos Infantas****. Cortinas San Miguel 3. 980 509 898. Céntrico y confortable.* ***Hostería Real****** *Cuesta del Pizarro 7. 980 534 545. Historia y vistas.*

RESTAURANTES:
Rincón de Antonio. Rúa de los Francos 6. 980 535 370. Cocina local y moderna. ***La Posada****. Benavente 2. 980 516 474. Cocina imaginativa.* ***Serafín****. Pl. Maestro Haedo 10. 980 531 422. Cocina auténtica.*

COMPRAS:
Monasterio MM Dominicas. Pl. Sol, Amarguillos, rebozos, rosquillas, sequillos.

VISITAS:
Catedral y templos: martes a domingo 10 a 13/14 y 17 a 18,30/20 h. (enero y

febrero sólo Catedral). ***Museo de Zamora*** *(pº Cordón) 10 a 14 y 16/17 a 19/20 h. (cierra lunes y domingo tarde).* ***Museo Semana Santa****. 10 a 14 y 17 a 20 h. (cierra domingos tarde).*

INFORMACIÓN:
Patronato Provincial de Turismo*. Pl. de Viriato. 980 534 047. Ver la web: www.zamoradipu.es/patronato/*
Oficina de Turismo de Zamora*. Santa Clara 20. 980 531 845.*

y cubierta dividida en gallones, con pequeñas cúpulas en los ángulos que le confieren un sugestivo aire oriental, así como el fortísimo **torreón** de cinco cuerpos acorde con la fama de fortaleza de la plaza. De los accesos hay que destacar la primitiva **portada** del Obispo. El **interior** ofrece cambios sobre su estructura primitiva, como la cabecera de estilo gótico tardío que sustituye a los tres ábsides románicos primitivos, y enriquecimientos ornamentales, como los enterramientos, rejas y púlpitos góticos, la sillería gótico-renacentista del coro, retablos de diversas épocas así como tapices de lujo y otras joyas alojadas en su **museo** Catedralicio.

Templos románicos. Partiendo de la Catedral pueden visitarse los exteriores de **San Isidoro**, **San Ildefonso**, **La Magdalena** (ver baldaquino románico en el interior), **San Cipriano**, **Stª Mª la Nueva**, **San Miguel**, **San Vicente**, **Santiago del Burgo** y **San Esteban**. En el arrabal de Trascastillo hay que admirar la preciosa iglesia de **San Claudio de Olivares** y los capiteles interiores del histórico templo de **Santiago de los Caballeros**.

Palacios. Destacan las bellas fachadas de la **casa** de los Momos y la **casa-museo** del Cordón, así como la fachada y patio de la casa del conde de Alba y Aliste (hoy **Parador**).

San Pedro de la Nave. Obligada escapada a **El Campillo** (a 23 km.) para admirar este **templo** visigodo y sus extraordinarios capiteles.

Zamora. Detalle de la portada de la Magdalena (arriba) e iglesia de San Cipriano (abajo)

ÍNDICE DE LOCALIDADES

Dirección editorial: **Miguel Tébar Pérez**

Fotografías: **José María Ferrer**, con la colaboración de: **Antonio Gallego** (pág. 87) y **Ediciones La Librería** (pág. 165 y 169).

Producido y realizado por el **Equipo de Diseño de Ediciones La Librería** bajo la dirección de Purificación y Jaime Portero que coordinaron la maquetación, planimetría, tratamiento fotográfico y diseño de cubierta.

Impresión y encuadernación: **Gráficas Villena**

1ª y 2ª Edición: 1997
3ª Edición: 2001
4ª Edición: 2002
5ª Edición: 2004. Revisada y actualizada
6º Edición: 2006

C/ Mayor, 80
28013 - Madrid
Telf.: 91 541 71 70
Fax: 91 548 93 93
info@edicioneslalibreria.com
www.edicioneslalibreria.com

I.S.B.N.: 84-95889-79-X
Depósito Legal: M-11877-2006
Impreso en España/*Printed in Spain*